国際公務員法の研究

国際公務員法の研究

黒神直純 著

信 山 社

目次

目　次

序章　国際機構の発展と国際公務員制度

第一節　国際機構の史的展開と国際事務局の萌芽

今日、国際機構に設けられた事務局は、ときに国際事務局（International Secretariat）[1]と称される。この国際事務局とは、メロン（T. Meron）の定義によれば、その義務および機能の国際的性質、その国際的構成ならびにその永続性によって特徴づけられる。また、その機能、権利および義務ならびに構成は、機構の設立文書、機構の執行的または立法的機関の決議および事務局の内部諸規則によって決定される。この国際事務局の構成員は、一国の公務員ではなく国際機構の公務員であり、たとえ一国の政府から派遣された公務員であっても国際公務員制度に属し、その義務ももっぱら国際的なものとされる[2]。このような国際事務局は、いかにして成立し発展してきたのであろうか。この問いに答えるには、まず、国際機構の史的展開を概観しておく必要があろう。

一六四八年のウェストファリア講和を境とした近代国民国家の成立以降、国際機構の萌芽は、大きく二通りの流れに分けて説明され得る。一方の潮流は、平和維持・安全保障の分野に関するものであり、他方は、それ以外の社会生活一般に関する専門的・技術的分野でのそれである。前者の系譜の端緒は、一八一四年から一八一五年にかけて開催されたウィーン会議を契機としたヨーロッパ協調（Concert of Europe/ European Concert）体制まで遡る。これは、ヨーロッパにおける勢力均衡を維持するためにナポレオン戦争に勝利した列強が確立した政治システムであり、共同行動の誓約に基いて外交会議を組織化することによって、戦時に形成された連携関係を平時においても維持することを目的とした。(3) このヨーロッパ協調体制により、それまで当たり前であった二国間外交のみならず、多数国間の問題処理が拡張したという事実は、国際機構の歴史において見過ごすことのできない重要性を有している。(4) さらに注目すべきこととして、協調体制を推進したロシアのアレクサンドル一世が念頭においたのは、会議が定期に開催されることであった。実際に、一八一八年から一八二二年までの間には、四つの会議——エクス・ラ・シャペル（一八一八年）、トロッパウ（一八二〇年）、ライバッハ（一八二一年）およびヴェローナ（一八二二年）——が開催された。この試みは、その後は頓挫するものの、当時の国際関係の「歩み（pace）」の中で、定期的な多数国間交渉のための組織の必要性が認識されていたのである。(5) しかし、一九世紀における政治的な会議の制度は、高度に政治的かつ安全保障上の問題を扱うために、恒常的に機能する組織を生み出すことはなかった。会議は、定期的というよりもむしろ散発的であったのである。(6)

このように、主として、平和維持・安全保障の分野において進展した多数国間会議の方式は、国際事務局の発展にとってさほど重要な現象を残したわけではなかった。しかし、これとは別に、もう一つの看過することのできない大きな潮流がある。交通、通信、保健衛生、産業など人々の社会生活に根ざした専門的・技術的分野に見られる発展である。一八世紀以降、科学技術が発達し、それが産業革命という形で結実したことの当然の帰結として、人やもの、財やサービスは、国境をこえて行き来する頻度を急速に増した。従来、一国で処理できた問題が一国のみでは処理し切れない状況が現出することとなり、国家間での協力の必要性が生まれることとなった。これは「国際行政における試み（experiments in international administration）[7]」であった。

一　国際河川委員会

このような協力の萌芽は、まず、ヨーロッパの数カ国を貫流する河川に関して誕生したいわゆる国際河川委員会（International River Commission）に見られる。中でも、ライン河をめぐっては、いち早くその兆しが現れていたといえる。

ときはナポレオン時代にまで遡る。当時、ライン河に関して、諸国家から成る機構が、共同して作業を行い改善策を講じることや、河川の警察権を共同して統制するという原則が、理論の上では、フランス革命以前より十分に発展してきていた。しかし、現実には、既得権原則が神聖視され、また河川の自由航行という共通の権利を実効的に実現することができなかったこともあり、河川には実に多くの徴税所や独占権が残され、航行や商業が大いに妨げられていたのである[8]。

このような状況の中、一八〇四年八月一五日に、神聖ローマ帝国とフランスとの間でライン河の航行に関する条約[9]（以下、「一八〇四年条約」）——いわゆるオクトロワ（octroi ＝航行税）条約——が署名された。この条約は、河川の航行を共通の規則の下に置くものであり、沿岸都市に認められていた従来の種々の徴税や特権を、船舶の通航および貨物への課税から成る航行税に一本化したものである。同条約によれば、毎年共和暦第二月（brumaire）に、マインツにおいて、フランス政府委員であるモントネル（Mont-Tonnerre）県知事、神聖ローマ帝国尚書長官（Electeur Archi-Chancelier）によって任命されかつ実質上その地位を代表する委員および両締約国によって選出された法律顧問の計三名から成る委員会が招集される（同一一三条）。この委員会の前では、航行税の徴収と航行警察に関する訴が提起されることとされた（同一一四条[10]）。

ところで、この条約で定める航行税は、一二カ所（左岸と右岸各六カ所）に設けられた徴税所（bureaux）で徴収される（同四六条）。航行税の設定と徴収を指揮し監督する責任を負うのが事務局長（Directeur Général）である（同四三条）。事務局長は、双方の締約国が共同して任命し（同四八条）、マインツに常駐する（同四五条）。また、徴税所の監督などの任務を負う四名の監督官（inspecteur）（同四四条）は、両締約国が二名づつ任命する（同四九条）。各徴税所は、一名の徴税官（receveur）、一名の検札官（contrôleur）、二名の検査官（visiteurs）および一名の簿記官（commis aux écritures）から成る（同四七条）。前二者は、締約国それぞれが任命し（同五〇条）、後二者は、事務局長が任命する（同五一条）。

注目すべきは、毎年共和暦一二月（fructidor）の第一日に、マインツにおいて理事会（conceil）が招集されることである（同七九条）。同理事会は、議長を務める事務局長、二名の監督官、一名の徴税官、一名の検察官および一名の検査官から構成される。事務局長は、この理事会において、控除基金の年次収支決算報告、年金受給状況、同基金の現状および退職または遺族年金の新規受給願に関する報告書を提出し、審議することになっている（同八〇条）。これらの規定から、規模は小さいものの、事務局長を頂点として、種々の職員が条約に定められた任務に従事しており、彼らに関して、退職年金や遺族年金のような身分保障がなされていたことが読み取れる。もっとも、ここで見た一八〇四年条約は二国間のものであり、多数国間での動きはウィーン条約を待たなければならない。[11]

さて、ナポレオン没落後のヨーロッパ秩序の再建を目指し、一八一四年九月に始まったウィーン会議では、周知のように、ワーテルローの戦い直前に、オーストリア、フランス、イギリス、ポルトガル、プロシア、ロシアおよびスウェーデンの間で、一八一五年六月九日に一二一カ条から成るウィーン会議議定書[12]が署名された。国際河川との関連で見れば、この議定書は、一〇八条から一一七条に主に一般原則に関してその関連規定を置いている。これと併せて、より具体的な規定を設けた文書としては、右の議定書に付された附属書一六Ｂ（一八一五年三月二四日署名）[13]があり、同附属書は、河川の航行に関する規則、ライン河の航行に関する条項ならびにネッカー河、マイン河、モーゼル河、ミューズ河およびスヘルデ（エスコー）河の航行に関する条項を含んでいる。二番目のライン河に関する諸条項は、オーストリア、バーデン、バヴァリア、フランス、イギリス、ヘッセ＝ダルムシュタット、ナッサウ、オランダおよびプロシアによる多数国間の合意に基づくものである。

この附属書のライン河に関する諸規定は、基本的には一八〇四年条約の趣旨を受け継ぐものである。この附属書では、共通規則の履行と沿岸国間の交流のため、「中央委員会（Commission Centrale）」が設けられることとなった（同附属書一〇条）。同委員会は、各沿岸国によって任命された委員から構成され、毎年一一月一日にマインツに招集される（同一一条）。同委員会は、ライン河航行のための規則を作成する（同三二条）。また、この附属書の規則に定められた目的に関するすべての紛争について、各徴税所のもとに設けられた第一審裁判所（同八条）の上訴機関として中央委員会が用いられることもある（同九条）[14]。中央委員会の意思決定は、絶対多数で行われる（同一七条）。

さて、同委員会は、一名の監督長官（Inspecteur en Chef）と三名の副監督官（Sous-inspecteur）を設置する。監督長官はマインツに、副監督官はライン河の上流、中流、下流にそれぞれ常駐する（同一二条）。監督長官は中央委員会によって任命され、副監督官は、一名がプロシアに、一名がフランスとオランダのいずれかに、もう一名がドイツ諸侯のいずれかの一つによってそれぞれ任命される（同一三条）[15]。監督長官の任務は、規則履行の監視を行い、航行警察に関わる一切の問題に専心することである（同一五条）。また、中央委員会に対して、管理行政について報告を行う（同一六条）。このように、ライン河の航行に関する規則を履行するために、中央委員会のみならず、各国によって選ばれかつ行政事務に携わる常設の人員が配備されていたのである。

彼らの身分について見れば、監督長官および副監督官の任期は原則として終身である。勤務が不十分であるとの理由（Cause de mécontentement）や健康上の欠格事由（Cause d'Infirmités）による離職の場合、利用できる年金に関しても定めがある（同一四条）。注意すべきは、同規定において、年金をめぐって、先述の手続を用いた訴訟の提起が予定されていることである。離職の際の年金問題という限られた範囲ではあるものの、監督長官および副監督官の身分保障を訴訟により確保することが当時すでに念頭に置かれていたのである。

一八三一年三月三一日には、ライン河の航行に関する条約（いわゆる「マインツ条約」[16]）が、バーデン、バヴァリア、フランス、ヘッセ＝ダルムシュタット、ナッサウ、オランダおよびプロシアの間で署名された。この条約は、ライン河そのものに関する初めての国際条約である[17]。この中で、規則履行のための組織として、中央委員会以外にも、同委員会によって任命される[18]一名の監督長官に加え、河川を四分した地域にそれぞれ常駐する四名の監督官および徴税官、その他徴税所またはそれ以外の場所に配置される職員（employés）の存在が念頭に置かれている（同条約八九条）。監督長官および監督官は、いずれも終身である（同九五条および同一〇一条）。注目すべきは、監督長官は、中央委員会に対して忠誠を誓うことが明記されており（同九九条）、その給与は、各国からの拠出金によって賄われる（同九六条）ということである。このことから、いずれの国家にも従属しない行政官の存在が浮かび上がってくる[19]。

その後、ライン河の航行制度は、このマインツ条約から、今日も通用するいわゆる「マンハイム条約[20]」（一八六八年一〇月一七日署名）へと受け継がれていくこととなる[21]。また、国際河川に設けられたこのような委員会による航行の管理運営制度は、その後、たとえば、エルベ（一八二一年）、ドウロ（一八三五年）、ポー（一八四九年）、ダニューブ（一八五六年）、プルト（一八六六年）のような河川へと広がりを見せていったのである[22]。

二　国際行政連合

以上に見た国際河川委員会の発展と並行して、一九世紀における国際協力の流れは、国際行政連合（International Administrative Unions/ Public International Unions）と呼ばれる国家間協力の発展にも顕著に見られた。たとえば、交通・通信分野において、国際電信連合（一八六五年、以下カッコ内は設立年を示す）、一般郵便連合（一八七四年、のち一九七八年に万国郵便連合と改称）、国際鉄道貨物輸送連合（一八九〇年）および国際無線通信連合（一九〇六年）が発達し、このような急速な輸送手段の発達が疫病の危険性を増したことにより、保健・衛生分野における協力が必要とされ、国際公衆衛生事務所（一九〇三年および一九〇七年）も発達した。また、産業の発達によって、国際度量衡事務所（一八七五年）、国際工業所有権保護連合（一八八三年）、国際統計事務所（一九一三年）、著作権保護連合（一八八四年）および国際農業協会（一九〇五年）が生まれた。技術的な性質を有するこれらの国際行政連合は、一九一四年までに五〇ほど作られたといわれる[23]。

いくつかの代表的な国際行政連合を見てみると、たとえば、国際電信連合は、国際電信条約[24]によって設立された。同条約は、一八六五年五月一七日に、フランス、オーストリア、バーデン、バヴァリア、ベルギー、デンマーク、スペイン、ギリシア、ハノーヴァー、ハンブルグ、イタリア、オランダ、ポルトガル、プロシア、ロシア、ザクセン、スウェーデン＝ノルウェー、スイス、トルコおよびヴュルテンベルグの間でパリにおいて署名された。当初、定例会議は、締約国の首都において持ち回りで開催されることが定められ（同条約五六条）、常設の事務局は設けられていなかった。しかし、一八六八年七月二一日にウィーンで署名された改正条約[25]六一条により、電信行政国際事務所（Bureau International des Administrations Télégraphiques）が設置されることとなった。同条によれば、この事務所の経費は、全締約国からの拠出によって賄われる。また、同事務所は、国際電信に関するあらゆる資料の収集、料金表の作成、一般統計表の作成、共同利益のための調査実施を担い、また、各締約国にそれらの文書の配布を行うこととされていた。これは、最初の国際的な行政事務所であり、国際機構の模範となったと評価され得る。(26)もっとも、実際にこの事務所を運営したのは、スイスの電信当局であった。これは、各国代表がスイスに事務所を置くことを全会一致で決めたことによるものである。また、スイス代表が初代の事務所長にも任命されていた。(27)

一八七四年一〇月九日に、イギリス、オーストリア＝ハンガリー、ベルギー、デンマーク、エジプト、フランス、ドイツ、ギリシア、イタリア、ルクセンブルグ、オランダ、ノルウェー、ポルトガル、ルーマニア、ロシア、セルビア、スペイン、スウェーデン、スイス、トルコおよびアメリカの間でベルヌにおいて署名された一般郵便連合の設立に関する条約(28)では、当初から一般郵便連合国際事務所（Bureau International de l'Union Générale des Postes）の設置が念頭に置かれていた（同条約一五条）。この事務所は、国際郵便業務に関わる資料を整えて発行・配布するという行政事務に加え、要請があれば、紛争ある問題に関して意見を述べたり、執行規則の改正要求を検討することが定められていた（同条）。この一八七四年の条約一八条が予定していた通り、その後万国郵便連合が再結成された。同連合を設立するために一八七八年六月一日にパリで署名された条約(29)においては、万国郵便連合国際事務所（Bureau International de l'Union Postale Universelle）の名のもとに、事務所が継続されることとされた（同条約一六条）。条約上、スイス政府は、大きな役割を担っている。たとえば、条約への加入は、外交手段を通じて、スイス政府に通知することとされている（同一八条）。とりわけ、同事務所の運営については、すべての職員の採用、会計検査・管理統制、職員に対する規律権限などに関して、スイス政府が完全なる行政権を行使したのである。(30)

主にアジアからヨーロッパにコレラが伝播するのを防ぐことから発達した国際衛生の分野においては、一八三〇年に初めてコレラがヨーロッパに流入してきて以来、国家間協力による取組みが実に多くなされてきた[31]。それらの協力の一つの到達点として、従来のように個別の疫病を扱うのではなく、それらを包括した形で、一九〇三年一二月三日には、パリにおいて、オーストリア＝ハンガリー、ベルギー、ブラジル、エジプト、フランス、ドイツ、イギリス、イタリア、ルクセンブルグ、モンテネグロ、オランダ、ペルシア、ポルトガル、ルーマニア、ロシア、スペイン、スイスおよびアメリカの間で衛生協定[32]が署名された。同協定一八一条には、フランス政府が時宜を得たと判断したときに、パリにおける国際衛生事務所（Office Sanitaire International）の設置を提案することが規定されていた。これを受けて、一九〇七年一二月九日には、ローマにおいて、イギリス、ベルギー、ブラジル、スペイン、アメリカ、フランス、イタリア、オランダ、ポルトガル、ロシア、スイスおよびエジプトの間で、国際公衆衛生事務所設置のための協定[33]が署名された。また、同協定には、事務所の組織上の詳細について、「国際公衆衛生事務所の組織上の地位」と題する附属書[34]も付されている。これらの文書によれば、この国際公衆衛生事務所の本部はパリとされる（同協定一条および同附属書一条）。同事務所の主要な目的は、公衆衛生に関する一般的性質を有する事実や文書、ならびに、特に、コレラ、ペスト、黄熱病のような伝染病およびそれら伝染病を抑止する手段に関する事実や文書を収集し、かつ参加国に情報提供することである（同附属書四条）。この目的のため、同事務所は、締約国政府代表から成る委員会（Comité）の権限および統制のもとで任務を遂行する（同協定二条）。右の附属書によれば、事務所は、各国の行政に何らの干渉もできないとされる一方で、それが設置されている国家の権力からは独立している（同附属書二条）。なお、委員会は、少なくとも年に一度は招集され、また、同委員会は、三年任期の議長を選出する。（同附属書七条）。

この国際公衆衛生事務所の任務は、委員会によって選出される一名の局長（Directeur）および一名の事務総長（Secrétaire général）ならびに事務所運営に必要な人員（agents）によって遂行される。すべてのカテゴリーの職員の選出と解任については、局長がこれを行い、局長はそれを委員会に報告する（同附属書八条）。このように、職員の任免権が事務所に与えられているという点に鑑みれば、今日の国際公務員制度と多少の類似点を見出すこともできる。しかし、本部に一七五名従事していたとされる、給与を得てフルタイムで勤務する恒久職員から成る少数集団――局長、事務総長、二、三名の技術補佐員、図書館員、会計担当員、事務員、タイピスト――は、三名の例外を除いて、すべてがフランス人であったことを考えると、本部所在地国の影響は大きかったのではないかと思われる。[35]

この傾向は、同じく二〇世紀に入って設立された国際農業協会にも見られる。同協会の設立は、一九〇五年六月七日に、ローマにおいて四〇カ国により署名された国際農業協会設立条約に基づく。同協会は、ローマに設立され（同条約一条）、総会（Assemblée générale）と、常設委員会（Comité permanent）から構成される。[36][37]加盟国代表から成る総会（同三条）は、協会の機構および内部的任務に関して常設委員会によって準備された提案の承認を行う。さらに、予算や手続事項についても決定権限を有する（同五条）。常設委員会は、総会の指示および統制のもとで、協会の執行権限を付与されている（同六条）。同委員会は各国政府から成る。しかし、有効定足数一五を下回らないことを条件に、ある国家代表が他の国家に代表権を付与することもできる（同七条）。常設委員会の事務総長（Secrétaire-Général）が総会の事務局としての任務を果たす。また、常設委員会は、そこで働く職員を任免する（同八条）。留意すべきは、意思決定方式であり、分担金に応じて五つにカテゴリー分けされた国家は、多い順にそれぞれ五票から一票を有することとされ（同一〇条）、いわゆる加重票制が用いられていることである。

この国際農業協会の職員の地位に関して注目すべきは、職員規則二条において、すべての職員は、もっぱら事務総長および自分より上位の責任者の指示を受けると規定されており、職員がいかなる国家の代表でもなく、その職務遂行に当たっては、いかなる国家権力の指示も求めたり受けたりしてはならないとされていたことである。つまり、職員は純粋に国際的性質を有する行政的活動を行う機関であることが、確立されていたのである[38]。さらには、本部所在地国であるイタリア政府は、国際農業協会自体およびその職員に一定の特権免除を付与していた[39]。これらのことから、職員の任命については、その職員の本国政府による事前の許可が必要であったものの、同協会が最初の国際事務局と位置づけられることもある[40]。

以上のように、一九世紀から二〇世紀初頭に至る国際機構の発展過程において、さまざまな形で国家間協力が形成された。それらの協力は、恒久的な機関、特に事務局を備えたことにより、団体としての同一性・継続性を有することとなったのである[41]。また、その組織の中では、任務に従事する人員の集団が現れた。当時、国際河川における各国の利害調整のために設けられたいわゆる国際河川委員会に関しては、代表的なライン河中央委員会に見られたように、いずれの国家の代表でもない監督長官が通行税の設定および徴収のような管理業務の責任を一切負い、また、その業務を補佐するために、監督官、徴税官、検察官、検査官、簿記官のような種々のカテゴリーの人員が配備されたのであった。このような現象は、「今でいう『国際公務員』制度の走り[42]」と評されるものであった。また、国際行政連合においても、恒常的に行政事務に携わる人員が必要とされてきたことがわかった。しかし、右に見た通り、常設の事務所が設けられたとしても、そこで勤務する者の多くは、事務所の所在地国から選出されたり、その管理のもとに置かれるなどの形で、当該所在地国の多大な影響を受けていたこともまた事実であった[43]。概して、一加盟国——通常は事務所の所在地国——が自国の行政事務の範囲内で問題の処理を任されたり、その事務所所在地国（場合によっては、いくつかの加盟国）が、国際的任務を遂行するために、特定の任期を定めて、自国の公務員を当該事務所に送っていた。そのような事務所で勤務する職員は、国家への忠誠義務（allegiance）という不断の絆によって本国行政府と結びつけられているばかりか、本国政府に従属さえしていたのである[44]。とはいえ、ここで注目されるのは、二〇世紀に入って設立された国際公衆衛生事務所に見られたように、職員の任免を国家ではなく行政の長が行うという点、あるいは、国際農業協会に見られたように、職員がいかなる国家の代表でもなく、もっぱら事務総長や上司からの指示に従うという点である。これらは、今日の国際公務員制度に向かう重要な萌芽であるように思われる。

では、このように、国際機構の萌芽的段階において見られたいくつかの特徴がいかにその後反映され、今日の国際公務員制度が確立されるに至ったのであろうか。次に、国際連盟事務局の軌跡をたどってみることにする。

第二節　国際連盟事務局の成立とその盛衰

一　国際連盟規約の起草

第一次大戦末期の一九一八年一月一八日に、アメリカのウィルソン（W. Wilson）大統領が議会に向けて「一四カ条（Fourteen Points）」を発表した。周知のように、その最終項において、大小すべての国家の政治的独立と領土保全を相互に保障するために、特別な規約により一般的諸国連合を設立することが謳われた[45]。その後、国際連盟規約の起草が本格化する。後に見るように、連盟規約起草会議においては、事務局に関する規定はほとんど変更されなかった。従って、会議開催以前に、連盟事務局に関する規定がいかにして形成されていったかを見ておく必要があろう。

まず、イギリスの努力による一九一八年三月二〇日のフィリモア（W. G. F. Phillimore）案[46]や同年六月八日のフランス政府案[47]には、事務局に関する言及はなされていない。また、ウィルソン大統領が頼みとしたハウス（E. M. House）大佐によって同年七月一六日に提出された案[48]には、事務局に関する発想はあった[49]ものの、直接言及はなされていない。当初は、これらを考慮して作成されたアメリカのウィルソン大統領による第一草案[50]の二条に、「代表団は、その事務的機関（ministerial agency）として、事務局を組織する」との一節を見出せるのみである。

看過できないのは、その後一九一八年一二月一六日に提出されたイギリスの南ア国防相スマッツ（J. C. Smuts）将軍の提案である。ウィルソンに多大な影響を及ぼしたとされるこの提案は、「理事会は、その議事録や記録を保管し、そのすべての連絡を行い、かつ、理事会の会合の合間に必要なすべての調整を行う常設事務局と職員を設置する」[51]と述べる。この常設事務局や職員を任命するのは理事会とされた。郵便、電信、衛生などの分野において、条約上の取極に従って国際的任務を遂行する国際的行政機関（International administrative bodies）は、理事会の下に置かれ、その必要な行政的調整を行い統制するのが常設の職員であるとされていたのである[52]。ここには、一般的事項を扱う連盟の下に、専門的・技術的国際機構を置いて問題を処理するいわゆる集権論の立場が見られる。その行政事務を連盟事務局職員が担うということから、このスマッツ案には、巨大な行政機構の設置が構想されていたようにも思われる。

これ以降に提出された案には、多かれ少なかれ事務局への言及がなされている。たとえば、一九一九年一月一〇日のウィルソン第二案および同二〇日の第三案には、執行理事会（Executive Council）が常設事務局および職員を任命することが規定されている[53]。また、この間、一四日に、イギリス代表のセシル（R. Cecil）から出された案には、常設事務局の必要性と事務総長（General Secretary）または行政長官（Chancellor）が大国によって選出されることが規定されており、さらには、連盟の職員および彼らが集まる建物には特権が付与されることにも言及されていた[54]。これに関連して、同二七日に提出されたセシルとその法律顧問ミラー（D. H. Miller）との合同案では、執行理事会が常設事務局と職員を任命し、事務局は連盟の行政長官の一般的統制および指示のもとに服することが定められていた[55]。その後、これらを踏まえた上で、二人の法律顧問ハースト（C. Hurst）とミラーが調整を重ね、規約起草のための第一回国際連盟委員会（Commission of the League of Nations）に提出された提案には、「事務局には、連盟行政長官の一般的指示及び統制の下に、必要なる事務官（secretaries）および属員（staff）[56]を置き、連盟行政長官がこれを任命する。行政長官は、代表団（Body of Delegates）または執行理事会のすべての会合に長官（Secretary）として行動する[57]」という文言が含まれることとなった。その後、「行政長官」、「代表団」、「執行理事会」をそれぞれ「事務総長」、「総会」、「理事会」とする用語上の変更があったものの、事務局に関する規定は、国際連盟委員会において、大幅な変更のないまま採択に付されることとなった[58]。

二　国際事務局に向けた努力

以上のように、国際連盟規約において、事務局に関する規定が置かれることとなった。この規定は、原案からほとんど議論なく少しの用語上の変更のみが施されて採択されたといえる[59]。

連盟規約六条は次のように規定する。

第六条　一　常設連盟事務局ハ、連盟本部所在地ニ之ヲ設置ス。連盟事務局ニハ、事務総長一名並必要ナル事務官及属員ヲ置ク。

二　第一次ノ事務総長ハ、附属書ニ之ヲ指定シ、爾後ノ事務総長ハ、連盟総会過半数ノ同意ヲ以テ連盟理事会之ヲ任命ス。
三　連盟事務局ノ事務官及属員ハ、連盟理事会ノ同意ヲ以テ、事務総長之ヲ任命ス。
四　事務総長ハ、連盟総会及連盟理事会ノ一切ノ会議ニ於テ、其ノ資格ニテ行動ス。
五　連盟ノ経費ハ、連盟総会ノ決定スル割合ニ従ヒ、連盟国之ヲ負担ス。

これらの規定のうち、事務総長および事務局職員の身分に関すると思われるのは二項と三項の任用に関する規定のみであり、連盟規約には、これ以外に特段の規定は置かれていない。では、国際連盟事務局は、実際に、いかにして形成されていったのであろうか。

初代事務総長ドラモンド（E. Drummond）は、一九一九年四月に事務総長の職に任命されたとき、事務局をいかに構成すべきかについて、二つの相対立する考えがあったと述べている。一方は、戦時、各国代表から成る組織が構成されそれが奏効していたことから、連盟事務局も、すべての連盟加盟国の代表する機関であるべきという考えであり、他方は、真の国際公務員制度――もっぱら連盟の奉仕者であり、自国政府の代表でなく当該政府に責任も負わない事務官――の設置という考えであり、これがドラモンド自身の腹案でもあった。結局、国際連盟設立の準備に当たった設立委員会が、「幸いにも」全会一致で後者の立場を採用したと、ドラモンドは心情を吐露している(60)。一九年間のイギリス外務省での経験を持つ彼は、事務局の予算が必ずしも十分ではない中、事務局がなすべき作業計画とその構成を案出した。二―四名の副事務総長（Deputy Secretaries-General）または事務次長補（Assistant Secretaries-General）――初代の事務次長補として選ばれたのは、アメリカのフォスディック（R. Fosdick）、フランスのモネ（J. Monnet）、イタリアのアンチロッティ（D. Anzilotti）、日本の新渡戸稲造——を置き、その下部に各局長を配置した。その局とは、委任統治局、経済財政局、運輸通信局、麻薬取引や女性売買のような問題を処理する特別問題局、理事会を補佐して紛争や国境問題などを処理する政務局、常設司法裁判所の設立を準備し、すべての条約を登録・発行し、国際法問題につき連盟に一般的助言を行う法務局、および、連盟と連携することが予定されている多くの既存の国際団体との関係を担当する国際事務所（International Bureaux）担当局であった。さらに、ザール統治委員会やダンチッヒ高等弁務官の任務に関わる施政委員会担当局、中東欧における少数者保護のための少数者担当局も擁した。そのほかに、公文書に関して責任を負う管理官、司書および登録官、翻訳官および通訳官ならびに広報局も加えられた。連盟の萌芽的段階において、ドラモンドが予定した事務局の構成に関わるこれらすべては、実に連盟初期から一九三九年の連盟末期まで維持されることとなったのである。(61) このように、イギリスの国家公務員であった初代事務総長ドラモンドの努力が国際連盟の行政機構の構築に欠くことのできない多大な影響を与えたことは、間違いのないことであった。

さて、前例のない作業に取組んだドラモンドの努力と併せて、事務局の設置に関して重要と思われるのは、一九二〇年にイギリス代表バルフォア（A. J. Balfour）が理事会に提出した「事務局職員（Staff of the Secretariat）」と題する報告書であろう。同報告書はいう。「条約の文言により、職員の選出義務は事務総長にあり、それを承認する義務が理事会にある。職員を任用するに当たって、事務総長は、第一に、遂行せねばならない特定の任務に最も適した男女を確保しなければならなかった。しかし、その際に、種々の国家から事務官を選出するという多大な重要性を考慮する必要があった。明らかに、いかなる一国または国家集団も、この国際組織への人材（material）の提供を独占するべきではない。私は、『国際的（international）』という語を強調する。というのも、事務局職員は、ひとたび任用されればもはや自国の奉仕者ではなく、その間は国際連盟のみの奉仕者だからである。その任務は、国家的なものではなく、国際的なものである。……既述のように、職員は、国家の任務ではなく国際的任務を負う。いかなることがあっても、その国際的忠誠という意味が弱められるべきではないのである。[62]」

この文章は、事務局職員が自国に対してではなく、機構に対してのみ国際的責任を負うことを明確に打ち出した点で画期的であったといえる。事務局職員の法的地位や身分保障の基本原則として、その後の指針になったといっても過言ではないであろう。

また、翌年五月には、フランスのノーブルメール（G. Noblemaire）が議長を務める調査委員会の報告書[63]（以下、「ノーブルメール報告書」）が提出された。この報告書は、国際連盟事務局および国際労働事務局の組織のあり方について提案するものであり、とりわけ、職員に対して、給与などの経済的問題や昇任などの契約条件に関して、安定した身分保障を提案するものであった。この報告書は、その後、総会第四委員会によって検討され、同じ年の一〇月一日の第二回総会で採択された。[64]事務局運営の細部にまでわたるこの報告書は、事務局の行財政枠組みの原則を含む一種の「マグナカルタ[65]」であった。

連盟事務局職員に関して、ノーブルメール報告書は、まず、給与について、一国政府における同等の業務に支払われる給与との比較において、当時最も高額の給与が支払われていたイギリスの公務員制度を基準として、同等の給与が支払われるべきであり、さもなければ、連盟事務局の職に就いてくれる者を確保することは不可能となると述べ、そのように算出した詳細な附表を付している。[66]このノーブルメール報告書の趣旨は、その後、一九三〇年の一三人委員会報告書（Report of the Committee of Thirteen）によっても確認された。[67]また、勤務条件に関して、ノーブルメール報告書は、次のように述べている。「今や、契約の明確な条件——現に、能率を減じ良心と義務への専心を損なう傾向にある本来の不安感から職員を保護する条件——が、できる限り遅滞なく、一国の政府省庁で任用される者を模範として、職員に付与されるべき時がきている。事務局の全般的に良好な運営のために必要と思われるこの改革の即時の実現を勧告する……。」[68]ここでは、勤務条件を直ちに明確にする必要性が述べられているのである。職員規則については、当時、一九二一年六月に「国際事務局職員暫定規則」が発行されていたところ、その後は、ノーブルメール報告書による右の勧告を受けて、規則も改正されることとなった。職員規則が最初に完全なものとして発行されたのは一九三二年であり、その翌年に出されたものを最後に、加除式の体裁がとられることとなった。[69]因みに、職員規則（一九四五年版）一条によれば、「国際連盟事務局の職員はもっぱら国際的職員であり、その任務は国家的なものでなく国際的なものである。職員は、任命を受諾することにより、国際連盟の利益のみのためにその職務を遂行し、かつ、その行動を律することを誓約する。職員は、事務総長の権限に服し、その職務を果すに当っては事務総長に対して責任を負う。……職員は、いかなる政府からも又は国際連盟事務局以外のいかなる他の当局からも指示を求め、又は受けてはならない」と規定されている。

以上のように、国際連盟規約六条は、起草時からさほど大きな議論もなされることなく採択されたものであった。そこには、常設の事務局と職員を設置することの重要性が認識されはしたものの、事務総長や職員の法的地位に関する何らの詳しい規定も設けられてはいなかった。国際事務局としての連盟事務局のあるべき姿は、むしろ、連盟設立後に、初代事務総長ドラモンドの努力や、連盟に提出されたバルフォア報告書、ノーブルメール報告書、一三人委員会報告書、さらには、職員規則といった種々の文書に基づいて、徐々に形作られていったものといえよう。[70]

三　国際労働事務局の成立

国際連盟事務局と併せて触れておかなければならないのは、国際労働機関（以下、ＩＬＯ）に設けられた国際労働事務局である。周知の通り、ＩＬＯの設立は、国際連盟のそれと同様、一九一九年（六月二六日署名）のベルサイユ条約による。同条約の「労働」と題する第一三編は、ＩＬＯの機構に関する第一節（三八七条―四二六条）と、国際連盟加盟国の社会政策の指針となる一般原則――「労働憲章」――を述べた第二節（四二七条）から成る。この第一三編は、一九一九年と一九二〇年に結ばれた他の平和条約にも挿入された。[71]

国際労働事務局と国際連盟は、密接な関係を持つ。たとえば、国際連盟原加盟国がＩＬＯの原加盟国となる（ベルサイユ条約三八七条）し、国際労働事務局も、国際連盟の一部を成すものとして国際連盟の本部に設けられる（同条約三九二条）。また、ＩＬＯの総会と理事会の会議および国際労働事務局の経費は、連盟から賄われる（同条約三九九条）。加盟国が採択した勧告や条約および批准された条約は、連盟事務総長に寄託され（同条約四〇五および四〇六条）、当該条約に関する紛争解決に関しては、連盟事務総長に審査委員会の選任権限があり（同条約四一二条）、また、常設国際司法裁判所の利用も可能である（同条約四一五条）。

他方、このように国際連盟と密接な関係を保ちながらも、ＩＬＯは自律的な機構でもあった。設立当初の理事会の覚書は、国際連盟とＩＬＯまたはその事務局との関係を次のように表している。「国際労働事務局は、自律的機構と見なされる。われわれは、それが平和条約に由来する一団の国際組織の一部を形成していることを忘れてはならない。国際労働事務局は、その財政的地位および一定の司法的または政治的手続によって、国際連盟およびその事務局と密接に関連している。国際連盟は、ＩＬＯの財務省でありかつ法務省なのである。若干の業務（広報、翻訳）は協力することもあろう。しかし、国際会議と事務局を備えた常設のＩＬＯは、完全なるものであり、自律的なる実体を有するのである。[72]」

さて、このように連盟と離れ一定の自律性を有するＩＬＯに設けられた国際労働事務局は、いかなる性質を有したのであろうか。ベルサイユ条約三九四条は、次のように規定する。「国際労働事務局に事務局長を置く。国際労働事務局の事務局長（Director）は、理事会によって任命され、かつ、理事会の指示の下で、国際労働事務局の能率的な運営及び他の委託されることのある任務について責任を負う。事務局長又はその代理者は、理事会のすべての会合に出席せねばならない。」また、同条約三九五条は、「国際労働事務局の職員は、事務局長が任命する。事務局長は、事務局の業務の能率を充分に考慮しつつできる限り、国籍の異なる者を選任しなければならない。これらの者のうちの若干人は、婦人でなければならない。」

連盟規約同様、ここには詳細規定はない。[73] 事務局の実際の設置に際しては、連盟におけるドラモンドのように、フランスの元軍需大臣であった初代事務局長のアルベール・トーマ（Albert Thomas）が多大な貢献を果たしたといえる。彼は、副事務局長（Deputy-Director）に、ワシントン会議（ベルサイユ条約四二四条に基づきＩＬＯ設立準備のために開かれた会議）で事務総長を務めたバトラー（H. B. Butler）を就け、まず少数の職員を募った。[74] また、組織は、国際会議開催準備のための外交局（Diplomatic Department）と、情報収集やその頒布を行う科学局（Scientific Department）および対外関係や宣伝活動を行う政治局（Political Department）に大きく分けられた。[75] 前述したバルフォア原則の熱心な支持者であった彼は、ＩＬＯ職員がもっぱら国際的性質を有するようにするために努力した。彼は、職員の選任の多くを競争試験に基づかせ、一貫して高い水準の能力を有する職員を維持した。他方で、職員と頻繁に対話を重ねることにより、官僚制が行き過ぎないようにすることにも成功したといわれる。[76]

先に述べたノーブルメール報告書も、国際労働事務局の形成に多大な影響を与えたと思われる。そこでは、職員の採用に関して、連盟事務局同様、事務局以外から選ばれる事務局長および副事務局長のような最高位の職や、現地採用の日常事務を行う職員、タイピストなど下位に属する職員を除き、職員は一般に、国際的に採用され、長期の契約を付与されるべきと述べられている。(77) ただし、同報告書は、国際労働事務局においては、連盟事務局以上に、独自の恒久職員に終身的地位（tenure）を確保する必要を説く。というのも、連盟事務局においては、一国の公務員、特に外務公務員を短期間借りる（loan）ことで業務が行える一方で、労働行政に長期の経験を有する者には、国際労働事務局で職務遂行可能な言語能力に乏しいことがしばしばあるからである。また、国際労働事務局の業務の性質上、職員には、長期の訓練と高度の専門的問題への緻密な応用力が望まれる。従って、職員の採用に際して最も考慮すべきは、候補者の能力と専門知識なのであって、連盟事務局以上に、すべての加盟国から代表を選ぶことを優先する理由はない。このことから、ノーブルメール報告書は、国際労働事務局ですでに実施されていた競争試験を継続することを勧告している。(78)

このように、国際連盟と併行して活動を開始したＩＬＯにおいては、その専門的性質に由来する現実的要請と、初代事務局長トーマやノーブルメール委員会の努力により、連盟以上に、事務局独自の職員を長期にわたって任用するという傾向が当初から根強かったといえる。ともあれ、一般的（かつ特に政治的色彩の濃い）国際機構である国際連盟に設けられた事務局とは別に、専門的・技術的性質を有するＩＬＯに設けられた国際労働事務局の形成によって得られた経験は、その後、第二次大戦という危機も乗りこえて存続し、戦後発展した多くの国際機構の事務局形成に少なからず影響を与えたのではないかと思われる。

四　国際連盟行政裁判所の設立

国際連盟の歴史の中で看過できないのは、行政裁判所の設立である。今日複数の国際機構には、後に見る通り、職員の身分保障を行うための常設の行政裁判所が設立されている。その嚆矢である国際連盟行政裁判所の設立は、職員の権利の司法的救済を実現したという点で、国際公務員の身分保障制度の歴史において、画期的なことであったといえる。(79)

もっとも、ここで確認しておかなければならないのは、国際連盟行政裁判所は、国際連盟の設立当初から設置されていたわけではないということである。当初は、連盟事務局または国際労働事務局の職員で、五年以上の任期を有する者が解任された場合、当該職員は、連盟理事会または国際労働理事会に不服を申立てる権利を有することが、第一回連盟総会において認められていた。(80)この制度を利用して連盟理事会に申立てがなされた事件としてモノ（Monod）事件が挙げられる。本件は行政裁判所設置の契機にもなった重要な事件であるので、この事件とそれに続く一連の事実について以下に簡単に見ておくことにする。

一九一九年八月より連盟事務局の速記課（Précis-Writing Section）の長として勤務していたモノという職員が、一九二〇年一月一〇日より五年間の任用契約を獲得したにもかかわらず、翌年の二月には、事務総長書簡により、機構再編のため、適職が見つかるまで休暇を命じられた。翌二二年には、同職員の名前が職員名簿から削除された。当該職員は、そのまま三年以上の期間、適当な職にも就けてもらえず、また、防禦の機会も与えられず、解任と同等に扱われていたのである。そこで、彼は、二五年一月六日付書簡により、連盟理事会に対して、任用契約不履行に基づく金銭賠償をはじめとするいくつかの請求を行ったのであった。(81)

職員による不服申立手続の実施に初めて直面した連盟理事会は、この問題の審査を特別に設けた監査委員会（Supervisory Commission）に要請した。(82)この監査委員会の報告書に基づいて、連盟理事会は、理事会議長代理が右の監査委員会議長と協議の後に指名する三名の法律家から成る委員会に事件を付託することにした。(83)これを受けて、法律家委員会は、モノが事務局での勤務に必要な一般的能力に欠けることや彼の健康状態の悪化などを考慮し、再任をしないと判断した事務総長の決定に、任用契約の不履行があったわけではないものの、事務総長が彼を再任する意思のないことを本人に知らせなかったことに鑑み、申立人の請求を一部認め、賠償額として七五〇ポンドを裁定した(84)。この法律家委員会の判断に従い、一九二五年九月五日に、連盟理事会は、事務総長に必要な行動をとるように指示したのである(85)。

ところで、職員の身分保障を行う行政裁判所の必要性は、すでに一九二一年に、連盟総会第四委員会の場で指摘されていたのも事実である。たとえば、フランス代表レヴェイヨ（Réveillaud）は、職員が理事会に不服を申立てる権利を認めはしたものの、理事会がそのような職員に関する紛争を解決するのに十分に独立した組織であるかどうかを疑問視していたし、ＩＬＯ事務局長のトーマも、フランスのコンセイユ・デタ（Conseil d'Etat）に似た司法的機関の必要性を強調していた(86)。しかし、その後、先述のモノ事件により職員関係紛争の問題が再燃するまでは、さして議論が展開されることもなかった。同事件に関する理事会決議が出された一九二五年に、行政裁判所の設置に向けた第一歩が、上述の監査委員会の報告者であったネデルブラット（Neder-bragt）によって踏み出されることになる。彼の報告書には、勧告的機関とは区別される、最終的な判断を下し得る司法裁判所の必要性が説かれていた(87)。この報告書をもとに、監査委員会報告書(88)が総会第四委員会に提出され、さらに検討が重ねられた結果、一九二七年に、連盟総会は、その第八会期において、行政裁判所規程を採択したのである。そこでは、連盟設立当初から備えられていた既述の連盟理事会への不服申立手続が一応廃止され、一九三一年に当該手続の必要性を再検討することとされていた(89)。その後三一年になり、結局、連盟総会は、当該手続の廃止を定めていた行政裁判所規程を修正なくそのまま維持することにしたのである(90)。

一九二九年から四六年にかけて、国際連盟行政裁判所は、三七件の事件を審理した。このうち一三件の連盟およびＩＬＯ職員の解任に関わる判決は、四六年になって下された(91)。では、国際連盟の末期に、行政裁判所はいかなる運命をたどったのか。四六年に下されたこれらの事件に沿っていま少し詳しく見てみることにしよう。

一九三九年一二月に、連盟総会は、第二次大戦の勃発に伴って、連盟事務局とＩＬＯ事務局の職員の規模縮少という必要に迫られた。これにより、職員は、辞職か停職の選択を迫られることとなった。前者を選択した職員には、それまでの勤務に応じて、六カ月か一年分の退職金が与えられ、後者を選んだ職員には、三カ月分の恩給と年金基金における資格の保持が約束された。これに加えて、連盟総会は、職員規則を改正し、勤務をもはや必要としない職員や、自発的に右の辞職か停職を受け入れない職員に対しては、恒久任用職員の解任通告またはその通告の代わりになされる補償金の支払いが、従来六カ月前に行われたのを、一カ月前に行えることとした。また、解任に伴う補償金の支払いについても、一括払いの代わりに、四年の年賦で支払われるべきとされた。この状況下で、大多数の職員が自発的に辞職か停職かという右の選択に応じたものの、そうではない少数の職員は解任され、右の改正職員規則が適用されることとなった。解任された一二名の連盟職員と二名のＩＬＯ職員は、右の職員規則の改正が任用契約違反であることを行政裁判所に申立てた（このうち他の付随的請求がなされた一件を除く一三件につき判決が下された）。彼らの主張によれば、連盟職員規則三〇条 bis およびＩＬＯ職員規則一六条ａに、一九三二年一〇月一五日以降になされた任用は、機構の決定による変更に従うとの規定があったため、彼らの任用契約は三二年一〇月一五日以前のものであることから、彼らには、連盟総会やＩＬＯ理事会の決定によって変更され得ない既得権が存在するとのことであった。本件につき、戦後、四六年に裁判所は、次のような判決を下した。すなわち、職員規則は、任用契約が結ばれたときに存在していた形で、任用契約の一部をなす。従って、職員は、職員規則の改正が相互の合意なくしては適用され得ない既得権を有する。機構側が改正職員規則の適用により職員の既得権益を奪ったことは誤りであり、機構がやむを得ない事情からそれを行ったということには、正当な根拠がない。よって、行政裁判所は、既得権を奪ったと主張するこれらの職員の請求を認めて、機構に対して賠償金の支払いを命じる判決を下したのである[92]。

ところが、事態はこれで収まらなかった。以上の行政裁判所判決が出された後、その履行に関する問題は、財政問題を扱う連盟総会第二委員会で議論されることとなった。そこで出された結論は、行政裁判所判決の履行を拒否するということであり、連盟総会もこれを認めたのである[93]。実質的な議論をした第二委員会の下部委員会の多数意見には、連盟（総会）と行政裁判所との権限関係について、次のような意見が見られた。すなわち、同下部委員会は、総会の決定や職員規則の適用および解釈を検討する行政裁判所の権限を問題にしてはいない。しかし、行政裁判所が総会の決定を特定の事件に適用することができるということと、総会の決定それ自体の有効性を問題にするということ、および、行政裁判所はそれを設立した総会の優越的な権限の下に服すことはないということとは異なるのである。また、連盟は、それと契約を結ぶ職員に対して主権的な権能を有する。国家から成る世界的機構がその機能を適切に遂行するために必要なことは、その行政機構で任用する個人に付与された権利を、場合によっては、廃棄する権能を有すべきことである。一九二七年に総会が理事会への不服申立手続を廃止したのと同様、三九年に総会は、行政裁判所を廃止することすらできたはずである。連盟には主権的権能があるのであり、行政裁判所は、改正職員規則を採択した三九年一二月一四日の総会決議の有効性を問題にすることはできない。裁判所判決に対する上訴手続はないが、行政裁判所による裁定が無効であったと宣言する権限は総会にあると考える[94]。

以上の考えには、第二次大戦という状況下で、総会がとった職員の既得権を侵害するという措置は肯定されること、また、総会と行政裁判所との権限関係においては、総会の権限は行政裁判所のそれに優位し、総会の判断は行政裁判所による有効性判断には服さないということが看取される。結局、上で述べた一三件の行政裁判所判決で裁定された賠償金は連盟によって支払われることがなかったのである[95]。「かくして、行政裁判所が設置される時に、連盟は国際間の裁判制度を改善しようと目指しているのであるから、連盟内部の問題である事務総長とその部下との関係においても、法の支配を確立するのは当然である、といわれたような、輝かしい理念は影を潜め、国際連盟行政裁判所の運営の歴史は、竜頭蛇尾の結果に終わってしまったのである」[96]。

五　連盟事務局の危機とその終焉

以上に見てきたように、国際連盟事務局は、国際労働事務局と併行して、国際事務局としての歩みを進めていった。しかし、連盟事務局が目指した理想は、時代が第二次大戦へと近づくにつれ、崩壊していくことになる。

たとえば、一九二五年から三五年にかけて、イタリア人職員は、連盟事務局に彼らをつなぎとめていた目的の共通性から離れていった。彼らは、徐々に、国家代表、ファシスト伝道者、そして最後には、諜報員となっていった。連盟にはほとんど注意を向けず、すべての連盟の伝統や諸規則を破るイタリア人事務次長の下で、彼らは、イタリア人職員の集団を形成していったのである[97]。また、イタリアでは、二七年六月一六日に制定された法律により、他の政府の職かまたは公的国際機関（public international agency）の職に就くことを希望するイタリア国民は、外務省または権限ある外交機関当局の許可を得ること、および、政府の命令があれば、その職をやめることを求められた（同様の政策をとっていたドイツのナチス政府でさえ、このようにあからさまには公式の政策をとらなかった）[98]。ドイツ人職員の場合には、ドイツが敗戦国として二六年に連盟に加盟したこともあり、当初はこのようなイタリア人職員のような傾向が見られなかったものの、第三帝国の成立後には、大半のドイツ人職員が自国の主義に従ったとされる[99]。

このように、国家が国際機構に従事する職員の身分を左右する事態は、とりわけ、一国の政府から職員が派遣される慣行にも見受けられた。ドイツ、イタリアおよび日本からの政府職員は、通常、七年の任期（契約更新も可能）で、他の事務局職員と同じように任用された[100]。この慣行が連盟の職務にとっては恒常的に危険が及ぶ原因となった。このような職員は、連盟での任務を果たす際には常に政府の意向を汲み、決して十分には国際的に任用されているという感情を抱くことはなかったのである。とりわけ、一九三〇年代に入り、常に政府の利益を考えるこのような職員の存在が連盟事務局にとって深刻な結果をもたらしたといわれる[101]。

以上のように、時代が第二次大戦へと向かうにつれ、事務局内においては、本来連盟に忠誠を誓うべき職員が、自国政府との絆を深めるにつれ、事務局自体の国際的性質が脅かされていったことがわかる。連盟時代前半には、誰も成功を予見し得なかった連盟において、国内で条件のよい仕事を諦めてまで連盟事務局で職員は大いに連盟の目的に尽くした。ところが、後半には、自国の利益を考える職員が徐々に要職に就くようになり、国際公務員制度の一体性が脅かされることになったのである[102]。結局、一九四〇年八月三一日に、第二代目事務総長アヴノール（J. Avenol）が辞職するに至り、国際事務局たる連盟事務局はここに瓦解したのである。同年末までに、事務局職員の数は、最盛期の七分の一にも満たないわずか一〇〇名ほどまで減っていた[103]。

第三節　国連事務局の成立——国際事務局の復興——

一　国連憲章の起草

第二次大戦の末期に、勝利を確信した連合国の指導者たちは、戦後世界の平和機構構想に思いを馳せた。その構想は、周知の通り、イニシアティブをとったアメリカ政府内で国務長官ハル（C. Hull）らの手によって準備作業が進められ、その後、一九四三年のモスクワ宣言を経て、ダンバートン・オークス会議へと引き継がれていった。

さて、そこで、国連憲章の起草過程について、最初に、ダンバートン・オークス提案まで遡ってみよう。しかし、そこには職員の国際的職員としての地位や任用に関する規定は見受けられない[104]。それらに関する現在の規定の原型は、サンフランシスコ会議で初めて挿入された。特にその萌芽は、ダンバートン・オークス提案に付されたニュージーランド修正案[105]、四主催国（アメリカ、イギリス、ソ連および中国）修正案[106]およびカナダ修正案[107]に見られる[108]。これらの提案は、憲章の起草に当たった四つの一般委員会のうち「加盟国、改正および事務局」の問題を扱った第一委員会（Commission I）の第二専門委員会（Committee I/2）が設けた下部委員会（Sub-committee）でさらに検討され[109]、現在の一〇〇条および一〇一条三項[110]の原型がこのときから規定に挿入されることとなったのである。

注目すべきは、右の下部委員会の議論の中で、すでに国家に対する忠誠と国際機構に対する忠誠の衝突する可能性が懸念されていたことである。すなわち、そこでは次の二つの問題が提起されたのである。まず第一に、「第四項（下部委員会案で、現在の国連憲章一〇〇条の規定とほぼ同趣旨［著者注］）は、事務局の職員が機構に忠誠を誓った結果として、彼らが危険に直面し得ることを想定しているか否か」であった。これに対する回答としては、「国際連盟の経験から、ファシスト諸国の事例を除き、この点に関しては実際上の困難は生じないであろう」とされた[111]。第二に、「同規定（右第四項［著者注］）は、事務局職員が自国に対して用いられる可能性のある軍事計画の準備に参加した場合に直面する虞のある危険を包含しているか否か」という点であった。つまり、ある職員がそのような軍事計画のことを知った場合に、そのことを自国政府に明かさないということになれば、自国の法律の下で重罰に処せられる虞があるという懸念があったのである。この点に関しては、「この高度に重要な問題は、第一〇章（現第一五章［著者注］）で十分に扱うことのできない問題であるので、必要と思われる決定を出すためには、第四委員会第二専門委員会（Committee Ⅳ/2（法律問題担当［著者注］））でも検討すべき」であるとされ、また、「事務局職員の自国に対する兵役上の責任の問題は、問題が生じた際に行政取極によって解決されるであろう」とも考えられた[112]。

以上の議論を経た後、国連憲章一〇〇条は次のように規定されることとなった。すなわち、一項では、「事務総長及び職員は、その任務の遂行に当って、いかなる政府からも又はこの機構外のいかなる他の当局からも指示を求め、又は受けてはならない。事務総長及び職員は、この機構に対してのみ責任を負う国際的職員としての地位を損ずる虞のあるいかなる行動も慎まなければならない」と、事務総長と職員の義務が定められる。他方、二項では、「各国際連合加盟国は、事務総長及び職員の責任のもっぱら国際的な性質を尊重すること並びにこれらの者が責任を果すに当ってこれらの者を左右しようとしないことを約束する」とされ、加盟国の義務が規定されている。

二　準備委員会における議論

このように、サンフランシスコ会議で、国家に対する忠誠と国際機構に対する忠誠との衝突に懸念が表明されてはいたものの、それは限られた範囲でしか過ぎなかった。この点に関する実質的な議論がなされたのは、むしろ憲章が署名された直後の暫定協定により設けられた準備委員会（Preparatory Commission）においてである。同委員会の報告書は、憲章の関係規定を理解する上で非常に示唆に富んでいる。同報告書は、まず、事務局の性質について、「すべての国連加盟国の信頼を得ることができるなら、事務局はその性質において真に国際的」であると述べる[113]。さらに、「事務局は、たとえ一部分であっても、政府に対して責任を負う国家の代表から構成されることはない。その任用期間中、事務総長および職員は、自国の奉仕者（servants）ではなく、国連のみの奉仕者である。暫定職員規則草案の下で、すべての職員は、その任務の遂行に当たって、機構の利益のみを心がけて、自らがその職務を遂行し、かつ、その行動を律することを誓約または宣言することが求められる。二年かそれ以上の間任用される者は、公的または私的な雇用において有しているいかなる地位も辞さなければならず、いずれの者も、この機構における任用または勤務の期間中に行った勤務に対して、いかなる叙位、叙勲、記念品、贈物または報酬も受けてはならない」[114]。

また、そのような国際的な性質を有する事務局を築くために、その長である事務総長の役割が重要である。同報告書は、「事務総長が行う職員の選任……とそのリーダーシップが、全体として、事務局の性質および能率を大いに決定づけるであろう」としている[115]。また、職員の任用に関する国連憲章一〇一条三項については、能力主義と地理的配分原則という二つの原則の実施を確保することが「本準備委員会の主要な任務の一つである」と確認した[116]。

最後に、任用の条件、とりわけ任用期間について、同報告書は、次のように述べる。「もし、事務局において、職員が終身任用を受ける何らの保証も与えられ得ないということになれば、すべての国からの最も優れた候補者の多くが必然的に遠のいてしまうであろう。また、もし、職員が一国の行政府から単に暫定的に派遣され（detached）[117]、その将来にわたって自国に依存し続けるならば、その職員が自国の特別の利益を国際的利益に従属させることを十分には望めない。最終的には、経験という利点が保証され、健全な行政上の伝統が事務局内で確立されることが重要である。……これらの理由から、職員の大部分は、事務局において終身任用を受ける者から構成されることが必須である」[118]と。

以上から、国連憲章が予定している国際的な性質を有する事務局とは、一言でいえば、事務総長の広範な裁量によって選ばれた、国連の利益のみに責任を有し、かつ、大部分が終身の職員から成るものと準備委員会で考えられていたことがわかる。それでは、政府から派遣された職員を任用する余地はまったくないのか。すでに見たように、国際連盟において、事務局職員の国際的忠誠を損なった一因は、政府から派遣された職員が長期に任用されていたことであった。従って、このように自国政府と密接に関係する職員の余地が果たして認められていたのかどうか、大いに興味が沸く。

この点に関し、右の報告書は、次のようにも述べている。「一国の公務員である職員（officials from national services）は、事務局において、二年をこえない短期間ならば働き得るようにすべきである。そうすることで、事務局と一国の行政府との間の個人的接点が強まり、国際的経験を積んだ一国の職員団が形成され得る。一国の政府は、多くの国において共通の実行となっている派遣制度を確立することが望ましいということに注意を向けるべきである。(119)……」。

この部分は、先述の「事務局は、たとえ一部分であっても、政府に対して責任を負う国家の代表から構成されることはない」という箇所とは、一見して矛盾するようである。しかし、その同じ箇所の少し後で、「二年かそれ以上の間任用される者は、公的または私的な雇用において有しているいかなる地位も辞さなければならない」と述べられていたことも考慮すれば、憲章が予定した職員を律する制度においては、派遣制度が必ずしも完全に排除されているわけではなく、上限二年という短期間に限り、政府からの派遣職員も事務局の職に就く余地が残されていると解釈できる。また、右の準備委員会の議論から、すべての職員は、「機構の利益のみを心がけて」その職務を遂行しかつその行動を律することを求められていることと、政府からの職員に「自国の特別の利益を国際的利益に従属させること」が望めなくなるという懸念があったことを読み併せれば、派遣制度は、先に見たような時間的限定のみならず、あくまでも機構の利益にかなう範囲でしか認められないと理解できよう。つまり、準備委員会の理解では、このようにごく限られた範囲のみにおいて、一国の政府からの派遣職員を受け入れることが認められていたということがわかる。従って、国連設立時より、限定的に利用され得る派遣制度というものは念頭に置かれていたといえよう。[120]

この職員の派遣制度は、後述するように、その運用において、後に多くの法的な問題を惹起することになる。もっとも、ここで確認しておくべきは、一国の政府から派遣された職員であれ、ひとたび国連事務局において任用されたからには、自国政府ではなく、国連の制度的枠組みの中で職務に専念し、国際的忠誠を誓うことが求められているということである。

第四節　国際事務局の発展と国際公務員制度の必要性

以上に考察してきたように、国際事務局は、国際機構の発展に伴い、長い年月の末に、成立し発展してきたものといえる。国際事務局の発明は、国際機構の真の始まりであり、一連の「会議」を「機構」にしたのは、事務局の導入であったとさえいわれる。[121]国際事務局の成立は、国際連盟事務局によりいったんは成就したものの、第二次大戦によって瓦解した。とはいえ、連盟時代に生成された国際事務局としての遺産は、国連憲章一〇〇条へと受け継がれていった。戦後、国連事務局は、連盟事務局の経験をもとに発展してきたのである。[122]その意味で、連盟事務局の成立は国際事務局の発展の歴史の中で大きな意味を持つものといえよう。また、国連憲章一〇〇条に規定される事務総長および職員の責任の国際的性質と、それを尊重する加盟国の義務は、今日、実に多くの国際機構の設立文書に明文化されており、[123]国際事務局の必要性が共通して広く認識されるに至ったことがわかる。

国家の合意によって設立された国際機構において、国家に従属せず国際機構にのみ忠誠を誓う職員が必要とされてきたことは、以上に見た通り、国際事務局の発達の歴史それ自体が実証しているといえる。しかし、現実には、とりわけ、国連のような政治的色彩の濃い国際機構において、今日まで、歴代の事務総長人事に関わる東西陣営の対立や職員人事への国家の介入など国家からの様々な影響力の行使が見られた[124]。この現実は、まさに「国際公務員制度に対する脅威（threats to the international civil service）」と考えられたのである[125]。国家の結合体が、「国家連合」ではなく、「国際機構」[126]である以上、国際機構は、自律的であるべきである。政府間国際機構（ＩＧＯ）にあって非政府間的（ＮＧ）[127]である国際機構の事務局について見れば、できる限り国家の影響を排することこそが、国際機構の自律性につながるものと思われる。そのためには、事務局を構成する職員の地位が、まずもって国家の影響を排したものでなければならない。国際機構が十全な活動を行い得るために、国際事務局が必要とされ、その発展と不可分のものとして、国際機構にのみ忠誠を誓う職員――いわゆる国際公務員――の集団が形成されてきたのである。

国際機構の活動が多岐にわたるようになってくると、機構内部の組織も精緻化され、機構の任務に従事する職員も数多く必要とされてくる[128]。円滑で能率的な運営を図りたい機構にとっては、このように様々な国家から採用される多くの職員の、特に勤務上の関係を律するために、職員の本国や赴任地国の法ではない独自の共通の法があった方が望ましいであろう[129]。しかし、このような現実的な理由のみからこの法が必要とされるのではない。国際機構と、その加盟国から独立した地位にある職員との関係を律する法は、職員の法的地位の特徴ともいうべき国際的性質や独立を確保するためにもまた必要とされる[130]。というのも、国際機構の職員がいかなる国家権力の影響をも受けないようにするには、まずもって、国内法とは別個の法によって規律されることが必要とされなければならないからである。ここでは、国家の関与を排除した関係、つまり、国際機構と職員との関係において、職員を律する法が求められるのである。従って、国家権力が介入できない法状況を創出するために、職員を律する法は必要とされるのである。(131)

それでは、国際機構とその職員との関係において、この法はいかなる意義を有しているか。いうまでもなく、この法は、機構の職員が身分を獲得し、その身分を保持しながら機構の任務に従事していく上で、彼らがいかなる権利を享有し義務を負うかを定めている。つまり、この法は、職員としての身分を保障するために重要な役割を担っているといえる。この職員の身分保障において問題となるのは、機構によって職員が不利益を被る場合であろう。わけても、国際機構の職員たる身分が本人の意思に反して剥奪されるなどということになると、その身分は極めて不安定なものとなる。従って、彼らが救済を図るための制度が自ずと必要とされてくる。その場合、行政的な不服申立てのための機関による救済も有効には違いないであろう。しかし、より公平かつ実効的な救済を求めるならば、司法的な救済が望まれる。国際機構の職員は、機構の有する裁判権免除により、あるいは、国内での裁判には馴染まない法によって規律されている以上、国内の裁判所へ救済を求めることは困難である。こうした点から、機構と職員との勤務上の関係を律する法を解釈・適用し、紛争を処理する機構独自の司法的機関が必要とされる。ここに、行政裁判所の設立が求められる所以がある。

第五節　本書の目的

以上に見たように、今日、国際機構の任務に従事する職員の法的地位に関しては、各国際機構が類似した職員諸規則によってそれを規律し、さらに、それらの法を解釈・適用することにより身分保障を行う行政裁判所の実行を中心として、そこには何らかの法現象が現れてきているように思われる。さらに付言すれば、今日、職員の身分を保障するために重要な役割を果たす行政裁判所は、増加しつつある。第二次大戦前には、わずかに、国際連盟行政裁判所（一九二七年。以下、カッコ内数字は設立年）やアドホックな国際農業協会行政裁判所（一九三二年）の設置（ただし、後者は一度も判決を下さなかった）[132]があるに過ぎなかったのに対し、戦後設けられた国際機構職員の提起する紛争を解決する司法的機関としては、国際連盟行政裁判所を継いだＩＬＯ行政裁判所（一九四六年）、国連行政裁判所（一九五〇年）、欧州経済協力機構（ＯＥＥＣ。後に、「経済協力開発機構（ＯＥＣＤ）」に改称）訴願委員会（一九五〇年）、欧州共同体（ＥＣ）裁判所（一九五二年。なお、一九八八年より職員関係の紛争は、新規に設置された第一審裁判所（Court of First Instance）で扱われることとなり、さらに今日では、二〇〇四年一一月二日の理事会決定で第一審裁判所の下に新設された公務員裁判所（Civil Service Tribunal）で扱われるようになっている）、西欧連合合同訴願委員会（一九五六年）、政府間移住者委員会訴願委員会（一九六二年）、アラブ連盟行政裁判所（一九六四年）、欧州審議会訴願委員会（一九六五年）、北大西洋条約機構（ＮＡＴＯ）訴願委員会（一九六五年）、米州機構（ＯＡＳ）行政裁判所（一九七一年）、欧州宇宙機関訴願委員会（一九七五年）、私法統一国際協会（ＵＮＩＤＲＯＩＴ）行政裁判所（一九七六年）、世界銀行（以下、世銀（ＷＢ）またはＩＢＲＤ）行政裁判所（一九八〇年）、米州開発銀行行政裁判所（一九八一年）が挙げられる。これに加え、技術管理協会とアラブ石油輸出国機構（ＯＡＰＥＣ）にも訴願委員会がある。最近では、国際決済銀行行政裁判所（一九八七年）、アジア開発銀行（ＡＤＢ）行政裁判所（一九九一年）、国際通貨基金（以下、ＩＭＦ）行政裁判所（一九九四年）が設立され、また、右のＯＥＣＤ訴願委員会に替えて、一九九一年にＯＥＣＤ行政裁判所が設置された。[133]また、これらの行政裁判所のいくつかは、後述するように、管轄権も拡大しつつある。今後も国際機構の活動が多岐にわたり、職員の数が増加し、それだけ機構と職員との紛争も増えるならば、この傾向は一層強まってくるであろう。このような傾向は、第二次大戦後のまさに新しい現象といっても過言ではない。それぞれ異なる国際機構において別個の行政裁判所が設けられ、それぞれが機構と職員との紛争を解決すべく活動を行っている。そこには、各裁判所がそれぞれの機構の職員を律する法を解釈・適用することによって集積されてきた実行が存在する。すなわち、行政裁判所の活動によって積み重ねられてきた法実行が存在するのである。これら各々の法実行の束こそが国際公務員の身分保障に関する——「国際公務員法」とでも呼ぶべき——何らかの体系を形成しているのではないか。このように考えるならば、国際機構において、機構と職員との間に現に生じているこの新しい法現象がいかなるものかを明らかにしておくことが重要であるように思われる。

しかし、新しい現象とはいえ、今日までこの分野において、欧米では比較的早くから取組みがなされてきたのもまた事実である。本書の終章で詳述するように、国際公務員に関する法を体系的に研究した研究の中でも、最も注目すべき書物として、一九六七年刊行のエイクハースト（M. B. Akehurst）の手による『国際機構における任用を律する法（Law Governing Employment in International Organizations）』[134]と、最近のものとして、九四年（初版は八八年）に刊行された二巻から成るアメラシンゲ（C. F. Amerasinghe）の大著『国際公務員法（The Law of the International Civil Service）』[135]が挙げられる。前者は、なるほど学位論文をもとにしているがゆえ、理論的体系書の色彩が濃く、多くの知見が得られる。しかし、著者の関心が国際機構法そのものではないため、国際機構法における位置づけにやや物足りなさを感じざるを得ない。また、行政裁判所実行の蓄積がさほどない当時に、この法現象の体系化を成し遂げた著者の慧眼には学ぶところが多いが、その後の実行の広がりを見るにつけ、その時間的隔たりは否めない。また、恐らくは、このエイクハーストの残した先駆的研究を土台にしたと思われる後者の網羅的な研究は、膨大な数の判例を整理した点で画期的であり、比類のない貴重な書物であるものの、どちらかといえば、理論的体系書というよりも、当時著者は世銀行政裁判所書記局長としての地位にあったせいか、実務的視点による考察という色彩が強いように思われる。

思うに、すでに考察してきたように、国際公務員の研究は、国際機構および国際事務局の研究と不可分であり、国際機構や国際事務局の発展を見る中でこそ、初めて国際公務員の理解が可能になるのではなかろうか。また、国際公務員をとりまく国際公務員法なる法の体系があるとすれば、それは、国際機構法の体系の中での明確な位置づけを試みなければならないのではなかろうか。本書の関心の出発点はまさにここにある。

わが国においては、この分野が国際法学者から多くの注目を集めることはなかった。本格的な研究としては、一九六〇年代に、太寿堂鼎の手による二本の論文[136]があるに過ぎない。しかも、これらの研究は、行政裁判所判例を体系的に分析したものではなかった。わが国において取組みが遅れた理由は、この分野の法が一国の公務員法に類するものであるがゆえ、主として、国家間関係の規律を主眼としてきた国際法の研究から見れば、その範疇に入らなかったものと思われる。他方、わが国法、とりわけ公務員法を扱う行政法分野においても、この国際的な公務員法は関心を集めることがなかったように思われる。[137]いずれにせよ、わが国においては、欧米での研究とは対照的に、この分野が手つかずのまま残されてきたのである。

以上のような問題関心から、国際公務員法の研究を試みることにした。本書は、序章「国際機構の発展と国際公務員制度」、第一章「国際公務員の法的地位」、第二章「国際行政裁判所の裁判制度」、第三章「国際行政裁判所による国際公務員の身分保障」、第四章「国際公務員法の法源」、終章「国際公務員法の体系について」から構成される。早速、以下に検討を進めていくことにしたい。

注

(1) この概念は、わが国においてはほとんど馴染みがないものであるが(もっとも、この語自体はまったく用いられないわけでもない。たとえば、高野雄一『国際組織法』(有斐閣、一九七五年)一一頁、最上敏樹『国際機構論』（東京大学出版会、一九九六年）二八―二九頁など参照）、欧米ではしばしば用いられる。とりあえず、体系書の中で触れられているものと書物の標題になっているものとして、Schermers, H. G. and Blokker, N. M., *International Institutional Law*, 4th revised ed.（Martinus Nijhoff, 2003）, p. 314, Ranshofen-Wertheimer, E. F., *The International Secretariat: A Great Experiment in International Administration*（Carnegie Endowment for International Peace, 1945）, reprinted ed.（Kraus Reprint, 1972）など参照。

（2）Meron, T., "International Secretariat," in Bernhardt, R.（ed.）, *Encyclopedia of Public International Law*, Vol. II（Elsevier, 1995）, pp. 1376–1379.

（3）Gerbet, P., "Rise and Development of International Organization: A Synthesis," in Abi-Saab, G., *The Concept of International Organization*（Unesco, 1981）, p. 32.

（4）最上『前掲書』注（1）一七頁。

（5）Bowett, D. W., *The Law of International Institutions*, 4th ed.（Sweet & Maxwell, 1982）, p. 2.

（6）Claude Jr., I. L., *Swords into Plowshares: The problems and Progress of International Organization*, 4th ed.（McGraw-Hill, 1984）, p. 28. もっとも、「同盟」が国際協力の支配的な特徴であった頃においても、会議において事務局が設けられるようになり、それが連続する複数の会期間の一種の「連絡の場（liaison）」となっていったとの指摘もある。ラングロッドによれば、このような事務局の萌芽は、当初、会議の主催国によって任命された職員から構成されていた。しかし、その後は次第に他国の国民も加わるようになっていった。たとえば、一九〇七年に開催された第二回ハーグ会議は、参加諸国によって任命されたおよそ二五名から成る事務局を擁していたといわれる。Langrod, G., *The International Civil Service: Its Origins, Its Nature, Its Evolution*（A. W. Sythoff, 1963）, pp. 34-35.

（7）Eagleton, C., *International Government*, 3rd ed.（Ronald Press, 1957）, p. 161.

（8） Chamberlain, J. P., *The Regime of the International Rivers: Danube and Rhine* (Columbia University, 1923), p. 155. また、ライン河の航行制度全般については以下も参照。Hostie, J., "Le statut international du Rhin," *R. C. A. D. I.*, Vol. 28 (1929-III), pp. 105–229.

（9） Parry, C. (edited and annotated), *The Consolidated Treaty Series* (Oceana, 1969), Vol. 57, pp. 465–491.

（10） 条約の違反に関わる訴訟は、まず、事務局長とそれを補佐する二名の監督官の前で提起される。その判断は多数決でなされる。この上訴機関として委員会が用いられ得ることになっている（同一二二条）。

（11） 条約七三条によれば、事務局長、徴税官、監督官、検札官、検査官および簿記官に付与される給与その他の手当の四パーセントを控除し、それを退職または遺族年金基金として蓄えておく制度が整えられている。

（12） Parry, *supra* note 9, Vol. 64, pp. 453–493.

（13） Parry, *supra* note 9, Vol. 64, pp. 13–26.

（14） もっとも、同附属書九条によれば、訴訟当事者は、上訴機関として中央委員会を用いずに、第一審が提起された国の上訴裁判所を用いることもできる。

（15） 附属書一三条によれば、監督長官の選挙に当たっては、フランス代表委員とオランダ代表委員がそれぞれ全体の六分の一の票を有し、プロシア代表委員とドイツ諸侯（一部プロシアを含む）代表委員がそれぞれ三分の一の票を有する。ここには、今日にいう加重票制に類した票の配分が見られるように思われる。

（16） Parry, *supra* note 9, Vol. 81, pp. 307–349.

（17） Meißner, F., "Rhine River," in Bernhardt, R. (ed.), *Encyclopedia of Public International Law*, Vol. IV (Elsevier, 2000), p. 237.

（18） 同条約九五条によれば、監督長官の任命に当たって、中央委員会の票配分は全部で七二とされており、その内訳として、プロシア二四票、フランスとオランダが各一二票、ドイツ諸侯が二四票——そのうち、バーデンが一一票、ヘッセ＝ダルムシュタットが六票、バヴァリアが四票およびナッサウが三票――と加重された票数が具体的に規定されている。

（19）とはいえ、監督長官のもとに配置された四名の監督官の給与と年金は彼らを任命した国（フランスおよびバーデンが一名、バヴァリア、ヘッセ＝ダルムシュタットおよびナッサウが一名、プロシアが一名ならびにオランダが一名をそれぞれ任命する）が責任を負う（同一〇一条）し、その他の職員の給与と年金についても、彼らを任用する国が責任を負う（同一〇三条）。

（20）Parry, *supra* note 9, Vol. 138, pp. 167–179.

（21）マンハイム条約では、監督長官に関する規定はない。監督長官ポストが廃止された理由として、中央委員会の会議事項の準備がさほど重要とされなくなったこと、議事妨害（obstructions）が減ったことで、個別の政府とは異なる共通の利益代表たる監督長官の地位が重要ではなくなったこと、さらには航行税が廃止されたことでその監督が不要になったことが挙げられる。なお、各国の航行の利益のもとに置かれる四名の監督官は維持された（同条約四一条）。Chamberlain, *supra* note 8, p. 241.

（22）Mangone, G. J., *A Short History of International Organization* (McGraw-Hill, 1954), p. 70. 種々の河川の管理行政については、Winiarski, B., "Principes généraux du droit fluvial international," *R. C. A. D. I.*, Vol. 45 (1933-III), pp. 205–211. また、さまざまな国際水路の航行制度に関する包括的なものとして、Vitányi, B., "The Regime of Navigation on International Waterways, Part I: The Beneficiaries of the Right of Navigation, Part II: The Territorial Scope of the Regime of Free Navigation and Part III: Substantive Rights and Duties," *Netherlands Yearbook of International Law*, Vol. 5 (1974), pp. 111–166, Vol. 6 (1975), pp. 3–58 and Vol. 7 (1976), pp. 3–90 も参照のこと。なお、ダニューブ河に関して付言すれば、一八五六年三月三〇日に署名されたパリ条約（Parry, *supra* note 9, Vol. 114, pp. 409–420, *esp.* pp. 415–416）により、沿岸国のみならず非沿岸国も含む委員会

（以下、ヨーロッパ委員会）（同条約一六条）と沿岸国から成る委員会（以下、沿岸国委員会）（同一七条）の設置が規定された。前者は暫定的な機関であるのに対し、後者は、河川の航行および警察に関する規則制定権限を付与された恒久的機関であることが予定されていた。しかし、現実には、ヨーロッパ委員会の必要性が高まり、沿岸国委員会が設置されることはなかった。Chamberlain, *supra* note 8, p. 57. その後、六五年一一月二日のヨーロッパ委員会による航行公法（public act）七条では、ダニューブ河口の航行が、ヨーロッパ委員会によって制定される「航行および警察規則」によって規律されることとされた。Parry, *supra* note 9, Vol. 131, pp. 408–409. さらに、七八年七月一三日のベルリン条約（五三条）により、ヨーロッパ委員会が管轄権を拡大し、かつ、沿岸から完全に独立して職務を遂行することが定められた。Parry, *supra* note 9, Vol. 153, p. 188. ダニューブ河の航行制度の歴史については以下も参照。Costa, P., "Les effets de la guerre sur les traités relatifs au Danube, dans le cadre d'une étude globale du droit conventionnel du Danube," in Zacklin, R. and Caflisch, L. (eds.), *The Legal Regime of International Rivers and Lakes* (Martinus Nijhoff, 1981), pp. 203–245.

(23) Gerbet, *supra* note 3, p. 36.

(24) Parry, *supra* note 9, Vol. 130, pp. 198–217.

(25) Parry, *supra* note 9, Vol. 136, pp. 292–317. 署名国は、北ドイツ、オーストリア＝ハンガリー、フランス、バーデン、バヴァリア、ベルギー、デンマーク、スペイン、イギリス（インドを含む）、ギリシア、イタリア、ルクセンブルグ、ノルウェー、オランダ、ペルシア、ポルトガル、モルダヴィア＝ワラキア公国、ロシア、セルビア、スウェーデン、スイス、トルコおよびヴュルテンベルグ。

(26) Mangone, *supra* note 22, p. 75.

(27) Codding Jr., G. A., *The International Telecommunication Union: An Experiment in International Cooperation* (E. J. Brill, 1952), reprint ed. (Arno Press, 1972), p. 24.

(28) Parry, *supra* note 9, Vol. 147, pp. 136–143. *See also*, "Detailed Regulations for the execution of the Treaty," *ibid.*, pp. 146–157.

(29) Parry, *supra* note 9, Vol. 152, pp. 235-244. 署名国は、オーストリア＝ハンガリー、アルゼンチン、ベルギー、ブラジル、デンマーク（およびその植民地）、エジプト、フランス（およびその植民地）、ドイツ、イギリス（およびその植民地）、インド、カナダ、ギリシア、イタリア、日本、ルクセンブルグ、メキシコ、モンテネグロ、オランダ（およびその植民地）、ノルウェー、ペルシア、ペルー、ポルトガル（およびその植民地）、ルーマニア、ロシア、サルヴァドル、セルビア、スペイン（およびその植民地）、スウェーデン、スイス、トルコならびにアメリカ。

(30) Langrod, *supra* note 6, p. 41. See also, "Règlement de détail et d'ordre pour l'exécution de la Convention," Parry, *supra* note 9, Vol. 152, pp. 245–270.

(31) 詳しくは、Woolf, L. S., *International Government*（George Allen & Unwin, 1916）, pp. 221–242 参照。

(32) Parry, *supra* note 9, Vol. 194, pp. 294–349.

(33) Parry, *supra* note 9, Vol. 206, pp. 31–34.

(34) *Ibid.*, Vol. 206, pp. 34-37.

(35) Goodman, N. M., *International Health Organizations and Their Work*, 2nd ed.（Churchill Livingstone, 1971）, p. 88.

(36) 署名国は次の通り。イギリス、イタリア、モンテネグロ、ロシア、アルゼンチン、ルーマニア、セルビア、ベルギー、サルヴァドル、ポルトガル、メキシコ、ルクセンブルグ、スイス、ペルシア、日本、エクアドル、ブルガリア、デンマーク、スペイン、フランス、スウェーデン、オランダ、ギリシア、ウルグアイ、ドイツ、キューバ、オーストリア＝ハンガリー、ノルウェー、エジプト、グアテマラ、エチオピア、ニカラグア、アメリカ、ブラジル、コスタリカ、チリ、ペルー、中国、パラグアイおよびトルコ。

(37) Parry, *supra* note 9, Vol. 198, pp. 355–360.

(38) Gascon y Marin, J., "Les transformations du droit administratif international," *R.C.A.D. I.*, Vol. 34 (1930–IV), p. 53.

(39) Langrod, *supra* note 6, p. 42.

(40) Schermers and Blokker, *supra* note 1, p. 315.

(41) 小寺彰「『国際組織』の誕生――諸国家体系との相剋」柳原正治編『国際社会の組織化と法（内田久司先生古稀記念論文集）』（信山社、一九九六年）三頁。

(42) 最上『前掲書』注(1)二五頁。

(43) 当初、多くの国際行政連合事務所の所在地としてスイスが選ばれたのは、ヨーロッパの中央に位置しており、中立の小国であることから、他からの影響から完全に独立していると考えられたからとの指摘がある。Reinsch, P. S., *Public International Unions: Their Work and Organization*, 2nd ed. (World Peace Foundation, 1916), p. 155.

(44) Langrod, *supra* note 6, p. 38.

(45) Walters, F. P., *A History of the League of Nations*, Vol. I (Oxford U. P., 1952), p. 20.

(46) Miller, D. H., *The Drafting of the Covenant*, Vol. 2 (G. P. Putnam's Sons, 1928), pp. 3–6. なお、厳密にいえば、フィリモア委員会がイギリス政府に提出したこの草案は、イギリス政府提案として提示されることなく回覧された。*Ibid.*, Vol. 1, p. 3.

(47) *Ibid.*, Vol. 1, pp. 10–11.

(48) *Ibid.*, Vol. 2, pp. 7–11.

(49) *Ibid.*, Vol. 1, p. 15.
(50) *Ibid.*, Vol. 2, pp. 12–15.
(51) *Ibid.*, Vol. 2, p. 43.
(52) *Ibid.*, Vol. 2, pp. 43–44.
(53) 第二案、*ibid.*, Vol. 2, p. 67 および第三案、*ibid.*, Vol. 2, pp. 98–99.
(54) *Ibid.*, Vol. 2, pp. 61–63.
(55) *Ibid.*, Vol. 2, p. 133.
(56) “staff” の訳語は、後に見るように正文では「属員」であるが、ここでは今日一般に通用している「職員」を主に用い、特に連盟規約に直接関わる引用部分にのみ「属員」を用いることにする。
(57) Annex I to Minutes of First Meeting, *ibid.*, Vol. 2, pp. 232–233.
(58) *Ibid.*, Vol. 1, pp. 131–472. なお、参考までに、「事務総長」への用語の変更は一九一九年二月一一日に始まる第八回国際連盟会議においてなされ（*ibid.*, Vol. 1, p. 214）、また、「総会」および「理事会」への用語の変更は、同年四月一日および二日に開かれた国際連盟委員会の下部機関である起草委員会（Drafting Committee）によりなされた。*Ibid.*, Vol. 1, p. 410.
(59) Wilson, F., *The Origins of the League Covenant: Documentary History of Its Drafting* (Hogarth Press, 1928), p. 40.
(60) Drummond, E., “The Secretariat of the League of Nations,” *Public Administration*, Vol. 9 (1931), pp. 228–229.
(61) Walters, *supra* note 45, Vol. I, pp. 75–79.
(62) “Report Presented by the British Representative, Mr. A. J. Balfour,” League of Nations, *Official Journal*, No.

4, June, 1920, pp. 136–139.

(63) "Organisation of the Secretariat and of the International Labour Office[hereinafter cited as "Noblemaire Report"]," *League of Nations Documents and Serial Publications* (*micro.*), A. 3. 1921 (X). See also *International Labour Office, Official Bulletin* (*micro.*), Vol. III, No. 20 (1921), pp. 1–54.

(64) 最終版は、理事会と総会のいずれの文書番号も付されている以下のものと思われる。"Organisation of the Secretariat and of the International Labour Office," *League of Nations Documents and Serial Publications* (*micro.*), C. 424 M. 305, 1921 X/ A. 140 (a).

(65) Langrod, *supra* note 6, p. 113.

(66) Noblemaire Report, *supra* note 63, paras. 18–22.

(67) Ranshofen–Wertheimer, *supra* note 1, pp. 28–29. もっとも、この報告書には、国際公務員制度の基本概念を維持しようとする多数意見とは対照的に、自国の世論を代表する者から成る事務局の設置に関心を抱く少数グループの報告書も付されていた。*Ibid.*, pp. 29–31.

(68) Noblemaire Report, *supra* note 63, para. 40.

(69) Ranshofen–Wertheimer, *supra* note 1, p. 256. もっとも、これと異なる説明として、一九二二年以来の改正を含んだ完全版が二六年に発行され、後に三〇年と四五年に二度発行されたとの説明もある。その二六年版のものも併せて以下を参照。Knipping, F. (ed.), *The United Nations System and Its Predecessors*, Vol. II (Oxford U. P., 1997), pp. 243–269. さらに、一九四五年版を再録したものとして、Aufricht, H., *Guide to League of Nations Publications: A Bibliographical Survey of the Work of the League*, 1920–1947 (Columbia U. P., 1951), pp. 440–472.

(70) 国際連盟の組織の成り立ちと活動については以下にも詳しい記述がある。Howard–Ellis, C., *The Origin*

Structure & Working of the League of Nations（Houghton Mifflin, 1929）, reprinted ed.（Lawbook Exchange, 2003）. とりわけ、連盟設立以後の事務局職員数の推移や職員の給与体系については、*ibid.*, pp. 163–205.

（71）ＩＬＯの成り立ちに関しては、Alcock, A., *History of the International Labour Organization*（Macmillan, 1971）, pp. 18–46 参照。

（72）International Labour Office, *Official Bulletin*（*micro.*）, Vol. I,（April 1919–August 1920）, p. 505. また、初代事務局長アルベール・トーマも、ＩＬＯの自律性（autonomie）を強調している。Thomas, A., "L'organisation internationale du travail," in Munch, P., *Les origines et l'œuvre de la Société des Nations*, Tome II（Rask-ørstedfonden, 1923–1924）, p. 354.

（73）これらの規定については、起草段階からさほどの議論はなかった。起草過程の詳細については、Shotwell, J. T., *The Origins of the International Labor Organization*, Vol. I（Columbia U. P., 1934）, pp. 127–450 参照。

（74）International Labour Office, *Official Bulletin*（*micro.*）, Vol. II（September–December 1920）, p. 7.

（75）*Ibid*, Vol. I, p. 507.

（76）Langrod, *supra* note 6, pp. 145–146. 彼の基本的な考えには、彼自身があらゆる職員と個人的な（personal）関係を持つことにより、国際労働事務所への真の忠誠が築かれるという発想があった。Phelan, E. J., *Yes and Albert Thomas*（Cresset Press, 1936）, p. 116.

（77）Noblemaire Report, *supra* note 63, para. 120.

（78）*Ibid.*, paras. 121–123.

（79）国際連盟行政裁判所の成立の経緯およびその活動に関しては、一九五四年に国際司法裁判所に提出された国際労働事務局からの覚書（Memorandum by the International Labour Office, Effect of Awards of Compensation Made by the United Nations Administrative Tribunal, Advisory Opinion of July 13th, 1954, *ICJ Pleadings*

1954, pp. 46-90）に詳しい。

（80） League of Nations, The Records of the First Assembly, Plenary Meetings, pp. 663-664 cited at Memorandum by the International Labour Office, *ibid.*, p. 50.

（81） モノ氏の申立ては、C. 45. 1925. V., in *League of Nations Documents and Serial Publications*（*micro.*）. 事実の概要については以下も参照のこと。League of Nations, *Official Journal*（*micro.*）, 6th Year, No. 10, Minutes of Thirty-fifth Session of the Council, pp. 1442-1446.

（82） League of Nations, *Official Journal*（*micro.*）, 6th Year, No. 4, Minutes of Thirty-third Session of the Council, p. 436.

（83） Council Resolution of June 8th, 1925 cited at League of Nations, *Official Journal*（*micro.*）, 6th Year, No. 10, Minutes of Thirty-fifth Session of the Council, p. 1338.

（84） *Ibid.*, pp. 1441-1447.

（85） *Ibid.*, p. 1338.

（86） Memorandum by the International Labour Office, *supra* note 79, p. 51.

（87） *Ibid.*, pp. 51-52.

（88） A. 6. 1927. X, in League of Nations, *Official Journal*（*micro.*）, Special Supplement No. 58, Records of the Eighth Ordinary Session of the Assembly, Meetings of the Committees, Minutes of the Fourth Committee, pp. 250-257. 行政裁判所規程についてもこの文書を参照のこと。

（89） League of Nations, *Official Journal*（*micro.*）, Special Supplement No. 54, Records of the Eighth Ordinary Session of the Assembly, Plenary Meetings, p. 478 and p. 201.

（90） League of Nations, *Official Journal*（*micro.*）, Special Supplement No. 97, Records of the Twelfth Ordinary

Session of the Assembly, Meetings of the Committees, Minutes of the Fourth Committee, p. 112.

（91） Memorandum by the International Labour Office, *supra* note 79, p. 59.

（92） *Ibid*., pp. 59-61. なお、これら一連の判決はほぼ同趣旨であり、そのうちのゾッピノ（Zoppino）事件は次に掲載がある。Annex II to the Memorandum of the International Labour Office, *ibid*., pp. 80-83. また、一連の事実関係と判決文の一部については以下も参照のこと。League of Nations, *Official Journal*（*micro.*）, Special Supplement No. 194, Records of the Twentieth（Conclusion）and Twenty-first Ordinary Sessions of the Assembly, Text of the Debates at the Plenary Meetings and Minutes of the First and Second Committees, pp. 245-249.

（93） *Ibid*., p. 61.

（94） *Ibid*., pp. 261-263.

（95） もっとも、第二委員会の勧告により、訴訟費用分のみが恩恵として（*ex gratia*）申立人らに支払われた。Memorandum by the International Labour Office, *supra* note 79, p. 70.

（96） 太寿堂鼎「国際公務員の身分保障と行政裁判所」『法学論叢』七一巻四号（一九六二年）九頁。

（97） Ranshofen-Wertheimer, *supra* note 1, pp. 250-251.

（98） *Ibid*., pp. 245-246.

（99） *Ibid*., pp. 251-253. もっとも、ナチス・ドイツは、一九三三年一〇月に国際連盟に対し脱退通告を行ったので、実質的にはこのような異常な事態は短期間のみで終わった。*Ibid*., p. 253.

（100） もっとも、たとえばスカンジナビア諸国の外務省職員が派遣されることもあったが、彼らは、外務省の職を「停止」して連盟事務局に任用されたし、彼らの本国の政策と連盟の目的が衝突することはなかったので、彼らが本国政府と連盟に対して誓う二重の忠誠が問題になることはなかった。*Ibid*., p. 344.

（101） *Ibid*., pp. 343-344. また、一九三六年時点でもすでにこのことが憂慮されていた。Zimmern, A., *The*

League of Nations and the Rule of Law 1918–1935 (Macmillan, 1936), reprinted ed. (Gaunt, 1998), pp. 476–479.

(102) Boudreau, F. G., "The International Civil Service," in Davis, H. E. (ed.), *Pioneers in World Order: An American Appraisal of the League of Nations* (Columbia U. P., 1944), pp. 77–78.

(103) Walters, *supra* note 45, Vol. II, p. 809. アヴノールは、本国（フランス）における反政府勢力を支持したため、連盟そのものに対してはまったく熱心でなくなってしまった。そのため、ショーン・レスター（Seán Lester）が連盟の正式な解体まで残務を引継いだ。*Ibid.*, p. 801.

(104) 参考までに、ダンバートン・オークス提案一〇章は以下の通りである。

「第一〇章　事務局

一　一人の事務総長及び必要な職員からなる事務局が設けられる。事務総長は、この機構の行政職員の長である。事務総長は、この憲章に定められる任期及び条件の下で、安全保障理事会の勧告に基づいて総会によって選挙される。

二　事務総長は、総会、安全保障理事会、及び経済社会理事会のすべての会議において事務総長の資格で行動し、かつ、この機構の事業について総会に年次報告を行う。

三　事務総長は、国際の平和及び安全を脅威すると認める事項について、安全保障理事会の注意を促す権利を有する。」

（原文、四主催国修正案との対照表およびその他各国修正案等関連事項の索引も含め、*Documents of the United Nations Conference on International Organization, San Francisco*, 1945, reprinted ed. (William S. Hein & Co., 1998) [hereinafter cited as "*U. N. C. I. O.*"] Vol. 3, pp. 698–699 参照。なお、邦訳については、香西茂・安藤仁介編集代表『国際機構条約・資料集（第二版）』（東信堂、二〇〇二年）二〇頁参照。）

(105) ニュージーランド修正案は、ダンバートン・オークス提案第一〇章に、次の二項を加える。
「四　この機構の事務総長及び機構の責任は、もっぱら国際的な性質を有する。彼らは、その責任を果すことに関し、この機構外のいかなる他の当局からも指示を求め、又は受けてはならず、国際的職員としての地位を損なう虞のあるいかなる行動も避けなければならない。

この機構の加盟国は、事務総長及び職員の責任の国際的性質を十分に尊重すること並びにその国民が責任を果すに当ってこれらの者を左右しようとしないことを約束する。
五　職員を任用するに当って、事務総長は、最高水準の能率及び専門的能力の確保を最も重要な条件として、なるべく広い地理的基礎に基づいて採用された職員を銓衡することの重要性について、妥当な考慮を払わなければならない。」*U. N. C. I. O.*, Vol. 3, pp. 490–491.

(106) 職員の責任の国際的性質および任用に関わる修正部分としては、次の規定を挿入することであった。
「四　事務総長及び職員は、その任務の遂行に当って、この機構に対してのみ責任を負う。その責任は、もっぱら国際的な性質であり、彼らは、その責任を果すことに関し、この機構外のいかなる他の当局からも指示を求め、又は受けるべきではない。加盟国は、事務局の責任の国際的な性質を十分に尊重すること及びその国民が責任を果すに当ってこれらの者を左右しようとしないことを約束する。」*Ibid.*, pp. 627–628.

(107) カナダ修正案は、前二者の修正案よりもかなり詳細なものであり、三項から成るダンバートン・オークス提案第一〇章に、さらに次の三項を新たに加えるというものであった。
「四　事務総長及び他の国際連合の職員（personnel）は、その責任を果すことに関し、いかなる政府からも又はこの国際連合機構外のいかなる他の当局からも指示を求め、又は受けてはならない。事務総長及び他の職員は、自国又はそれ以外のいずれの場所においても、いかなる公的発言をも含む、国際的職員としての地位を損ずる虞のあるいかなる行動も慎まなければならない。各加盟国は、事務総長及び他の職員の責任の国際的な性質を十分に尊重すること並びにこれらの者が責任を果すに当ってこれらの者を左右しようとしないことを約束する。

五　国際連合の職員の任用及び勤務条件は、最高水準の能率、能力及び誠実を備えた真の国際公務員制度（truly international civil service）の確立を可能にするようなものでなければならない。職員は、総会が設ける諸規則に従って事務総長が銓衡する。職員の地位は、男女に平等に開放されるものとする。最高水準の能率、能力及び誠実を求めることを最も重要な条件として、職員をなるべく広い地理的基礎に基いて採用することの重要性について、妥当な考慮を払わなければならない。

六　国際連合、公的国際機構又は国際連合と関係をもたされる機関並びに国際連合及びその関係機関の職員の独立を確保するために、その法的地位及び国家管轄権からの適切な免除は、総会が採択し、国際連合加盟国に提示される条約によって定められなければならない。加盟国は、国際連合の職員がその公的資格において遂行した行為に関して、当該職員を決して法的手続に服させないことを約束する。但し、国際連合がこの免除を放棄した場合は、その限りではない。」*Ibid*., pp. 594-595.

(108)　なお、職員の責任の国際性には直接触れないまでも、たとえば、ウルグアイは、事務局が広く国際的に代表するものとなることや、事務局の職員が国際社会のより高次の利益のみを銘記して活動を統制しかつ行動を律することを誓い、いかなる政府または事務局外の当局からも指示を求め、または受けることはできないという趣旨の提案を行っており（*ibid*. p. 37）、また、メキシコも、事務局ができる限り十分に国際的な代表となることを修正案に盛り込んでいる（*ibid*., p. 187）し、ノルウェーも、ダンバートン・オークス提案第一〇章に、職員の国際的地位を補足することが望ましいとしている。*Ibid*., pp. 374-375.

(109)　ニュージーランド修正案や四主催国修正案を包含するカナダ修正案第四項は、職員規則で規定され得るが、事務局はいかなる政府からも又はこの機構外のいかなる他の当局からも指示を求め、又は受けるべきではない、という規定は、国連憲章に含まれるべきであり、また、このような規定は、事務局および総会の助けとなり、かつ、事務局の地位を強化するということが下部委員会で合意され（*U. N. C. I. O.*, Vol. 7, pp. 556–557）、その後、上位の第二専門委員会でも合意された。*ibid.*, pp. 393–394.

(110) この原型となったカナダ修正案第五項（前掲注(107)参照）は、下部委員会において全会一致で採択された（*ibid.*, p. 558）後、第二専門委員会では、過度に詳細なので当該規定を憲章に含むべきでないとの議論も出たが、結局、挿入されることとなった。*Ibid.*, pp. 394–395.

(111) *Ibid.* p. 394.

(112) *Ibid.*

(113) *Report of the Preparatory Commission of the United Nations*, PC/ 20, 23 December, 1945, p. 85.

(114) *Ibid.*

(115) *Ibid.* p. 86.

(116) *Ibid.* p. 85. さらに、職員の銓衡について、同報告書は、別の箇所において、「能力ある者を銓衡する方法は、良好な公務員制度の創造に多大な重要性を有する」ことを確認した後、同報告書は、各国の大学制度が異なることから、筆記試験を完全に標準化することは無理であることと、筆記試験を補うための評価を行う人事局が必要であることについて触れている。そこで、筆記試験に馴染まない高位の職や他の特定の任用があることから、「すべての職員が筆記試験で選ばれてくることは望ましくない」とし、「従って、広範な裁量が事務総長とその助言者に認められるべきである」としている。*Ibid.* pp. 91–92.

(117) 本書では、後述するように、英語の "secondment" に「派遣」の語を当てているが、仏語では、"détachement" の用語が一般的である。従って、本来それと対応すると思われる英語 "detachment" の動詞（過去分詞）形 "detach (ed)" にもここで「派遣する（される）」の訳語を当てることにする。

(118) *Ibid.*, p. 92.

(119) *Ibid.* p. 93.

(120) 職員と加盟国との関係について特筆すべきは、この準備委員会の議論の中でのユーゴスラビア代表の提案である。同代表は、能力ある候補者のより良い確保のために、「事務局職員の任用は、自国から候補者を出す加盟国政府の同意をもってなされるべきである」と提案したのである（PC/ AB/ 54）。この提案の理由として、同代表は、多くの場合、政府が候補者の能力を評価するのに最良の地位にあることを挙げ、国連は政府間機構であるため、事務局に任用される者が事務局にとって真の価値を有すためには、彼らが政府からの信頼を集めなければならないと説明した。とはいえ、職員がひとたび任用されれば、当然、政府が彼らのもっぱら国際的な性質を尊重することも、同代表は同時に認めた。しかし、多くの代表は、この提案が、国連憲章一〇一条の下での事務総長の排他的な責任と衝突し、事務局の自由、独立および真に国際的な性質を脅かし、かつ、その精神を破壊すると同時に、国連憲章一〇〇条の文言に違反するものとして反対した。職員はできる限り加盟国政府に受け入れられるべきであり、事務総長がしばしば政府または民間の団体から候補者に関する情報を求めるということも常識とされているが、この点に関し、多くの代表は、「特定の権利を一国の政府に与えたり、事務総長に対する政治的圧力を許すようなことを文書にとどめることは、極めて望ましくない」とした。さらに、政府は、必ずしも候補者の適格性について発言するにふさわしいとは限らないし、候補者が偶然にも政府反対派に属している場合、政府は、当該候補者を推薦することには躊躇するということもあり得る、とされ、結局、このユーゴスラビア提案は否決された（PC/ AB/ 66）。確かに、本文中で見た通り、準備委員会において派遣制度がごく限定的に認められてはいたものの、やはりこの議論を見る限り、各国代表は、原則として、国家が自国職員の任用に決定権を有するということは憲章規定に反するという強い姿勢を明らかにしていたといえる。

(121)　Claude, *supra* note 6, pp. 191–192.

(122)　たとえば、本章で見たノーブルメール報告書に述べられた給与に関する諸原則は、今日も国連コモンシステムに属する職員に適用されている重要な原則の一つである。Goossen, D. J., "The International Civil Service Commission," in de Cooker, C. (ed.), *International Administration: Law and Management Practices in International Organisations* (Martinus Nijhoff, 1990), pp. II. 16–20.

(123)　たとえば、国連の専門機関について見れば、ＩＬＯ憲章九条四項および五項、国連食糧農業機関（ＦＡＯ）憲章八条二項、国連教育科学文化機関（ＵＮＥＳＣＯ）憲章六条五項、世界保健機関（ＷＨＯ）憲章三七条、国際民間航空条約（国際民間航空機関（ＩＣＡＯ）の設立文書）五九条、世界気象機関（ＷＭＯ）条約二一条(b)、国際海事機関（ＩＭＯ）条約五一条、世界知的所有権機関（ＷＩＰＯ）条約九条八項、国際農業開発基金（ＩＦＡＤ）設立協定六条八項(f)、国際復興開発銀行（ＩＢＲＤ）協定五条五項(c)、国際開発協会（ＩＤＡ）協定六条五項(c)、国際金融公社（ＩＦＣ）協定四条五項(c)、国際通貨基金（ＩＭＦ）協定一二条四項(c)、国連工業開発機関（ＵＮＩＤＯ）憲章一一条四項ならびに多数国間投資保証機関（ＭＩＧＡ）設立条約三三条(c)が類似規定を置いている。

(124)　事務総長の人事および職員の人事に対する国家のコントロールについては、国家の事務局に対するコントロールを、国際機構と国家主権のダイナミックな対抗図式の中の一側面としてとらえる以下の論文の視点が注目される。位田隆一「国際連合と国家主権——国際機構の実効性と国家主権によるコントロールの対峙——」『国際法外交雑誌』九〇巻四号（一九九一年）一三―三二頁。

(125)　Beigbeder, Y., *Threats to the International Civil Service* (Pinter, 1988).

(126)　国際機構の定義については、以下を参照。Virally, M., "Definition and Classification of International Organizations: a Legal Approach" in G. Abi-Saab (ed.), *The Concept of International Organization* (Unesco, 1981), pp. 50–66 および植木俊哉「国際組織の概念と『国際法人格』」柳原正治編『国際社会の組織化と法（内田久司先生古稀記念論文集）』（信山社、一九九六年）二五一五八頁参照。

(127) 最上『前掲書』注(1)七七—七八頁。

(128) 第二次大戦前、国際公務員の数は一五〇〇を越えることがなかったが、今日では、一一万から一三万人も存在するといわれる。Schermers and Blokker, *supra* note 1, p. 347.

(129) もっとも、事務局の規模が小さく、その任務も日常業務のみに限られていた頃は、事務局の管理運営は加盟国に委ねられており、原則として、職員の法的地位は、事務所が所在する国の公務員のそれと同等であったと説明される。Akehurst, M. B., *The Law Governing Employment in International Organizations* (Cambridge U. P., 1967) p. 3.

(130) さらに、このような法が必要とされるのは、国家の圧力から職員の独立を保つためのみならず、職員に対して、国際機構での勤務が他の種類の職とは異なることを意識させるためという、いわば心理的な側面からの重要性も強調される。*Ibid.*, pp. 5–6.

(131) 事実、国際公務員が一国内において機構を相手取って訴を提起する場合、国内裁判所は、機構の有する特権免除を根拠とするのではなく、機構において職員を律する法が国内の裁判所において裁判基準としては馴染まないがゆえに訴えを斥けることがある。Bastid, S., "Les tribunaux administratifs internationaux et leur jurisprudence," *R. C. A. D. I.*, Vol. 92 (1957–II), pp. 358–361.

(132) Hudson, M. O., *International Tribunals: Past and Future* (Carnegie Endowment for International Peace, 1944), reprinted ed. (The Lawbook Exchange, 2003), p. 13.

(133) Amerasinghe, C. F., *The Law of the International Civil Service: As Applied by International Administrative Tribunals*, 2nd ed., Vol. I (Oxford U. P., 1994), pp. 49–63 and Schermers and Blokker, *supra* note 1, pp. 453–

457.

(134) Akehurst, *supra* note 129.

(135) Amerasinghe, Vol. I and II, *supra* note 133.

(136) 太寿堂鼎「国際公務員の身分保障と行政裁判所」『法学論叢』七一巻四号（一九六二年）一―二八頁および同「国際連合行政裁判所」田畑茂二郎編『国際連合の研究第二巻（田岡良一先生還暦記念論文集）』（有斐閣、一九六三年）一九〇―二一一頁。なお、これ以前に、国際公務員制度を主に特権・免除の観点から研究したものとしては、川崎一郎「国際公務員制度の形成（一）（二）」『愛知大学法経論集』一二集（一九五五年）二一九―二五八頁および一三・一四合併集（一九五五年）一五一―一八九頁がある。

(137) もっとも、行政法ではなく、わが国の行政学の分野においては、国際公務員に関する制度について、辻清明『公務員制の研究』（東京大学出版会、一九九一年）二五七―二七六頁（「第四章国際公務員制」）、城山英明「第七章国際行政学」西尾勝・村松岐夫編『講座行政学第一巻―行政の発展』（有斐閣、一九九四年）二二五―二五九頁、福田耕治『国際行政学――国際公益と国際公共政策――』（有斐閣、二〇〇三年）など若干の取組みはある。

第一章　国際公務員の法的地位

第一節　国際公務員とは

一　国際公務員の定義

本書の主題である「国際公務員（International Civil Servants/ Fonctionnaires internationaux）」の概念について、今日までさまざまな定義が試みられてきた。そこで、ここで今一度、その主なものを整理しておくことにする。なお、検討の前に、用語について付言しておくと、国際公務員と同義に「国際官僚（International Officials）」、「職員（staff members, staff）」、「人員（personnel）」、「官吏（agents）」のような語もしばしば用いられる。これらの語は、論者によって、また、文脈に応じてニュアンスが若干異なることがあるとも思われるが、ここでは、さしあたりほぼ同義に用いられていると思われるものを選んで検討していくことにする。

さて、第二次大戦前の研究として、一九三一年に、国際公務員に関する最初の体系書を著したバドヴァン(1)（S. Basdevant、のちの S. Bastid）によれば、まず、「基本的な概念として、国際公務員は、国家法の枠外にあって、公共利益目的の活動を行う」者とされる。この基本概念に鑑みて、国際公務員とは、国家共同体の利益において行動し、国際公務（service public international）に協力し、かつ、特別な規則に従う国際公務従事者（agent public international）であると述べられる。もっとも、国際公務従事者には、国際的な利益活動を行う反面、一国の公務を行う者や私的活動を行う者も含まれるので、この国際公務従事者という広いカテゴリーの中から国際公務員を区別しなければならない。ここから、彼女は、具体的に、国際公務員に関する次の四つの性質を導き出し、国際公務員の概念を析出するのである。すなわち、国際公務員は、①国家間の明示または黙示の合意によって予定された存在であること、②条約の当事国でかつ国際法人において各々当事国と見なされる国から成る共同体の利益において行動しなければならないこと、③一利害関係国の行政枠組みに含まれてはならないこと、および、④国際公務従事者であり、かつ公務からもたらされる特別の法制度、すなわち秩序（*status*）に服すること、である。なお、ここで再三述べられる「公務」については、詳細な説明がなされないものの、分析の対象が、国際河川委員会や国際行政連合から国際連盟に至る時代の種々の政府間および非政府間組織であることから、国境をこえた国際協力や問題処理を目的とした活動が念頭に置かれているように思われる。

以上の四つの点をもう少し具体的に見ると、たとえば、①の基準に照らせば、測地学連合（Union Géodésique）や国際冷凍協会（Institut International du Froid）のように、半官半民の性質を持ち、国際文書に基づかない団体に従事する者は、国際公務員とは見なされない。また、②に照らせば、たとえ国際的機関の活動とはいえ、たとえば公共の利益が特定の地域に限られるザール統治委員会の任務に従事する者は省かれる。(2) ③については、たとえば、アヘン戦争以降の中国租界における税関職員、一八七五年に設置されたエジプト混合裁判所の外国人裁判官、第一次大戦後トルコ新政権が従来ヨーロッパ諸国に与えてきた特権（Capitulations）廃止の見返りとして、一九二三年にローザンヌで署名された司法行政に関する宣言によりトルコに設置されたヨーロッパ人法務官（conseillers légistes）、イギリスによるスエズ運河株買収後の一八七六年に設置されたエジプトの公債基金（Caisse de la Dette publique）の外国人委員、および、一九二三年のパリ条約において国際管理の下に置かれ（もっとも、スルタンの主権は存続した）タンジールに設置された職員のように、一利害関係国とのつながりを有する者は、国際公務員とは見なされない。他方、一国の行政枠組みに属さないベルンやブリュッセルにあるいわゆる国際行政連合あるいは国際連盟の職員は、国際公務員とされる。また、政府代表ではあるものの、国際農業協会の常駐委員会議長や一九一九年のベルサイユ条約に基づくライン河中央委員会の議長のように、国際的機関の議長職も、右機関の国際的任務を果たしかつ任免や給与の支給は政府によってなされない以上、国際公務員と考えられる。(3) 最後に④の基準に照らせば、たとえば、ダンチッヒ自由市の高等弁務官は、ベルサイユ条約規定および国際連盟理事会の決定に由来する諸規則に従うがゆえ、国際公務員と考えられる。他方で、たとえば、国際連盟の委任統治委員会や経済委員会の委員のように個人としての資格で選ばれた者は、その国際的活動が彼らにとっては付随的なものであり、自国の法枠組みにとどまることを許されている。従って、彼らは国際公務従事者であるが国際公務員ではない。同様に、個人としての資格で選ばれるＩＬＯ執行理事会の雇用者および労働者代表も、国際公務員とは見なされない。

これら四つの性質をまとめて、バドヴァンは、「国際公務員とは、国家間合意の結果およびその規律のもとに、特別な法規則に従って、継続的かつ排他的に、当該国家集団の利益において、当該多数国代表またはその名のもとに行動する組織によって与えられた任務を遂行するすべての者」と締めくくっている。(4)

以上のバドヴァンによる研究は、戦後の研究にも大きな影響を与えた。ベジャウイ（M. Bedjaoui）は、一九五八年の著書(5)の中で、国際公務員について次のように説明する。共通利益達成のための国家間関係が国家間の公共機関（service public interétatique）の創設において具体化されている。当該公共機関は、参加するすべての国家の企図を実現しかつその共通の利益において行動しなければならないため、特定の国家ではなく、職権の範囲内で行動する代表団にのみ依存する。当該公共機関を構成する者が、国際的利益を有する任務を果たす国際公務員である。まず、共通目的を達成するために、国家間の合意が必要である。従って、国際公務員の存在はその合意に基づく。また、国際公務員は、国家間の利益の達成に向けて行動しなければならない。その行動は、特に国家の利益と併行してなされてはならず、そのことは、国際公務員が一国の行政枠組みに含まれてはならないことを意味する。そのために、国際公務員は、すべての国家権力から保護されかつ直接国際的規則に服さなければならない。以上の説明から、ベジャウイは、国際公務員の定義として、①国家間合意の必要性、②共通利益の達成、③一国の行政枠組との関係の断絶、および、④国際的規則への従属という四つの要素を挙げる。

まず、①の要件に照らせば、連邦国家やＮＧＯの職員は国際公務員とはいえない。②については、バドヴァンの検討した頃の国際連盟の下でのザール統治委員会のように同地域管理上の任務を現地の官吏のみに任せることはもはやできなくなったため、地域的性質を有する問題であれ、国家間の利益のために国際機構（国連）が介在することを重視して、これらの任務に就く者を国際公務員と見なす。たとえば、朝鮮戦争の際一九四八年に設置された国連朝鮮委員会など一連の機関の任務に就いた人員、国連設立当初パレスチナ問題に関して設置されたパレスチナ委員会、パレスチナに派遣された調停官、国連パレスチナ難民救済事業機関（ＵＮＲＷＡ）、それ以外にも、国連設立後まもなく始まったギリシア内戦の際に設置されたバルカン特別委員会、一九四九年に設置された国連リビア高等弁務官事務所など一連の機関の任務に就く者、さらには、一九四七年二月に署名された対イタリア平和条約に基づくトリエステ自由地域の施政において国連が任命した総督とその下にある人員、一九四七年に設立されたエルサレム市の総督と同市の施政理事会および施政に当たる職員、西欧同盟（ＷＥＵ）の設立に伴う一九五四年一〇月の仏独合意により任命されたザール・ヨーロッパ委員などが国際公務員として挙げられる。③の基準に照らせば、一国の公務員であっても、国際機構の事務局に派遣される者は国際公務員といえるが、国際行政裁判所の裁判官のように、国内法秩序のもとでの任務を有しつつ散発的な国際的任務をこなす者は国際公務員とは見なされない。また、国連憲章七章のもとでの国連軍に提供される兵員も、各国の法規則に服する以上は、国際公務員ではない。朝鮮国連軍や国連緊急軍についても同様である。ヨーロッパに目を移せば、一九五〇年代初頭に構想されていた欧州防衛軍のような超国家的要員でない以上、北大西洋条約機構（ＮＡＴＯ）の枠内で活動を行う要員も、国際公務員とは考えられない。これらとは別に、国家代表について見れば、各国の外交団は国際公務員ではないが、国際機構の総会の議長やその他理事会または委員会の長は、任務の期間中国家代表としての資格を離れて任務に就くことから国際公務員とされる。ただし、国家代表がときに専門家という資格で活動する場合はその限りではない。④の要素については、詳細な具体例は挙げられないものの、バドヴァンの説明を敷衍して、国際公務員は、国際公務従事者という広範な類概念（genre）の中の一種（espèce）であると説く(6)。

以上のようにベジャウイの挙げた四要素は、基本的には先述のバドヴァンによる定義の四要素をほぼそのまま踏襲したものである。ベジャウイによる国際公務員の定義に関する説明は、基本的には、バドヴァンの説明に大いに依拠しながら、バドヴァンの議論以降に生起した新しい例を付け加えて、整理を試みたものといえる。

さて、このように第二次大戦後の研究にも影響を与えた、先駆的ともいえるバドヴァンの定義づけを今一度検討してみよう。まず、第一の要素、すなわち、国家間の合意に基づくという点と、第二にいう諸国家の共通目的を達成するという点、さらに、具体的に挙げられた要素ではないものの、全体を通じて、国際的任務に従事する者がたとえ一時的であれ常設性をもって当該任務に携わることが念頭に置かれている点という三つの点を考え合わせると、この三点は、一般的に理解されている国際機構の定義――「国家間の合意」を基礎とするものであること、「共通目的」を継続的に達成するための機能を遂行するものであること、「固有の常設機関」を有することおよび「国家の集合体（結合体）」であること[7]――と多分に重なっていることがわかる。実際のところ、これらの諸点に関する限り、バドヴァンの分析は、国際公務員の所属する団体が国際機構か否かを吟味しているのとあまり変わりがない。この点に関して、ペレとルジエ（A. Pellet et D. Ruzié）が一九九三年の書物の中で国際公務員の定義として掲げた要素には、国際機構に勤務する人員であることが明記されている[8]。また、最近のスヘルメルスとブロッカー（H. G. Schermers and N. M. Blokker）による国際機構法の体系書において も、国際公務員という用語は、「機構のために勤務する職員（staff working for the organization）[9]」と簡潔に表されている。思うに、このように時代が下るにつれて、国際機構が明示されるようになったのは、国際社会に現れた国際機構とそこに生成されてきた行政機構が、時とともに明確に意識されるようになってきたからではなかろうか。いずれにせよ、国際公務員が、国際機構の任務に従事する者であることは誰しも疑い得ないことであろう。従って、今日では、国際公務員を、国際機構の職員と端的に定義してしまえば、バドヴァンが掲げた第一、第二の要素を包含することができるように思われる。このような定義の例としては、わが国で、国際公務員を「国際組織の事務職員」とする田畑茂二郎の用語に見い出せる[10]。

このように、今日においては、国際公務員を国際機構の職員と定義することには、さしあたり、共通の認識が得られるように思われる。とはいえ、国際機構の任務に従事する者のカテゴリーは多く存在するのであり、機構の職員と、それ以外の者とを一応は区別して定義しておく必要もあろう。この点に関しては、特に、高野雄一の定義が明快である。これによれば、国際公務員は、狭義の国際公務員、広義の国際公務員および最広義の国際公務員に分けられる。第一に、狭義の国際公務員は、国際機構の一機関である事務局を構成し、機構の行政職員の長である事務総長（または事務局長）の下に行政的事務組織を構成する者で、いかなる国の政府をも代表せず、かつその指揮の下に立たず、もっぱらその属する機構に対して責任を負う国際的な職員である。第二に、広義の国際公務員は、事務職員ではなく、国際機構の実質的な権能の行使に関係する者で、個人的な資格者として独立して任務遂行に当たる者とされる。たとえば、国連の特権および免除に関する条約で、国際機構（国連）のために任務を遂行する「専門家」や、ＩＬＯ総会および理事会（の代表）、ＥＣ委員会（の委員）および欧州議会（の議員）、あるいは、国際司法裁判所その他の国際裁判所（の裁判官）に見られるように、個人的な資格者で独立して任務遂行に当たる者が挙げられる。第三に、最広義の国際公務員とは、国際機構の主要機関を含む大部分の機関の構成員である加盟国の政府代表である。このように、国際公務員を三つに区分する中で、高野は、国際機構の事務職員、すなわち、第一のカテゴリーが国際公務員の典型的なものと説明している(11)。

以上のさまざまな論者による定義を踏まえて、本書では、国際公務員を、今日一般に共通の認識が得られていると思われる国際機構の職員に絞って議論を進めていくことにする。なお、行政職員の長（事務総長、事務局長、総裁など）も、機構の任務を遂行する上では同じ行政官なのであり、その意味ではこれらを国際公務員として同等に扱っても差し支えない。しかし、後述するように、職員の勤務関係上の訴訟においては、行政職員の長が機構の代表となる以上、行政職員の長と職員とが対峙することとなるため、国際公務員の身分保障の問題は、行政職員の長を除いた職員の身分保障の問題として論じることを予め断わっておく。

二　国際公務員の特徴

さて、残された二つの点、すなわち、上述したバドヴァンのいう国際公務員概念の第三の要素――一利害関係国の行政枠組みに含まれてはならないこと——と第四の要素——国際公務従事者であり、かつ、公務からもたらされる特別の法制度、すなわち秩序（*status*）に服すこと——をここで少し詳しく考えてみたい。まず、前者に関していえば、前章でのメロンによる国際事務局の定義にも見られたように、今日、国際機構の事務局においては、一国の政府から、その公務員としての地位を保持したままで機構に派遣されるいわゆる派遣職員が存在する。この派遣職員とは、後に見るように、一国の行政枠組みにとどまったまま、通常は、期限付きで機構の任務に従事する職員のことであるので、この身分を保持する職員は、バドヴァンによる第三の要素には合致しないことになる。しかし、彼らは、機構の任務についている間は、自国の利益を離れ、他の職員と同様、機構に忠誠を誓わなければならないのであり、この点で、個人としての資格で機構の仕事を任される専門家とは性質を異にする。従って、本書では、一国政府の公務員としての地位を保持したまま国際機構に派遣される派遣職員も、国際機構の職務を遂行する間は他のそうではない職員と同じ法的地位に置かれる——職員規則のような機構独自の法制度に服し、また、後に見るように、他の職員同様、行政裁判所の訴訟当事者ともなり得る——のであるから、国際公務員の範疇に含めて議論するのが適当と考える。このように考えると、国際機構の職員である以上、一国の行政枠組みに属すか否かという点よりもむしろ重要であるのは、加盟国の影響力から離れて、国際公務員が独立して任務を果たすことができるか否かということになろう。この点に鑑みれば、ペレとルジエが、国際公務員の特徴として、「任務遂行における排他性と継続性」および「国際的性質を有する特別の法制度」と並んで、「国際機構における公務遂行の独立」を第一に挙げていること[12]も大いに理解できよう。

次に、バドヴァンの挙げた第四の要素について見れば、今日、国際機構の職員（および行政職員の長）が加盟国その他の権力から独立して任務を遂行することの必要性は、後述するように、多くの国際機構の設立文書に明文化されており、また、それぞれの国際機構においては、その設立文書規定を頂点として、諸規則が定められている。国際公務員が一国の法秩序ではなく機構独自の法秩序によってその法的地位が規律されること、すなわち、バドヴァンのいう国際公務員概念の第四要素の必要性は、一国の行政枠組みに属するか否かにかかわらず、任務の独立した遂行の必要性と密接に関係する。国際公務員の法的地位が機構独自の法秩序によって規律されることにより、その身分保障も機構独自の制度の下で行うことができ、その結果として、彼らが他のいかなる権力の影響も受けない法状況を創出することが可能となるのである。

では、以上のバドヴァンの挙げた定義の第三と第四の要素が意味するものは何であったのだろうか。思うに、国際公務員が、いかなる国家またはその他の権力の影響も受けず、独立して任務を遂行することは、国際機構にとって不可欠なことであろう。というのも、国際機構の事務局が自律性を失って、利害当事国（者）の思うがままに動いてしまえば、その目的の遂行は実現しないからである。たとえば、国連憲章一〇〇条一項では、「事務総長及び職員は、その任務の遂行に当って、いかなる政府からも又はこの機構外のいかなる他の当局からも指示を求め、又は受けてはならない。事務総長及び職員は、この機構に対してのみ責任を負う国際的職員としての地位を損ずる虞のあるいかなる行動も慎まなければならない」と、事務総長と職員の義務が定められている。他方、同条二項では、「各国際連合加盟国は、事務総長及び職員の責任のもっぱら国際的な性質を尊重すること並びにこれらの者が責任を果すに当ってこれらの者を左右しようとしないことを約束する」と、加盟国の義務が規定されている。このように、国際公務員の独立した地位とその任務の国際的性質に関する規定は、今日国連憲章のみならず多くの国際機構の設立文書に見い出すことができる[13]。この事実に鑑みても明らかなように、国際公務員の特徴の第一は、まさに、この国際公務員の独立した地位とその任務の国際的性質という点にあるといってよいであろう。バドヴァンが強調したかったことも、実はこの点にあったのではなかろうか。

もっとも、国際公務員の法的地位の検討はこれで終わらない。ここで残された課題は、先述の一国の政府から国際機構に派遣される公務員、いわゆる派遣職員あるいは派遣制度の問題である。確かに、国際公務員の法的地位としては、その地位の独立およびその任務の国際的性質が根幹にある。しかし、この種の職員は、一国の法的枠組みに属しながら同時に国際機構の法的枠組みにも属する。従って、国家からの影響を最も受けやすく、その影響を排して機構の任務遂行に当たらなければならないという非常にデリケートな地位にあるといえる。彼らは、自国と機構との双方に忠誠を誓わなければならないという点で、他のそうではない職員と比べると、特殊な地位に置かれていることはいうまでもない。特に、国連のように、各国の政治的利害のしばしば衝突する国際機構では、今日までこの派遣制度が何らかの問題を惹起してきたに違いない。では、国連の派遣制度は、国際公務員制度と相容れないものなのであろうか。あるいはまた、この制度に問題があるとすれば、真の問題点はどこにあるのか。これが、国際公務員の法的地位の検討を終える前に明確にしておかなければならない最後の作業である。

第二節　国際公務員の法的地位と派遣制度——国連を例として——

一　問題の所在

国連職員の国際的職員としての地位と任用に関する国連憲章上の諸原則を簡単に見ておくと、まず国連憲章九七条は次のように規定する。「事務局は、一人の事務総長及びこの機構が必要とする職員からなる。事務総長は、安全保障理事会の勧告に基づいて総会が任命する。事務総長は、この機構の行政職員の長である」。連盟時代には、事務総長が機構の行政職員の長であるということが、連盟規約において含意されてはいたものの、そのような規定は置かれていなかったことに鑑みれば、事務総長に機構行政を委ねることを明記したことで、この後段は、事務局が事務総長を頂点として自律的に機能するための基本となる重要な規定であるといえる。[14]

このように構成される事務局は、いかなる性格を有するのか。国連憲章一〇〇条一項は、すでに触れたように、「事務総長及び職員は、その任務の遂行に当って、いかなる政府からも又はこの機構外のいかなる他の当局からも指示を求め、又は受けてはならない。事務総長及び職員は、この機構に対してのみ責任を負う国際的職員としての地位を損ずる虞のあるいかなる行動も慎まなければならない」とし、事務総長と職員の義務を定める。他方、同条二項では、「各国際連合加盟国は、事務総長及び職員の責任のもっぱら国際的な性質を尊重すること並びにこれらの者が責任を果すに当ってこれらの者を左右しようとしないことを約束する」とされ、加盟国の義務が規定されている。[15]

では、職員はいかにして任命されるのか。国連憲章一〇一条一項によれば、「職員は、総会が設ける規則に従って事務総長が任命する」ことになっている。[16] 事務総長が職員を任命することに関しては、国連憲章一〇一条三項が次のように述べる。すなわち、「職員の雇用及び勤務条件の決定に当って最も考慮すべきことは、最高水準の能率、能力及び誠実を確保しなければならないことである。職員をなるべく広い地理的基礎に基いて採用することの重要性については、妥当な考慮を払わなければならない」。いうまでもなく、前段がいわゆる能力主義あるいはメリット・システム（merit system）を、後段が地理的配分の原則（principle of the geographical distribution）をそれぞれ表している。[17]

さて、すでに前章で見た通り、国連の設立当初から、準備委員会の理解において、憲章上、一国の政府に所属する職員を受け入れることが認められていた。一般に、一国の政府が自国政府の職に就く公務員を国際機構に送り込んで期限付で任用させることは、派遣（secondment）と呼ばれる。この派遣という制度が、国連設立時より限定的に利用され得ることが念頭に置かれていたのである。[18]

事実、国連では、今日までこの慣行が続けられてきた。特にこの慣行を通じて国家は、事務局において自国の利益を反映させようとしてきたのである。つとに指摘されてきたように、冷戦時代、特にソ連・東欧諸国では、派遣のみが実際上国連事務局への職員採用の唯一の方法であった。[19] 憲章上、能力主義を第一の基準として任用されかつ国際的性質を有する責任を負う職員団が念頭に置かれている以上、この慣行が、国際事務局の形成に対する大いなる脅威をもたらしたのは確かなことである。[20] では、憲章上国際的性質を有する責任を負いかつ自己の任務を独立して遂行する職員から成る事務局の設置が明文化されているにもかかわらず、このような派遣制度を認める必要性はいかなるところにあったのであろうか。

この派遣制度の微妙な位置づけについては、東西冷戦の最中の一九六一年五月三〇日に、当時国連事務総長であったハマーショルド（D. Hammarskjöld）が行った有名なオックスフォード大学での講演でも、次のごとく適確に表現されている。

「一年か二年の間、自国政府から国際機構に派遣される一国の公務員は、本国でのその後の終身職（subsequent career）を予定しない恒久職の国際公務員とは、明らかに心理的に――さらにいわせてもらうなら、政治的に――異なる地位にある。……近年、恒久任用および終身職を原則とする現行の制度から、主として政府から派遣された職員に付与される期限付任用を支配的な制度にするような転換が必要との主張がなされてきた。この傾向は、職員を長期にわたって利用可能にすることにはおよそ熱心でなく、国際公務員を――原則の問題、あるいは少なくとも『現実の』心理の問題として――自国とそのイデオロギーを代表する一国の公務員と見なすような政府によって促されている。この見解に基づけば、国際公務員制度は、国際連盟の時代から今日まで理解されてきた『国際』事務局よりもむしろ、主として自国政府によって配属される国家公務員から成る『政府間』事務局として認識されかつ発展せられるべきである。……私は、この考えが明らかに一〇〇条および一〇一条と衝突するということをあえて示す必要もないであろう。だからといって、事務局に合理的な数の『派遣された』職員の余地がないといっているわけではない。事実、特に、外交の、あるいは、専門的な経験を要する特別な任務を遂行するために、短期で政府から利用に供される多くの職員の存在は大いに望ましいと認められてきた。……しかし、事務局の大部分――すなわち、三分の一を越えるほど――が短期任用の職員から成るということになれば話は別である。事務局職員の大部分が派遣職員に区分されることにより、国際的な責任に専念する一団として機能するための事務局の能力は、重圧を加えられることになろう」[21]。

このハマーショルドの言葉に見られるように、外交上のあるいは専門的な経験を有する職員が機構に有益となる場合もある。この意味では、確かに部分的に利用され得る派遣制度というものが要請されるということにも合点がいく。しかし、派遣制度の利用如何では、事務局の機能が大いに影響を受けてしまうのもまた事実である。政府からの派遣に基づく職員は、そもそも自国政府との絆を保有したまま国連での勤務に就くわけであるから、そのような絆を何も持たない職員と比べれば、政府から影響を受けやすいし、他方、政府側から見れば、そのような職員に対して影響力を行使しやすくなる。換言すれば、派遣制度を認めることは、国家の影響力行使の窓口を認めることになるわけである。一国が、派遣職員という大義明文を用いて、自国が地位を左右することのできる職員を多数国連に送り込むということになれば、そして、そのような職員の全体に占める割合が大きければ、憲章が当初予定したような事務局を確立することは到底不可能になる。従って、機構の利益にかなう範囲での派遣職員の利用が許されるにしても、その範囲を越えれば、もはや機構の不利益に陥ることになるといえる。

さらに、国連の歴史の中で、冷戦時代、とりわけ旧ソ連や東欧における他の旧共産圏の同盟諸国がこの制度を主唱し、多年にわたり、この派遣こそが、これらの諸国からの国民を採用する唯一の方法であったという実行は、原則として能力主義に基づく国際的職員から成る事務局を予定した憲章の趣旨に照らせば、主客転倒といえよう[22]。これに加えて、政府の影響が職員の地位に及ぶことも当然あり得る。後に見るように、政府が自国職員の給与から政府への払い戻しを強要したり、任期途中で帰国命令を出して後任と交代させようとしたりすることにより、派遣職員はその影響を大いに受けることになる。このように考えるならば、派遣制度自体は、憲章上限定的に認められるにしても、その利用の仕方如何では憲章違反となる可能性も十分内包しているのである[23]。

それでは、国連設立後、この派遣制度について、いかなる法実行が積み重ねられ、また、憲章上いかなる位置づけがなされてきたのか。それを知るためには、職員に関わる法を解釈・適用する国連行政裁判所において、いかなる判断が下されてきたかを中心に見ておく必要がある[24]。

二　行政裁判所判例研究

以上に見た通り、派遣職員は、本国との絆を有している以上、本国からの影響を受けやすく、その地位は本国の利益によって左右されかねない。従って、彼らは、国連の利益と加盟国の利益との間の微妙なバランスの上に立つ実に不安定な存在であるといえる。ときに事務総長が権限の行使を誤って国家の意向を認めることにより、派遣職員は損害を被ることが生じ得る。そのような場合、職員が自己の権利救済を求めて訴えることのできる司法的機関が国連行政裁判所である。今日まで、国連行政裁判所において、実際に派遣職員が訴を提起することがあった。そこで、ここでは、この派遣制度をめぐって、国連行政裁判所で具体的にいかなる判断が下されてきたのかを主要な事件を通じて検討していくことにする。

一国政府からの派遣に基づく職員が国連行政裁判所で最初に問題となったのは、このレヴツィク事件である。以下に簡単に振り返ってみる。

㈠ レヴツィク（Levcik）事件（一九七四年一〇月一一日判決第一九二号）

［事実］

中立人レヴツィクは、一九五六年六月三〇日までチェコスロヴァキア社会主義共和国の保健省で勤務した後、六三年一一月までプラハの科学技術経済情報研究所で勤務し、その後、チェコスロヴァキア科学アカデミーの経済研究所で勤務していた。六八年八月四日、申立人は、同アカデミーから無給の休暇をとってジュネーヴへ行き、国際労働機関（ＩＬＯ）において短期任用にて勤務した後、同年九月二日、国連欧州経済委員会（ＥＣＥ）に求職願を出した。ＥＣＥの事務局長は、在ジュネーヴのチェコスロヴァキア常駐代表部に中立人の採用希望の旨を打診したところ、同代表部は短期での任用に同意したので、申立人は、同年一一月四日から一一カ月の任期で経済問題担当官として任用されることとなった[25]。

翌一九六九年三月一八日、在ニューヨークのチェコスロヴァキア常駐代表代理が同じニューヨークの国連人事部に中立人の派遣期限の二年延長を勧奨したことを受けて、同二一日、国連事務総長は、申立人の任用が「二年間の期限付での派遣に基づく」ことを承認した。同二四日、事務局採用課への通知が任用昇任委員会（Appointment and Promotion Board）からの覚書によりなされたが、その中でも、「チェコスロヴァキア政府からの二年間の派遣」と、「期限付の派遣」に言及されていた。その後、同年四月二日に、在ジュネーヴの人事課課長が申立人に二年間の期限付任用を申込んだが、その申込みには派遣について何ら言及がなかった。同一七日、申立人はこの申込みを受諾した。六九年四月一日から二年間の期限付で任用されることが記載された任命書は、同二二日と二四日に、国連側と申立人との間でそれぞれ署名された。この任命書には、派遣について言及がなく（「特別条件」の項目にも「なし」と記入されていた）、それに対応する人事計画書（Personnel Action form）にもその言及はなかった(26)。

翌一九七〇年一一月二六日にジュネーヴの職員課課長が行った申立人の任用契約更新の提案が、同年一二月七日、ニューヨークの国連人事部部長によって承認され、さらに翌日、同部長は、申立人の派遣の任期延長に対するチェコスロヴァキア政府の同意を得るため、在ニューヨークの同国常駐代表部に書簡を送った。しかし、チェコスロヴァキア政府は、この任期延長を拒否した。その後、七一年二月一七日に、再度、人事部部長はチェコスロヴァキア常駐代表部へ申立人の任期延長を要求した。その後、同代表部の回答を待たずして、申立人の任期は、同年四月一日から一カ月間延長された。さらにその後も、チェコスロヴァキア政府から正式に当該任期更新に合意しない旨の回答があったにもかかわらず、申立人の勤務の必要性を理由とするＥＣＥ事務局長と在ジュネーヴ国連事務所長の緊急の要請に基づき、申立人の任期は同年一二月三一日まで延長された（当該延長の理由は後日チェコスロヴァキア常駐代表部に知らされた(27)）。

その後、三年の任期延長を求める申立人と、申立人の任用が期限付任用であることから任期延長の見込みはないとする人事部部長との書簡のやりとりがあった後、申立人は、一九七二年の一月一日から三カ月間のみ延長を認められ、結局、三月三一日には離職した。申立人は、これを不服とし、準司法的紛争解決のための合同訴願委員会（Joint Appeals Board）に不服を申立てたところ、同委員会は、申立人に任期延長の正当な期待があったとし、賠償金として、申立人の基本給三カ月分の支払いを勧告した。これを受けて、国連事務総長は訴願委員会の勧告に従ったが、申立人はこれを不服とし、行政裁判所に提訴したのである。そこで申立人は、七一年四月一日より三年の任期延長の見込みが存在したこと、申立人の任用は派遣に基づいていなかったこと、事務総長は憲章一〇〇条の義務や申立人の契約に基づく権利および基本的人権よりも政治的便宜を優先させたことなどを主張した(28)。

［判旨］

裁判所は、事務総長の行為の合法性につき、(a)国連事務局職員の派遣に適用可能な法原則を想起し、かつ、(b)申立人の地位が実際に国連での任用期間中、「派遣」に該当するものであったかを考察しなければならない(29)として、その二点について検討を付した。

(a)については、まず、期限付任用職員に関する職員細則一〇四・一二(b)が期限付任用は、「国連での勤務のために一国の政府又は組織によって暫定的に派遣される者」に対し、五年をこえない範囲で与えられ得ると規定しており、「暫定的な派遣（temporary secondment）」の可能性が職員規則上も認められている。さらに、実務上の指針を記載した「人事事務官及び秘書官のための実習及び参照手続手引書」にも、政府からの派遣職員に触れられていることを裁判所は指摘した(30)。次に、国際海事機関（ＩＭＯ）の前身であった政府間海事協議機関（ＩＭＣＯ）に国連から派遣された職員がかつて期限付任用契約の更新を国連行政裁判所で争ったヒギンズ（Higgins）事件（行政裁判所判決第九二号(31)）に触れて、裁判所は、「派遣の場合、当該職員の地位は、権限ある当局によって、派遣の条件および特に任期を明記した文書で定められなければならない。その文書は関係職員に知らされねばならず、かつ、当該職員の同意が得られなければならない」とする。また、派遣の任期延長に関して裁判所は、「当初合意された派遣の任期に、たとえば任期延長というような後に何らかの変更がなされる場合、明らかに三当事者（機構、職員および政府を指す［著者注］）の合意が要求される。国連事務局に職員を派遣した政府が派遣の延長を拒否する場合、国連事務総長は、機構の行政の長として、政府の決定を考慮に入れる義務を負う」とする。さらに続けて、裁判所は、憲章一〇〇条との関係についても述べている。すなわち、「憲章一〇〇条の規定を銘記し、……すべての関係当事者の合意する派遣が存在しないならば、被告（事務総長［著者注］）は、職員の任用に関する自己自身の行動を正当化するために、政府の決定を合法に援用することができない」。(32)

(b)に関しては、まず、一九六八年一一月四日からのＥＣＥでの最初の任用の際に、任命書その他の文書には、派遣について何ら言及がなく、派遣に関する合意もなかったと裁判所は述べた。(33)次に、六九年四月一日から七一年三月三一日までの延長された二年間の任用については、確かに当初、六九年三月一八日に、在ニューヨークのチェコスロヴァキア常駐代表代理が国連事務局に申立人の派遣期限の二年延長に対する合意を伝えた際に、派遣の延長という語が初めて用いられ、また、同二〇日に初めて行政文書にもその語が現れ、同二四日に任期延長を事務総長が承認したことを公表する覚書にも見受けられた。しかし、当時、申立人にはそのことが一切知らされていなかった。従って、申立人の同意が得られていない以上、この期間中申立人は有効な派遣に基づく地位にはいなかったと裁判所は述べた。(34)最後に、第三の延長期間である七一年四月一日から翌七二年三月三一日までの期間においては、チェコスロヴァキア政府は当初から申立人の任期延長に反対しており、例外的に、人事部部長が任期延長を敢行したことから、裁判所は、この期間においても、申立人の地位は派遣に基づくものではなかったとした。(35)以上より、裁判所は、申立人がいずれの時期においても通常の派遣に基づく地位にはいなかったと判断し、事務総長に対して、申立人を継続任用するよう最大限努力することと、申立人の純基本給分一年間に相当する賠償金の支払いを命じた。(36)

本件の意義は、何よりも政府からの職員の派遣の要件が明らかにされたことである。右に見たように、以前に国際機構間での職員の派遣が問題となったヒギンズ事件で明らかにされた派遣の定義を、本件で争点となった政府から国際機構への派遣にも裁判所は援用したのである。ここで裁判所が提示した派遣の要件を次のようにまとめることができる。すなわち、①派遣職員は、任期終了時には、派遣元組織での職に戻る権利ならびにそこでの昇任および退職手当を受ける権利を有していること、[37] ②派遣職員の地位は、権限ある当局によって、派遣の条件および特に任期を明記した文書で定められなければならないこと、[38] ③その文書は関係職員に知らされねばならずかつ当該職員の同意が必要（すなわち、国連、職員および政府の三者間の合意が必要）とされていることである。[39] また、派遣が成立した場合、その効果として、当初合意された派遣の任期に、たとえば任期延長というような後に何らかの変更がなされる場合にも、国連、職員および政府の三者間合意が必要である、[40] ということであった。

(二) ヤキメツ（Yakimetz）事件（一九八四年六月八日判決第三三三号）

［事実］

元国連職員（一九六九年から七四年までの間）であったソ連国籍の申立人ヤキメツは、七七年七月二〇日の在国連ソ連常駐代表代理の推薦により、同年一一月二三日、事務局採用課から「ロシア語課校閲官（P―四ランク）へのソ連政府からの派遣に基づく五年任期の期限付任用」の申込みを受けた。同日、国連事務局は、在国連ソ連常駐代表部にも当該申込みを行った旨通知した。同年一二月二八日に任命書が発行（任命書の効力発生は二七日）され、翌七八年一月二四日、申立人は当該任命書を受諾した。その任命書には、派遣について記載がなく、「特別条件」の欄にも「なし」と記入されていた。その後、申立人は、国際経済社会局事業計画調整部事業計画課事業担当官に転任した(41)。

一九八二年一〇月二二日、国連事務局は、ソ連常駐代表部に、申立人の一年間の任期延長（八三年一二月二六日まで）に対する同意を要請し、同年一一月一五日、同代表部は当該任期延長に同意した。「ソ連政府からの派遣に基づく」と特記された任命書には、同年一二月八日に事務総長代理が、また翌九日には申立人がそれぞれ署名し、同二七日、一年の任期延長が発効することとなった(42)。

一九八三年二月八日、事業計画調整担当事務次長補は、申立人に対して延長を示唆する覚書を送付した。その翌日、申立人は、アメリカに亡命申請を行い、さらにその翌日、ソ連常駐代表部に、ソ連外務省での地位およびソ連政府において自己が有している他のすべての公的地位を辞すことと、アメリカに亡命申請を行ったことを伝えた。同日、申立人は、事務総長に、アメリカでの永住権取得希望の意思を伝え、さらに、職員規則上の国連に対する忠誠義務を考慮して亡命申請を行ったこと、ソ連政府でのすべての公的地位を辞したことおよび国連での継続勤務の希望を伝えた(43)。

同二八日、国連の人事部部長から申立人に対して、申立人を三月一日より新たに通告がある日まで有給の特別休暇に処するという事務総長決定の通知がなされた。これに対し、同年三月一日、申立人は、人事部部長宛書簡で休暇理由の開示などについて諮問した。同一一日、人事部部長は、申立人の問いに答え、さらに、新たに通告があるまで申立人の国連施設内への立入禁止を事務総長が決定しかつそれが国連の利益にかなっていることも申立人に伝えた。これに対して、同一七日、申立人は、事務総長に、特別休暇措置の再検討と国連施設内への立入禁止が何故国連の利益にかなっているのかについて理由の開示を求めた。なお、その後、六月二九日に、申立人はＰ―五ランクに昇任された（四月一日から遡って発効。因みに、この昇任手続は、前年一二月六日に申立人が推薦を受け、進められていたものである(44)）。

同年一〇月二五日、申立人は、上司である事業計画調整担当事務次長補に、継続任用の希望を伝え、これに対して、同年一一月八日、同事務次長補は、申立人の継続任用を推薦する旨返答した。同一三日、申立人は、職員課課長代理より、機構としては契約更新の意思がないことを知らされた。同二九日、申立人は、人事担当事務次長補宛書簡で、契約不更新理由の開示を求め、さらに、その決定の際にとられた手続が違法かつ恣意的であり、またその手続が総会決議三七／一二六第Ⅳ部五項（「総会は、……期限付任用職員が五年間継続して良好な成績を収めた場合、終身任用へのあらゆる妥当な考慮が払われなければならないことを決定する」）の下で申立人が有している契約更新の合法な期待および既得権を侵害すると主張した。同年一二月二日、上司である事業計画調整担当事務次長補も、当該決定には反対し、人事担当事務次長補宛書簡で、申立人の任期延長を求めた。同一三日、申立人は、事務総長に、決定の再検討を要請した。これに対し、同二一日、人事担当事務次長補は、申立人は政府からの派遣に基づいて契約を結んでいるため、関係当事者すべてを含まずにいかなる更新の期待も与えることができないこと（またそれを申立人自身も知っていたこと）、申立人のような期限付任用職員には職員細則一〇四・一二(b)[45]や任命書にあるように、契約の更新または他のいかなる形態の任用への変更の期待も与えられないことから、事務総長は一一月二三日の契約不更新決定を撤回しない旨回答した。これに対して、一九八四年一月六日、申立人は同事務総長決定を争って国連行政裁判所に提訴した。[46]

〔判旨〕

（申立人が派遣職員か否かの認定およびその効果としての継続任用の期待）

まず、裁判所は、申立人が派遣職員か否かについて検討した。一九七七年一二月二八日の申立人の任命書には派遣について何らの記載もないが、八二年一二月八日（任命書が発効した日ではなく、事務総長代理が署名した日）の最後の任命書には、「ソ連政府からの派遣」に基づく「特別条件」が含まれていた。彼は、この任命書を受諾した。また、前者の契約についても、七七年一二月二八日の任命書に先行した一一月二三日の事務総長書簡には、中立人が「ソ連政府からの派遣に基づき」五年の期限付任用を付与されると述べられており、これを彼は受諾した。さらに、いずれの任用の際にも、事務総長がソ連常駐代表部に宛てた口上書には、中立人の五年の期限付任用がソ連政府からの派遣に基づく旨述べられており、ソ連政府の同意も確認された。従って、すべての三当事者は、七七年一二月二八日および八二年一二月八日の申立人の任用をソ連政府からの派遣に基づくものと見なしていたと裁判所は判断した(47)。

また、継続任用の期待については、一九八三年一二月二一日の中立人宛書簡で、事務総長は、申立人の任用契約の更新にはすべての関係当事者の参加が必要であることを確認していた。これは、ヒギンズ事件（行政裁判所判決第九二号）やレヴツィク事件（行政裁判所判決第一九二号）における行政裁判所の判断に合致する。また、同書簡は、中立人の任命書において繰り返されたように、「期限付任用は、更新又は他のいかなる形態の任用への変更の期待も与えるものではない」とする職員細則一〇四・一二(b)に依拠した。従って、申立人は、その任用契約の終了後に継続任用への法的期待を有していることを証明する十分な状況証拠を提出していないように思われると裁判所は述べた(48)。さらに、裁判所は、中立人が派遣職員である限り、ソ連政府における公的地位を辞するなどの彼のとったいかなる行動も、任用更新のいかなる法的期待をもたらすことはないとした(49)。

（総会決議三七／一二六第Ⅳ部五項の「あらゆる妥当な考慮」の検討）

次に、裁判所は、「総会は、……期限付任用職員が五年間継続して良好な成績を収めた場合、終身任用へのあらゆる妥当な考慮が払われなければならないことを決定する」という総会決議三七／一二六第Ⅳ部五項について検討を付した。というのも、中立人が、当該総会決議の下で付与された「あらゆる妥当な考慮」を受ける権利を否定されたと主張したためである。さて、裁判所によれば、この決議は、「あらゆる妥当な考慮」を誰がどのような手続で与えるのかについて何も述べていないが、終身任用のための「あらゆる妥当な考慮」がいかに付与されるか、また、何が「妥当な考慮」を構成するのかを決定する唯一の権限は事務総長にあるとされた。本件において、事務総長は、申立人が一九八二年一二月二七日から八三年一二月二六日まで一年間の派遣という身分であったことに鑑み、申立人が（恒久任用の前提となる）試用任用を付与され得ないと明確に決定した。従って、事務総長はその裁量を適切に行使したと裁判所は判断した。しかし、裁判所は、申立人の任用期限が終了する八三年一二月二六日より前に、事務総長が申立人の終身任用に「あらゆる妥当な考慮」を付与したとはっきりと述べるべきであったとも付言した。[50]

（憲章一〇〇条一項違反の検討）

最後に、裁判所は、憲章一〇〇条一項についても触れ、事務総長が加盟国から指示を求めたこと、あるいは、事務総長がいかなるやり方においても、加盟国の希望を国連の利益に優先させ、憲章一〇〇条一項の下での自己の義務を怠ったことについては何らの主張も証拠もないとし、事務総長の裁量の行使に誤りはないとした。[51]

以上より、裁判所は、申立人の主張は支持され得ないとし、申立てを棄却した。[52]

なお、本件には、申立人の派遣が成立する以上、本国政府の同意がなければそもそも継続任用の期待などないとするウストール裁判所長の声明[53]と、政府の同意は考慮され得るが、派遣職員の場合であれ政府の見解は決定的要因ではないとするキーン裁判官の反対意見[54]が付された。

さらに、本判決を不服としたヤキメッツは、一九八四年六月二一日、行政裁判所判決審査請求委員会に対し、国際司法裁判所の勧告的意見による審査請求を求めた[55]。同請求委員会は、次の諮問事項を国際司法裁判所に提出した。

「(1)　国連行政裁判所は、一九八四年六月八日の判決第三三三号において、一九八三年一二月二六日に請求人（applicant）[56]の契約が終了した後、同人の国連での継続任用について法的障害が存在したか否かという問題に回答しないことにより、同裁判所に付与された管轄権の行使を怠ったか。

⑵　国連行政裁判所は、同判決第三三三号において、国連憲章の規定に関する法律問題について判断を誤ったか。」

国際司法裁判所は、一九八七年五月二七日に、右のいずれに対しても消極的判断を示す勧告的意見を提出し、行政裁判所判決を支持する見解を明らかにした。全員一致で認定された第一問に対して、第二問では意見が分かれた（一一対三）。ここでは、本件の主たる争点である第二問目において取り上げられた主要な憲章規定に関わる問題を中心に、ごく簡単に見ておくことにする。

（憲章一〇一条一項に関する問題）

まず、請求人ヤキメッツが行政裁判所判断の違反を主張した憲章の関連規定は、「職員は、総会が設ける規則に従って事務総長が任命する」と規定する憲章一〇一条一項である。請求人は、通常の手続である任用昇任委員会の検討を経なかったことから、恒久任用のための考慮がなされなかったことを主張したが、国際司法裁判所は、恒久任用のために、総会決議三七／一二六に基づいてどのような「妥当な考慮」が払われるかは事務総長に委ねられているという行政裁判所の判断を引用した。さらに、「この事務総長の任命権が憲章一〇一条一項の下で、『総会が設ける規則』を実施する義務によって限定されているが、行政裁判所はその裁量を制限することをしなかった」という請求人の主張に対して、国際司法裁判所は、事務総長は無制限の裁量権を主張していないし、行政裁判所もそれを認めているわけではないと述べた[57]。

（憲章一〇〇条一項に関する問題）

次に、「事務総長及び職員は、その任務の遂行に当って、いかなる政府からも又はこの機構外のいかなる他の当局からも指示を求め、又は受けてはならない。事務総長及び職員は、この機構に対してのみ責任を負う国際的職員としての地位を損ずる虞のあるいかなる行動も慎まなければならない」と規定する憲章一〇〇条一項が問題とされた。請求人は、ソ連政府の同意なしには継続任用が不可能だという事務総長の思い込みこそが一〇〇条一項の逸脱であり、かつ、この点を行政裁判所が不問に付したことを主張した。これに対して、国際司法裁判所は、「行政裁判所がそのような事務総長の思い込みを認定したとは考えないし、そのような思い込みが正しかったと認定したとも考えない。行政裁判所によってとられた決定の本質に鑑み、この問題をさらに検討する必要があるようには思えない」として請求人の主張を退けた。また、これと関連して、請求人は、行政裁判所は加盟国の立場を害さないようにするために職員の国連本部への立入禁止を不当と行政裁判所が判断しなかったことも一〇〇条違反であると主張した。しかし、この点につき行政裁判所は、判断を求められておらず、また、行政裁判所規程の下で加盟国の行動の合法性ない し適法性について判断を下す権限を有していないとして、この点についても、国際司法裁判所は請求人の主張を退けた。(58)

（憲章一〇一条三項に関する問題）

憲章一〇一条三項は、「職員の雇用及び勤務条件の決定に当って最も考慮すべきことは、最高水準の能率、能力及び誠実を確保しなければならないことである。職員をなるべく広い地理的基礎に基づいて採用することの重要性については、妥当な考慮を払わなければならない」と定める。国際司法裁判所は、この規定にいう「『最も考慮すべきこと（the paramount consideration（英）, la considération dominante（仏））』という表現は、明らかに『唯一の考慮（the sole consideration）』と同義ではない」とした。つまり、それは単に、通常他のいかなるものよりもより大きな比重が与えられる考慮を指すというのである。また、「能率、能力及び誠実」とは、それらが一体として十分な考慮を構成し、そのそれぞれについて高度の十分な水準があれば任用される資格を生じるというものでもない。総会が設ける規則に従い、職員は、事務総長によって任命されなければならないため、種々の考慮を衡量する任務は、あくまでも事務総長にある。総会決議三七／一二六もその指針を与えるものであると国際司法裁判所は述べた。請求人の主張によれば、自己の任用に有利な諸要因（五年以上の勤務、上司の評価および経験）に鑑みると、事務総長の決定を根拠づける唯一の説明は、事務総長が派遣職員の採用に対する政府の異議を「最高の（paramount）」考慮と見なしたということしかなく、このことが憲章一〇一条三項の前段に反するということであった。しかし、行政裁判所は、事務総長が派遣という要素を請求人の継続任用に対する法的障害とは見なさず妥当な考慮を払ったと判断し、派遣という要素が「最も考慮すべきこと」に対抗するものと判断したわけではない。結局、国際司法裁判所は、行政裁判所判決がこの点で憲章との抵触を示していると結論づけることはできないとし、当該行政裁判所の認定が憲章規定に関する法律問題の過誤を理由に争われることはないと述べた(59)。

行政裁判所と国際司法裁判所での判断はおよそ以上のようであった。ここで、今一度本件の問題点を著者なりに整理してみたい。ここでの争点は、いうまでもなくヤキメッツの継続任用の希望が認められなかったことにある。この継続任用に関しては、二つの裁判所が認めるようにヤキメッツが派遣職員であったと仮定すれば、任用契約を更新して継続勤務をする場合と終身任用に任用形態を変更して継続勤務する場合との二つに大別できる。前者は派遣職員としての身分を保持したままの勤務であり、後者は派遣ではない身分での勤務であるため、両者を一応分けて考える必要があろう。前者についていえば、右で見た行政裁判所の先例（レヴッィク事件）に照らしてみると、派遣が認定されるならば、その効果として、任期延長など後になされる変更の際にも、国連と職員と政府の三者間合意が必要ということであった。従って、本件ヤキメッツの場合、当該合意がなかったのであるから、任期の延長は望めないという事務総長の判断はこの限りにおいては正しいと思われる。

それでは、終身任用への変更による継続勤務の期待についてはどうか。ここでは、一九八二年一二月一七日の総会決議三七／一二六第Ⅳ部五項が問題となる。この決議は、「期限付任用職員が五年間継続して良好な成績を収めた場合、終身任用へのあらゆる妥当な考慮が払われなければならない」としており、ここでいう「期限付職員」には、先述の通り職員細則一〇四・一二(b)から、派遣職員も含まれるので、派遣職員には任期終了後、終身任用への期待がある。では、国連、職員および政府の三者間合意の必要性についてはどうか。右のレヴィック事件での行政裁判所の言を再度借りれば、当初合意された派遣の任期に、たとえば任期延長というような後に何らかの変更がなされる場合にも、国連、職員および政府の三者間合意が必要であるということであった。この派遣の任期への「変更」が終身任用への変更をも含むのか否かが重要となるが、残念なことに、この点について行政裁判所は何も述べていない。従って、このレヴィック事件判決にいう「変更」に終身任用への変更も含まれるならば三者間合意は必要であるが、そうでないならば、当該合意は必要とされないことになる。通常の言葉の意味から推すに、政府の職に就きながら終身任用契約を結ぶことなど不可能であるから、ここでいう終身任用への変更とは、三者間の合意により開始された当初の期限付任用契約が終了し、機構と職員との二者間の新たな契約締結を指す。従って、当初の期限付任用契約の終了には三者間合意が必要とされるにせよ、少なくとも新たな終身任用契約の開始に関しては、もはや三者間合意の問題は生じないであろう。

もっとも、派遣職員の身分が特別なものであるため、そもそも他の職員とは別であるから右の総会決議三七／一二六の関連規定の適用もなく終身任用への変更の期待はない、とする立論もできないことはない。実際、事務総長は、一九八三年一二月二一日の書簡でその旨を明示していた。しかし、問題とすべきは、行政裁判所の判断である。ヤキメツの終身任用への期待について行政裁判所は、右の事務総長の書簡を受けて、その身分が派遣職員であることから三者間での合意のない限り、地位の変更はできないとしている。(60)にもかかわらず、同じ事務総長の書簡に単に「貴殿（ヤキメツ〔著者注〕）の行政審査を求める要請において生じた問題に注意深い考慮を与えた」とあったことから、行政裁判所は、事務総長が当該総会決議にいう考慮を与えたことを推論した。(61)三者間の合意がなければ地位の変更が不可能な派遣職員に、どうして終身任用の考慮を与えることができるのか。この点に関する行政裁判所の判断は明らかに矛盾している。(62)

ところで、本件における行政裁判所の判断の底流を貫いているのは、いうまでもなく申立人の地位が派遣に基づくということである。従って、上のような事務総長の裁量を問題とする前に、いずれの裁判所においても、派遣の有無の認定が問題とされるべきであったといえる。この点に関し、行政裁判所は先例であるヒギンズ事件やレヴツィク事件に言及しているが、先にレヴツィク事件において示された派遣の三要件を果たして本件において裁判所が十分検討したかどうかには疑問が残る。そもそも申立人の最初の任用に関わる一九七七年一二月二八日の任命書には派遣について何らの記載もなかったにもかかわらず、裁判所は、それ以外の書面から申立人の同意を導いた。加えて、八二年一二月八日の最後の任命書には、「ソ連政府からの派遣」に基づく「特別条件」が含まれていたと裁判所はいうがその詳細には触れていない。これは、先の要件②（「派遣職員の地位は、権限ある当局によって、派遣の条件および特に任期を明記した文書で定められなければならないこと」）を満たしていたのであろうか。また、派遣の詳細について十分な検討が付されていない以上、同要件①（「派遣職員は、任期終了時には、派遣元組織での職に戻る権利ならびにそこでの昇任および退職手当を受ける権利を有していること」）についても詳細な検討がなされているとは思えない。行政裁判所には先例拘束性はないにしても、裁判所は、一般には先例に従って判断を行ってきたし、本件でも右に見たように、先例であるヒギンズ事件やレヴツィク事件に触れている以上、それら先例で確立された要件に厳格に照らせば、本件での認定はあまりに簡単に過ぎるきらいがある。国際司法裁判所でも、この点に関しては意見の冒頭で、アメリカとイタリアから派遣職員の地位について明らかにするよう求められたが、国際司法裁判所は、同裁判所に向けられた要請は「派遣の意味および性質」ではないので、必要な限りでそれを検討するにとどめると述べて(63)、実質上派遣あるいは派遣職員の地位そのものの検討を避けている。

以上のように、派遣の有無に関する行政裁判所の判断がヤキメッツの身分の命運を分けたといえる。派遣職員と認定されたヤキメッツは、有能でありながら、国連職員としての身分を失ったのである。

(三) チュウ、ジョウおよびヤオ（Qiu, Zhou and Yao）事件（一九九〇年五月二五日判決第四九二号）

［事実］

中国国籍を有する中立人らチュウ、ジョウおよびヤオは、以前北京外国語研修所の学生であったが、一九八四年九月一六日にチュウとヤオが、同年九月二一日にジョウが、それぞれ五年の期限付で、会議事務担当局の中国語の逐語議事記録担当官（P―二ランク（ステップⅣ））として任用された。その任命書には、特別条件として、彼らが「中国政府からの派遣に基づいている」と述べられていた。後になって三名とも、P―三ランクに昇任された(64)。

その後、三名の所属局の行政担当官から、終身任用の前提となる試用任用への切替願が人材管理局に提出され、一九八九年八月一一日、事務総長は、中国の常駐代表部に、チュウとヤオの派遣任期を一九九一年九月一五日まで、ジョウのそれを同二〇日まで延長することを求めた。これに対し、同年八月二三日、中国常駐代表部は、中国政府が三名の派遣任期延長を一九八九年一二月三一日までのみ認めることを回答した。他方、三名は、それぞれ八二年の総会決議三七／一二六（先述第Ⅳ部五項「総会は、……期限付任用職員が五年間継続して良好な成績を収めた場合、終身任用へのあらゆる妥当な考慮が払われなければならないことを決定する」）と八三年の総会決議三八／二三二（「総会は、……期限付契約職員が五年間の良好な成績を収めた後に終身任用の前提となる試用任用を、機構は通常要請しないことを勧告する」）に従って終身任用への希望を提出したが、八九年一二月一二日に、結局、申立人らは、新規任用され得ないこと、しかし、任期終了後まで時間がないことから、その準備のために九〇年一月三一日までは任期が延長されることを知らされた。(65)

一九九〇年一月一五日、先の事務総長決定の再検討を求める申立人らに対して、終身任用への「あらゆる妥当な考慮」が払われたため、決定を変える意思はないという事務総長の意向が伝えられた。同年二月二八日、これを不服とする申立人らは行政裁判所に提訴した。(66)

［判旨］

（申立人らが派遣職員か否かの認定）

まず、申立人らの地位に関する裁判所の見解を見てみると、申立人らの地位は、「権限ある当局によって、派遣の条件および特に派遣の期間を明記する書類により定められてはいなかった」ということであった。従って、先例であるヒギンズ事件やレヴツィク事件で確立された定義にいう「真正な派遣（genuine secondment）」に基づいてはいなかったと裁判所は判断した。(67)

（申立人の任用契約更新について）

次に、申立人の任用契約更新について、まず、裁判所は、レヴツィク事件判決にいうように、派遣の要件が満たされた場合にのみ、「国連事務総長は機構の行政の長として政府の決定を考慮に入れる義務を負う」とする。また、同レヴツィク事件判決はさらに次のように加えており、本件においても、裁判所はこの判断を支持した。すなわち、「『事務総長及び職員は、その任務の遂行に当って、いかなる政府からも又はこの機構外のいかなる他の当局からも指示を求め、又は受けてはならない』という憲章一〇〇条の規定を銘記し、……すべての関係当事者によって合意された派遣が存在しないならば、被告（事務総長［著者注］）は、職員の任用に関する自己自身の行動を正当化するために、政府の決定を合法に援用することができない。」従って、適用可能な原則によれば、申立人の派遣は有効ではないことから、事務総長は申立人の契約を更新するために政府の許可を求めたりその決定に従ったりすることはできないと裁判所は考えた。以上より、事務総長が行った申立人の契約不更新決定は、憲章一〇〇条と両立しない国連の利益に反する無関係の理由によって無効であると裁判所は判断した。[68]

（終身任用への変更の期待について）

最後に、終身任用への変更の期待に関する申立人の主張について、裁判所は、まず終身任用の付与が機構の利益に合致するか否かを決定する際には、事務総長が裁量権を有するが、その裁量権は無制約ではないことを確認した。そして、事務総長が一九八九年五月一日から中国常駐代表との話合いの場を持ったことを認めているという事実に鑑み、裁判所は、同年一二月一二日に、事務総長がその話合いの結果に従って申立人らの終身任用を拒否したと判断した。「ローテーション制度（同じ国が入れ替わり職員を同じ職に送り込むこと。ここでは派遣制度と同義で使われているものと思われる［著者注］）」に関する中国代表部の立場——終身任用に反対するために、終身任用を排除する同制度を無条件に支持する立場——を理由に、同任用の付与が差し控えられたと裁判所は考えたのである。よって、事務総長は、中国代表部による反対に従ったことにより、憲章、職員規則および細則ならびに総会決議三七／一二六および三八／二三二のもとでの義務に違反した。結局、裁判所は、申立人らの終身任用に対する要求を拒否した事務総長の決定がその裁量の限界をこえていると判断した。これにより、八九年一二月一二日の三名の申立人らに対する決定は取消され、九〇年二月一日をもって有効となる恒久任用が付与されなければならないと裁判所は結論づけた(69)。

以上より、裁判所は、申立人らが被った損害に鑑み、本件を「異例の事件（exceptional case）」として、申立人らそれぞれに対し、裁判所が通常裁定する上限額（純基本給二年分）より一年分超過する三年間分の賠償金を裁定した(70)。なお、本判決には、申立人らが本来付与されるべき適正手続が与えられなかったことおよび本件が人道上の問題に関連することに遺憾の意を表すエイカーマン裁判所第一副所長の宣言が付された(71)。

本件は、派遣職員の身分保障の将来に暗影を投じたヤキメツ事件以来、初めて派遣の問題を正面から扱った事件であり(72)、かつ、申立人らが救済を勝ちとった点で意義があるだけでなく、本件は、派遣に関する問題を考える上でいくつかの明確な指針を与えてくれている。

まず、派遣の認定について、先のヤキメツ事件と異なり、裁判所は、申立人らの地位が権限ある当局によって、派遣の条件および任期が書面により明記されていなかったことを認め（レヴッィク事件判決にいう要件②）、そのような書面がもしあれば、申立人らの注意を喚起するようなことにはなっていなかったことから、申立人らの合意がなかったのを暗示しており（同要件③）、また、「派遣職員は、任期終了時には、派遣元組織での職に戻る権利ならびにそこでの昇任および退職手当を受ける権利を有している」とのヒギンズ事件判決からの引用により、この点（同要件①）についても検討を付している。裁判所は、レヴッィク事件判決での三要件に照らし、申立人らの派遣が「真正な派遣」ではないと判断したのである(73)。

次に、派遣職員の終身任用の期待、すなわち、総会決議三七／一二六にいう五年間良好な勤務成績を収めた期限付任用職員に対する終身任用への「妥当な考慮」が派遣職員にも与えられるのか。本件では、申立人が終身任用への「妥当な考慮」を受ける権利を有していることを事務総長は認めていたにもかかわらず、その裁量の行使を誤ったことが裁判所で問題とされた。このことから、派遣職員であっても、派遣に基づかない他の期限付任用職員同様、終身任用への「妥当な考慮」の払われる可能性があることを裁判所は暗に認めていることが分かる。このことは、つまり、政府との関係を持つ派遣職員が、政府との関係を持たない職員になれることを認めている点で重要であると思われる。

第三に、職員の任用の際に国連が政府と協議することについて、裁判所は、傍論で、「事務総長はその任命権を行使する際、加盟国政府と協議する権利を有している」という事務総長の主張に同意した。ただし、その協議は、憲章、特に、一〇〇条および一〇一条または職員規則および細則の原則に反してはならないとする[74]。従って、憲章上の事務総長の職員任命権に鑑みれば、政府との協議は可能であるが、最終的決定権は事務総長にあると解される。

最後に、派遣制度そのものに関して、裁判所は次のようにいう。「裁判所は、ローテーション制度自体は違法でないと考える。そのような制度は、一団の中国語の翻訳担当官、逐語議事記録担当官および通訳担当官を提供することにより、国連と関係加盟国の利益のために利用され得るし、また、利用されなければならない。それと同時に、彼らは自己の知識と、外国語を自在に操る能力（command）を養うのである。そのような訓練は、その専門家が本国に永久に戻った暁には、国連と中国との間の関係の発展に非常に役立つであろう[75]」。ここに見られる見解は、まさに、序章で見た国連の準備委員会での見解と同じ立場である。国連行政裁判所の歴史においては、本件で初めて派遣制度の合法性および有用性について言及がなされたという点で非常に興味深い。

三　チュウ、ジョウおよびヤオ事件判決以降の展開

すでに見た通り、行政裁判所においては、一九七四年のレヴツィク事件判決で、政府からの派遣職員の地位を確認するための要件が明らかにされたものの、八四年のヤキメッツ事件判決では、その要件の審査が必ずしも十分に行われず、申立人は救済されないという結果に至ってしまった。その後、九〇年になって、チュウ、ジョウおよびヤオ事件判決により、派遣職員の問題について、先例を踏襲しながらも、一層明確な判断がなされるに至った。その後、このチュウ、ジョウおよびヤオ事件判決は、国連総会に大きな一石を投じることになる。

一九九〇年五月二五日の同判決の後、同じ年の一〇月一八日に、事務総長は、「政府からの派遣(Secondment from Government Service)」と題した報告書を提出した。[76] 同報告書の中で、事務総長は、派遣の実行を簡単に振り返り、派遣制度が持つ長所と短所に触れ、「派遣は、限られた範囲で実施される場合には国際公務員制度にとって有益であるが、事情によっては、国連憲章の諸規定に従って事務局の独立と能率を高めるために事務総長が行う決定の成就を損なうことがある」と述べている。[77] また、事務総長は、国連行政裁判所のチュウ、ジョウおよびヤオ事件判決を解説し、当該判決が事務局の慣行に与えた影響を指摘している。[78] 同判決により、行政裁判所は派遣制度を認めはしたものの、機構に派遣の手続を審査する必要を迫っていることから、事務総長は、派遣職員の地位のあいまいさを避けるために、職員が署名する任命書に派遣の旨を記載することにより派遣が設定され得るように職員規則を改正し、新しい手続の基礎を確立することが望ましいとしている。[79] さらに、チュウ、ジョウおよびヤオ事件判決の結果として、派遣の基準が明確にされたことにより、従来派遣に基づくと考えられていた多くの期限付任用職員が実際に派遣職員ではなくなることも付言されている。[80]

この事務総長報告の後、同じ年の一二月二一日に第四五回総会で採択された総会決議（四五／二三九）は、「派遣が国連憲章一〇〇条および一〇一条に抵触しないこと」を確認し[81]、「政府から事務局への職員の派遣が国連と加盟国双方にとって有益であり得ること」を再確認し[82]、「事務総長報告書で定められた派遣に関する事務総長の基本的なアプローチを支持し、機構、政府および関係職員の正当な利益を考慮して、将来行われる政府からの派遣の手続を審査すること、ならびに、職員規則の適切な改正を総会第四六会期に提出すること」を事務総長に求めている[83]。これを受けて事務総長は、翌年九月二三日に、再度「政府からの派遣」と題する報告書を提出し、職員規則の改正を総会に提案するとともに、同改正案を附属書として付した[84]。一九九二年三月二日に採択された第四六回総会の決議（四六／二三二）では、事務局の再編が目指すべき方向として、上級職を含む採用手続とその慣行において透明性を確保すること、および、一般原則として、加盟国のいずれの国民も上級職における当該国家の国民を引き継ぐべきではなく、上級職に関して、いかなる国家または国家集団の国民による独占もあるべきではない、としている[85]。

これらの決議を受けて、一九九三年四月八日に採択された第四七回総会の決議（四七／二二六）は、「派遣が国連憲章一〇〇条および一〇一条に合致し、機構と加盟国の双方にとって有益であること」を再確認した後[86]、政府からの派遣は、その任期の長さにかかわらず、機構、加盟国および関係職員の三者間の合意に基づくべきであること、ならびに、政府から派遣された職員の派遣職員としての地位を延長するような期限付任用の更新は、機構、政府および関係職員による合意に基づかねばならないことを決定した[87]。それに加えて、職員規則四・一および職員規則の附属書Ⅱを改正し、派遣職員の任命書に関する詳細が新たに規定されることとなった[88]。このように、この総会決議で、特に懸案とされてきた職員規則の改正をはじめとして、派遣職員の地位が一層明確にされるに至ったのである。この決議以降の総会決議では、派遣に関して詳細に触れられることはなく、単に、派遣が国連憲章一〇〇条および一〇一条に合致し、機構と加盟国の双方にとって有益であることを再確認する旨が挿入されてきているに過ぎない。(89)従って、この決議により、総会での派遣に関する問題の扱いは一段落ついた感がある。

それでは、行政裁判所の実行はどうか。一九九〇年のチュウ、ジョウおよびヤオ事件判決以降、裁判所は、やはり、当該判決で明らかにされた基準を用いて派遣に基づくとされている職員の中立てを審査しているといえる。たとえば、九四年のヴォロビエフ（Vorobiev）事件判決を見てみると、国連貿易開発会議（ＵＮＣＴＡＤ）の輸送部の経済問題担当官として任用された申立人ヴォロビエフの任命書には「ソ連政府からの派遣に基づく」との記載があった。同申立人は、八五年九月八日から数回の任期延長を経て九二年一二月三一日まで勤務した後、更なる任用契約の更新が得られず離職した。当該契約不更新決定は、差別的、恣意的かつ無関係の要因――ＵＮＣＴＡＤに対するソ連政府の継続的な圧力――によりなされたものと申立人は主張し、さらに、総会決議三七／一二六により、終身任用のためのあらゆる妥当な考慮がなされなかったとも主張したのである。本案審理に先立ち、行政裁判所は、まず本件全体の背景となっているのが派遣の問題であるとして、申立人が派遣に基づくか否かを検討し、ソ連政府での申立人の任用の性質や条件に関する詳細が任命書をはじめいずれの書面にも見当たらないことや、申立人の本国政府および国連での勤務の後、本国に戻った際の条件に関するいかなる詳細もないこと、さらには、派遣に関する申立人の同意もあったとはいえないことから、先のチュウ、ジョウおよびヤオ事件判決で設定された主要な基準は満たされていないとする。(90)結局、裁判所は、申立人の任用契約上の地位を審査した人事問題勧告パネル（Advisory Panel on Personnel Questions）での手続上の違反を認定し、申立人に純基本給九カ月分の賠償金を裁定した。(91)

また、同じ年のレビゾフ（Rebizov）事件では、ジュネーブ国連事務所の会議担当部ロシア語翻訳課の翻訳補佐官として勤務する申立人レビゾフが、任用契約の不更新決定を不服として申立てを行った。一九八九年一月一五日の任用開始から九〇年六月一四日まで申立人の数回更新された任命書には常に「ソ連政府からの派遣に基づく」との特別条件が記載されていた。本件においても、裁判所は、まず、任用期間中申立人は誤ってソ連政府からの派遣に基づくと見なされてきたが、申立人の任用の基礎はチュウ、ジョウおよびヤオ事件判決で議論された有効な派遣の基準には一致していないとし、すべての証拠から、申立人の任用契約を更新しないという事務総長の決定は、ソ連当局による同意がないことに依拠していたとしている(92)。結局、申立人の離職は不当であり、申立人には契約更新の資格があることから、裁判所は、事務総長に対し純基本給一九カ月分の賠償金支払いを命じた(93)。

このように、チュウ、ジョウおよびヤオ事件判決以降も、国連行政裁判所は、同判決で明確にされた基準を用いて、厳格に派遣職員か否かを見極め、任期延長や終身任用の期待を検討しているといえる(94)。

四　小　括

以上、国連における派遣制度に焦点を当て、派遣制度が持つ問題点がいかに法的に捉えられてきたかを主として行政裁判所で処理されたいくつかの事件を手がかりに検討し、最近の国連総会での動向も併せて考察した。加盟国政府から職員を派遣することは、国連設立当初から限られた範囲でのみ認められるべきとされたにもかかわらず、一時は一国からの国連職員が唯一派遣制度を通じて採用されるなど、派遣の慣行は、設立当初の意図とはおよそかけ離れたものへと進んで行った。そのような慣行が横行し、派遣に基づくとされる職員数が増す中で、職員としての身分が派遣に基づくという理由から、不利益を被る職員が救済を求めて行政裁判所に訴えるという現象が生じることになった。とりわけ、一九八四年に国連行政裁判所で争われたヤキメツ事件では、政府との関係を断ってまで終身任用を求めた申立人が、能力主義を第一とする国連で、勤務成績が優秀であったにもかかわらず、行政裁判所のみならず国際司法裁判所の勧告手続によっても救済されないという極めて不幸な結果がもたらされた。しかし、九〇年のチュウ、ジョウおよびヤオ事件国連行政裁判所判決では、派遣職員の要件が確認され、そこで厳格に派遣職員か否かがふるいにかけられ、さらに、事務総長が行う任用契約の更新と終身任用の付与の判断過程にもより厳格な審査がなされ、申立人らが救済されるという結果がもたらされた。また、その後の行政裁判所実行を見る限りでも、その審査に対する基本姿勢は保たれていることが明らかになっており、チュウ、ジョウおよびヤオ事件判決は、従来あいまいな形で派遣に基づくとされていた職員の救済にとって大きな意義を有するに至った。併せて、この九〇年の判決は、すでに見た通り、国連総会に対して大きなインパクトを与え、職員規則を改正させるほどの影響を与えた。この改正により、派遣職員の地位が明確にされると同時に、改正規定上は正規の派遣職員と見なされないが従来あいまいな形で派遣に基づくとされてきた職員が、他の期限付任用職員と平等に扱われ得るということになったのである。もっとも、行政裁判所判決がこのようなインパクトを総会に与えることができた背景には、冷戦構造が崩壊したことが大いに影響しているとも思われる。(95)

ところで、この派遣制度に関して従来から問題とされてきたのは、一九九三年の職員規則の改正で明確に「派遣に基づく」とは見なされなくなった職員、すなわち、「見せかけの派遣（pseudo-secondment）」(96)に基づく職員に関してではなかったか。(97)そうだとすると、右に見たような九〇年の行政裁判所判決後における総会の一連の取組みにより、「真正な派遣（genuine secondment）」(98)が明確にされたことで、従来問題とされていた「見せかけの派遣」に基づく職員がもはや普通の期限付任用職員と同等に扱われるようになったため、確かにこの「見せかけの派遣」に基づく者の権利の保護については、一定の成果があったと思われる。(99)

しかし、問題はこれで終わりではない。国連総会は、「真正な派遣」に基づく職員については、職員規則を改正して詳細規定を設け、引き続き任用していくことを明らかにしたのである。[100] つまり、政府との関係を保持したまま国連で勤務するという「真正な派遣」に基づく職員の存在が明文で規定されたのである。このことは何を意味するか。すなわち、それは、政府から影響を受け易い職員、換言すれば、自らの地位が政府によって左右され易い職員が依然国連事務局に存在し続けるということを意味するのである。このように考えるならば、今までは特に生じなかったにせよ、将来的には、「真正な派遣」に基づく職員が行政裁判所に不服を訴えるということも起こり得る。従って、そのような派遣職員の任用上の関係に影響を与えるような政府の意向やそれを聞き入れる機構側の判断に対し、厳格な審査を施すことが今後の行政裁判所に望まれることとなろう。

そこで、注目される最近の行政裁判所判決として、スチェパネンコ（Stepanenko）事件判決[101]がある。本件の申立人スチェパネンコは、一九九二年一二月一日より二年の期限付で、ロシア政府からの派遣により、ＩＭＯのロシア語翻訳課課長（P―五ランク）として任用された。申立人の任命書には、政府職に戻る特定の権利を有したまま「政府からの派遣に基づく」という特別条件が記載されており、さらに、「貴殿は、この任命書に署名することにより、貴国政府の職からの派遣に基づくＩＭＯでの勤務に合意したと特に認める」と述べられていた。その後、申立人は、自分の派遣という地位が将来自分の身分を左右するかもしれないと悟り（申立人がこのような危機感を覚えるに至った背景には、海運部のある翻訳担当官の専門的能力が欠けていることが同じ海運部の職員またはロシア政府運輸省職員の私的な会話の中で明らかであったにもかかわらず、当該職員は任用契約の延長を得たという事実があった）[102]、九三年三月二九日、任命書の特別条件に拘束されない地位を求め、その旨をＩＭＯのロシア常駐代表部に伝え、さらに同年四月一六日、ＩＭＯの会議部部長に派遣職としての地位を放棄したことを伝えたのである。その後、ロシア政府は、申立人の一方的な宣言は任命書の条件を何ら変更する法的効果も持たず、逆に、申立人が派遣制度の原則を破ったことを考慮すれば、政府はＩＭＯと申立人との契約を廃棄しかつ申立人の後任を推薦する権利を有していると主張した。また、ＩＭＯ人事課課長は、申立人はすでに派遣に基づく条件に合意したのであるから、その条件を独自に変更できないとした。申立人は、それらに対し、人事課課長宛書簡の中で、独自に条件を変更できないことは周知のことながら、機構外からの影響を何ら受けずに職務を遂行したい旨を主張した。その後、同じ年の一二月に、人事課課長は、申立人の任期が終了した後、当該任期延長の意思はないことを申立人に通知したところ、申立人は、それを不服として、九四年一一月二八日に行政裁判所に提訴した。

行政裁判所は、まず、一九九〇年のチュウ、ジョウおよびヤオ事件判決での派遣に関する原則に照らし、申立人の派遣を有効と見なし、従って、申立人には、三者間合意を一方的に変更する資格がないとした(103)。しかし、裁判所は、申立人の派遣契約に関する一方的な行為は支持できないとしながらも、当初の派遣契約は、派遣に基づかない継続任用の可能性をも排除するものではないとした(104)。

結局、裁判所は、申立人がその任務遂行において不当な干渉を受けており、その干渉は派遣によっても正当化され得ないと認定した。すべての職員は、派遣に基づいて勤務していようといまいと、独立しかつ専門的なやり方でその職務を遂行しなければならない。裁判所は、その任用条件を保護することこそが事務局長の義務であるとして、申立人の継続任用に第一の考慮を付すべきことと純基本給九カ月分の補償支払いをＩＭＯ事務局長に命じ、申立人は勝訴した。

本件を見る限り、設立文書上の違法性には言及されていない点でややもの足りなさはあるものの、たとえ派遣に基づく職員であっても、任務遂行が妨げられるような外部からの干渉を受けた場合には、事務局長の職員任用上の義務が問題とされ、当該職員の救済され得ることが端的に示されていると思われる。もっとも、本件は、国連職員ではなく、国連行政裁判所の管轄権を認めているＩＭＯの職員に関する事件であるので、あくまでも参考である。しかし、国連行政裁判所は、いずれの異なる機構の職員による申立てに対して用いた諸原則やそれに対して下した判断でも、今まで何ら区別なく引照してきていることから、国連職員にとっても当然重要な判例といえよう。この点については、今後も注意して見ていく必要があろう。

以上に見てきたように、国際機構の事務職員である国際公務員の特徴とは、その独立した地位と任務の国際的性質であった。多くの国際機構では、この特徴を設立文書に明文化してきた。しかし、特に国連のような政治的色彩の濃い国際機構においては、一国の政府から職員が派遣される派遣制度が問題となってきた。本章で検討したように、国際的性質を有する責任を負いかつ自己の任務を独立して遂行する職員とそれらの職員から成る事務局を理想と掲げる国連は、たとえ一部であるにせよ、今日、加盟国政府からの派遣職員を受け入れざるを得ず、また、彼らに頼らざるを得ないのが現実である。すでに見たように、一国政府の能力のある職員が国連においてその能力を発揮することは機構にとって利益となり、かつ、機構において知識と経験を得た職員が本国に戻ることによって、一国政府にとってのみならず当該政府と当該機構との円滑な関係を形成するのに非常に有益になることも考えられよう。

しかし、概して国際機構が主権国家から構成される以上、一方で加盟国は、国際機構に対してできるだけ自国からの影響を及ぼし易い方策を考え、他方で国際機構は、できる限り円滑で効率の良い機能遂行を志向する。派遣制度とは、まさにこの両者の思惑の共通項に位置するものであるともいえる。国際事務局の発展という大きな流れの中で考えるならば、今日まで事務局は加盟国政府の手から離れて徐々に自律性を強めてきたとはいえ、未だ派遣制度を残しておく必要があるというこの現実こそが、今日の国際機構の発展状況の一端を示しているといえよう。

いずれにせよ、国家またはその他の権力からの影響をできるだけ排除した形で、国際公務員の独立した地位と任務の国際的性質を確保するために、国際機構は、今日まで種々の制度を整えてきた。その重要なものとして、国際公務員を法的に保護するための司法制度がある。次章でこれを見ておくことにしたい。

（1）　Basdevant, S., *Les fonctionnaire internationaux*（Recueil sirey, 1931）.

（2）　この点につき、ザールの統治は国際連盟の活動の範囲内であるので、国際社会すべての利益に基づくものと考えた方がよいように思われる。さらに、この②の要素に関して、バドヴァンは、国家間の合意に基づいて国家間の利益を目的とする国際決済銀行（Banque des Règlements Internationaux）でさえ、各国政府から政治的に独立した活動を行う私的国際機構（organisation privée）と考えられるため、その活動に従事する者も国際公務員ではないと考える。*Ibid.*, pp. 26-29. もっとも、このような考えは、一九三〇年に国際決済銀行が設立されてから間もなかったことにもよるのであろうが（その頃、職員には免除も与えられていなかったと説明がなされている）、同銀行が、国家間の設立文書に基づきかつスイスと本部協定を締結して活動を行っている（免除も付与されている（本部協定四条））今日、このように考えるのは困難であろう。職員には免除が与えられていることから、先に述べた通り、国際決済銀行にも行政裁判所が設置されていると考えられるのである。

（3）　さらに、バドヴァンによれば、ライン河中央委員会については、一八六八年のマンハイム条約以降、紛争解決のための第一審裁判所を沿岸国が独自に形成するようになったことで、その裁判官も国際公務員とは見なせなくなったとされる。また、一八一五年の規則制定以来、航行を監督するために委員会が選出することとされていた監督官は、アンチロッティによれば、任命、給与および年金の支給を沿岸国が行う以上、沿岸国の国家機関とされているが、これに対して、バドヴァンは、委員会が選ぶ監督官こそ、最初の国際公務員であると位置づけている。もっとも、右マンハイム条約により同監督制度は廃止された。*Ibid.*, pp. 42-44.

（4）*Ibid.*, pp. 11-53.

（5）Bedjaoui M., *Fonction publique internationale et influences nationales* (Stevens & Sons, 1958).

（6）*Ibid.*, pp. 17-55.

（7）植木俊哉「国際組織の概念と『国際法人格』」柳原正治編『国際社会の組織化と法（内田久司先生古稀記念論文集）』（信山社、一九九六年）二八―三七頁。

（8）Pellet, A. et Ruzié, D., *Les fonctionnaires internationaux* (Que sais-je?) (Presses Universitaires de France, 1993), pp. 11-13.

（9）Schermers, H. G. and Blokker, N. M., *International Institutional Law: Unity within Diversity*, 4th revised ed. (Martinus Nijhoff, 2003), p. 343. なお、一九九五年に出版された同書の第三版では「恒久職員（permanent staff working for the organization）」とあった（3rd revised ed., p. 331）が、国際公務員を恒久任用職員に限る必要性はないことから「恒久」の語が削除されたものと思われる。

（10）田畑茂二郎『国際法新講上』（東信堂、一九九〇年）二九三頁。

（11）高野雄一『国際法概論上（全訂新版）』（弘文堂、一九八五年）四六五―四六八頁。

（12）Pellet et Ruzié, *supra* note 8, pp. 11-17.

（13）本書序章第四節参照。

（14）Goodrich, L. M., Hambro, E. and Simons, A. P., *Charter of the United Nations, Commentary and Documents*, 3rd and revised ed. (Columbia U.P., 1969), p. 584.

（15）これらの規定を受けて、職員の国際的な性質は、職員規則（Staff Regulations）一・一(a)に、「職員は国際公務員である。職員としての任務は国家的なものではなくもっぱら国際的なものである」と規定される。なお、本書では、“Staff Regulations”と“Staff Rules”の訳語について、近年広く用いられているように思われる「職員規則」および「職員細則」の語を用いることにする。

(16)　これを受けて、職員規則四・一は、「職員の任命権は、憲章一〇一条に規定するところに従い、事務総長にある。政府からの派遣に基づく職員を含む各職員は、この規則の附属書Ⅱに従い、事務総長又は事務総長の名において職員が署名した任命書を受領する」として、事務総長の任命権を確認する。これを受け、職員規則四・二では、この原則を職員の任用のみならず転任や昇任にも適用する旨の規定が置かれている。なお、職員規則四・一の「政府からの派遣に基づく職員を含む」という部分は、本文中に後述するように、一九九三年四月八日の総会決議（G. A. Res. 47/ 226）で挿入された。また、同規定中の「附属書Ⅱ」は、従来、「任命書」と題して、以下のようであった。

「(a)任命書は、次の事項を記載しなければならない。(i)任用が、当該任用形態に適用可能な職員規則及び職員細則の諸規定並びにその諸規定において時折時宜にかなうようなされ得る変更に従うこと、(ii)任用の性質、(iii)職員が任務につくことを要請される日、(iv)必要に応じ、任用期間、任用及び試用期間の終了を要請するための告知、(v)任用の形態、レベル、初任給、給与の増額が認められる場合はその増額率及び給与の到達可能な最高額、(vi)適用可能なある特別な条件が記載されていなければならない。

(b)職員規則及び職員細則の写しは、任命書と共に、職員に交付されなければならない。任命を承諾するに際し、職員は、職員規則及び職員細則に定められた条件についてすでに知らされており、かつ、それを承諾する旨述べなければならない。」

この附属書Ⅱにも、「(c)職員及び事務総長又は事務総長代理によって署名された政府からの派遣に基く職員の任命書並びに加盟国と職員によって合意された派遣の任期及び条件を裏づける関連文書が、任命書に記載された期間中、政府から機構への派遣の存在及び有効性の証拠とされる」との規定が挿入されることとなった。このように任用された職員は、職員細則一〇四・一二および一〇四・一三によれば、およそ次のような任用形態に分類される（なお、技術協力計画に従事するプロジェクト人員（職員細則二〇〇系列）、ならびに、六カ月をこえない短期任用職員およびＰＫＯなど期間限定の活動に携わる職員（職員細則三〇〇系列）は、職員細則に別途規定がある）。

一　臨時（temporary）任用――(a)試用（probationary）任用。五〇歳未満で恒久任用を志す者。原則として任期は二年。
(b)期限付（fixed-term）任用。予め定められた期間で勤務する者。任期は五年以下の範囲で付与される。
(c)不定期（indefinite）任用。使節団に勤務し、期限付または普通任用を受けない者。あるいは、国連難民高等弁務官事務所（ＵＮＨＣＲ）又は事務総長によって指定される国連のその他の機関もしくは事務所に勤務する者。任用期限はない。

二　恒久（permanent）任用――試用任用または五年間の期限付任用を終え、国際公務員として適格であると認められた者。

なお、右の恒久任用と類似した語で、“career appointment”が用いられることがある。国連において、この語は、通常、恒久任用のみならず試用任用も含み得る広い概念として捉えられている。従って、ここでは、恒久任用との混乱を避けるために両者を区別して、“career appointment”には「終身任用」の語を用いることにする。

ところで、右の期限付任用に関する規定は従来次のようであった。すなわち、「期限付任用は、任命書にその終了の日が特定されており、国連での勤務のために一国の政府又は組織によって暫定的に派遣される者を含む、指定された期間の勤務のために採用される者に対し、五年をこえない範囲で与えられ得る。期限付任用は、更新又は他のいかなる形態の任用への変更の期待も与えるものではない」（職員細則一〇四・一二(b)）。ここから、政府からの派遣に基づく職員が期限付任用職員に含まれていたことが分かる。

(17)　国連憲章一〇一条三項によれば、「職員の雇用及び勤務条件の決定に当って最も考慮すべきこと」が、「最高水準の能率、能力及び誠実を確保する」ことであって、「職員をなるべく広い地理的基礎に基いて採用すること」は、二次的な要件である。換言すれば、能力主義が地理的配分原則に優位する。能力主義の重要性は、職員規則四・三に、「職員の詮衡は、憲章の原則に従って、人種、性、又は宗教による差別なく行われなければならない。実行可能な限り、詮衡は競争原理に基づいて行われなければならない」と定められていることからも明らかである。さらに、空席を埋める際にも、職員規則四・四によれば、「憲章一〇一条三項の規定に従って、かつ、すべてのレベルでの新鮮な人材の補充を妨げることなく、欠員の補充に際しては、すでに国連の職にある者が必要な資格及び経験を有していることについて、最も十分な考慮を払わなければならない」のである。

(18)　わが国では、一般に、“secondment”に「出向」の訳語が当てられてきた。たとえば、横田洋三『国際機構の法構造』（国際書院、二〇〇一年）一五二—一六八頁など参照。思うに、国際機構における職員の雇用関係を労働法において捉えるならば、労働者が自己の雇用先の企業に在籍のまま、他の企業の事業所において相当期間にわたって当該他企業の業務に従事することを指す「出向」の用語が適当かもしれない（「出向」の定義については、菅野和夫『労働法（第六版）』（弘文堂、二〇〇三年）、四二八—四二九頁参照）。しかし、著者は、国際機構における職員の勤務関係を律する法が一国の行政法あるいは公務員法のアナロジーにより生成されてきたと考えるので、本書では、行政法上の用語である「派遣」を用い、また、「派遣」に基づいて機構で勤務する職員を「派遣職員」と呼ぶことにする。参考までに、わが国においては、国内の公務員が任命権者によって国際機構、外国政府の機関等で一定期間職務に就かされる場合、「派遣」の語を用いる（たとえば、「国際機関等に派遣される一般職の国家公務員の処遇に関する法律（昭和四五年法律第一一七号）」参照）。ところで、国際機構において、「派遣」には、機構間で行われるもの（inter-agency secondment）と機構の加盟国から行われるもの（secondment from the civil service of Member States）という二つの意味が含まれ、両者は区別されなければならない。Schreuer, C., "Secondment of United Nations Officials from National Civil Service," *G. Y. I. L.*（1991）, Vol. 34, p. 307. 本書で扱うのは、いうまでもなく後者である。

（19）*Ibid.*, p. 308 and p. 310.

（20）周知のように、われわれの耳目を聳動させたのが、一九八〇年代に国連行政裁判所と国際司法裁判所で問題とされたヤキメツ（Yakimetz）事件であった。後に見るように、本件では、勤務成績が優秀であったソ連からの派遣職員が政府からの帰任命令に背き、任期終了後も国連での継続任用を求めたものの、離職に追い込まれた事件であり、当該職員ヤキメッツは救済を求めて国連行政裁判所に提訴したが敗訴し（301-370 *Judgements of the United Nations Administrative Tribunal* [hereinafter cited as "*JUNAT*"], Judgement No. 333（Yakimetz v. Secretary General of the UN, 8/ Jun./ 1984）, pp. 239-56）、さらに、国際司法裁判所の勧告手続に訴えたが（Application for Review of Judgement No. 333 of the United Nations Administrative Tribunal（Advisory Opinion of 27 May 1987）, *ICJ Reports* 1987, pp. 17-174）、結局、救済されることはなかった。なお、ヤキメツ事件の評釈については、Taverrier, P., "L'avis consultatif de la Cour internationale de justice du 27 mai 1987 dans l'affaire de la demande de réformation du jugement no. 333 du Tribunal administratif des Nations Unies（Affaire Yakimetz）," *A. F. D. I.*, Vol. 33（1987）, pp. 211-238, Ruzié, D., "L'avis consultatif de la Cour internationale de justice de 27 mai 1987 dans l'affaire de la demande de réformation du jugement no. 333 du Tribunal administratif des Nations Unies," *J. D. I.*（*Clunet*）, Vol. 115（1988）, pp. 65-89、杉原高嶺「国連行政裁

判所判決第三三三号の審査請求（勧告的意見・一九八七年）」（『国際法外交雑誌』八九巻二号（一九九〇年）三一―五〇頁、横田洋三「国際連合行政裁判所判決三三三号の再審請求――ヤキメッツ事件」（波多野里望・尾崎重義編著『国際司法裁判所判決と意見・第二巻（一九六四―九三年）』（国際書院、一九九六年）四九六―五〇六頁））など参照。

（21）Hammarskjöld, D., "The International Civil Servant in Law in Fact" in Jordan, R. S. (ed.), *International Administration: Its Evolution and Contemporary Applications* (Oxford U. P., 1971), pp. 261-262.

（22）さらに、問題とされてきたのは、派遣であるとないとにかかわらず、あるポストが常に同じ国の政府によって排他的に確保されており、常にそのポストが同じ国の職員で占められるという非公式な慣行である。これに対しては、従来から国連総会も非難を繰り返してきた（GA Res.31/ 26, GA Res. 33/ 143, GA Res. 35/ 210, GA Res. 41/ 206, GA Res. 42/ 220, GA Res. 43/ 224, GA Res. 44/ 185 and GA Res. 45/ 239）。このような慣行が派遣と併せて行われた場合、常に優秀な能力を備えた者が職に就けば問題は生じにくいにしても、必ずしもそうはならない場合には、やはり、国連憲章一〇一条三項に反することになろう。この慣行については、以下を参照。Meron, T., "'Exclusive Preserves' and the New Soviet Policy toward the UN Secretariat," *A. J. I. L.*, Vol. 85 (1991), pp. 322-329.

（23）思うに、派遣制度が持つ憲章上の問題を論じるには、派遣制度それ自体の合法性の問題と、派遣制度の利用によって生じる合法性の問題を分けて考える必要があろう。この点について、たとえば、シュロイヤー（C. Schreuer）は、派遣自体は違法ではないがその濫用が違法になることを指摘しているし（Schreuer, *supra note* 18., p. 351）、メロン（T. Meron）も、明言はしないものの派遣の合法性について暗示しており（Meron, T., "Status and Independence of the International Civil Servant," *R. C. A. D. I.*, Vol. 167 (1980), p. 313）、その大規模な実施が事務局の国際的性質への脅威になることを指摘している（*Ibid*, p. 309）。他方で、国際司法裁判所のヤキメッ事件において反対意見を書いたエヴェンセン裁判官のように、「事務局の独立および一体性に関する国連憲章一〇〇条における規定と派遣の慣行は、派遣の原則をかなり厳格に当てはめれば、そもそも相容れないもの（inherent conflict）」とする見方もある（Application for Review of Judgement No. 333 of the United Nations Administrative Tribunal（Advisory Opinion of 27 May 1987）, *ICJ Reports* 1987, p. 172）。ここではいうまでもなく、前者の立場をとる。因みに、わが国においては、前掲したように、ヤキメッ事件の評釈およびそれを素材とした論稿はあるものの、派遣制度について体系的に論じたものはなく、また、それらにおいても、派遣に関する憲章上の問題が、派遣自体の問題なのか派遣の実施に伴う問題なのかは、必ずしも明らかにされていないように思われる。

ところで、派遣の実施に当たって生じ得る法的問題には、大別すればおよそ次の三つの側面があるように思われる。まず第一に、事務総長が、国際的職員としての責任をもって、ある加盟国からの派遣職員に関し、その国からの職員全体に占める派遣職員の割合を考えて任用しているか、さらに、事務局全体の職員数に占める適切な派遣職員の割合を考えているか、あるいはその任期については適当か、という事務総長の任命権に関する裁量の問題（これは、ともすれば、九七条、一〇〇条一項または一〇一条違反になると思われる）、第二に、加盟国が事務総長や自国からの職員に対して影響を及ぼす場合に生じる問題（これは、一〇〇条二項違反の問題である思われる）、第三に、事務総長が派遣職員に対して、職員の任命権者として、国際的職員としての責任をもって、その勤務関係において適切な待遇を与えたかどうか、という職員の勤務関係における事務総長の裁量権行使の問題（これも、一〇〇条一項および一〇一条違反の問題に発展し得ると思われる）が考えられる。これらの派遣制度に関する諸問題は、どちらかといえば、相互に重なり合って生じ得る問題であると思われる。

（24）　事務総長が自己に認められた裁量の行使を誤り、それによって派遣職員が著しく不利益を被ることが生じ得る。とりわけ派遣職員がその任期終了時に継続任用を希望する場合、事務総長が行う種々の考慮――そこには政府の意向も含まれ得る――により、派遣職員は、継続任用か離職かという自身の身分を左右される究極の宣告を受けることになる。後者の決定が下された場合、果たして、そこでの事務総長の判断は正しかったかどうかが問われなければならない。そのような事務総長による権限の行使が適切かどうかを判断し、職員の権利救済を行ってきたのが、他ならぬ国連行政裁判所である。しかし、行政裁判所は、このような職員の身分保障という機能以外に、職員を律する法を解釈・適用する機能を有していることも忘れてはならない。ここでは、派遣制度のかかえる法的問題に焦点を合わせて議論を進める以上、むしろ、後者の機能に着目することにより、行政裁判所判例を検討する必要があると考える。

（25）167–230 *JUNAT*, Judgement No. 192（Levcik v. Secretary General of the UN, 11/ Oct./ 1974）, pp. 206–207.
（26）*Ibid.*, p. 207.
（27）*Ibid.*, pp. 207–208.
（28）*Ibid.*, pp. 209–210.
（29）*Ibid.*, p. 211, para. II.
（30）*Ibid.*, p. 211, para. III.
（31）87–113 *JUNAT*, Judgement No. 92（Higgins v. Secretary General of the IMCO, 16/ Nov./ 1964）, pp. 41–55.
（32）167–230 *JUNAT*, p. 212, para. V.
（33）*Ibid.*, pp. 212–214, paras. VII–IX.
（34）*Ibid.*, pp. 214–216, paras. X–XIV.
（35）*Ibid.*, p. 216, para. XV.
（36）*Ibid.*, p. 217, paras. XVI–XVIII.
（37）*Ibid.*, p. 212, para. IV.

(38) *Ibid.*, p. 212, para. V.
(39) *Ibid.*
(40) *Ibid.*
(41) 301-370 *JUNAT*, Judgement No. 333 (Yakimetz v. Secretary General of the UN, 8/ Jun./ 1984), pp. 240-241.
(42) *Ibid.*, p. 241.
(43) *Ibid.*, pp. 241-242.
(44) *Ibid.*, pp. 242-243.
(45) 前掲注（16）参照。
(46) *Ibid.*, pp. 243-247.
(47) *Ibid.*, pp. 247-248, paras. I-III.
(48) *Ibid.*, p. 248, paras. IV-VI.
(49) *Ibid.*, pp. 249-250, para. XII.
(50) *Ibid.*, pp. 251-252, para. VIII.
(51) *Ibid.*, p. 252, para. XIX.
(52) *Ibid.*, p. 252, paras. XX-XXI.
(53) *Ibid.*, p. 253.
(54) *Ibid.*, pp. 253-256.
(55) 周知の通り、一九九五年一二月の総会決議により、行政裁判所判決を審査するため、当事者または加盟国が国際司法裁判所の勧告的意見を要請できる手続は廃止された。その経緯については、本書第二章第二節五参照。

（56）本書では、行政裁判所において申立てを行う者を「申立人（applicant）」としているが、ここでは、国際司法裁判所に行政裁判所判決の審査を請求する者と一応区別した方が良いと思われるので、同じ英語の"applicant"に、「請求人」の用語を当てることにする。もっとも、用語が異なるとはいえ、ここではいずれもヤキメツのことを指すことはいうまでもない。

（57）Application for Review of Judgement No. 333 of the United Nations Administrative Tribunal (Advisory Opinion of 27 May 1987), *ICJ Reports* 1987, pp. 54-57, paras. 67-72.

（58）*Ibid.*, pp. 59-61, paras. 76-78.

（59）*Ibid.*, pp. 61-67, paras. 79-89.

（60）301-370 *JUNAT*, p. 250, para. XIII.

（61）*Ibid.*, p. 251, para. XVI.

（62）国際司法裁判所において反対意見を書いた三人の裁判官も、事務総長が「妥当な考慮」を払ったという行政裁判所の判断を問題にしている。ジェニングス裁判官は、証拠の上で、事務総長が、派遣元政府の同意がない状況で終身任用は法的に不可能と信じ込んでいたため、総会決議にいう「あらゆる妥当な考慮」を払わなかったとしている（*ICJ Reports* 1987, pp. 134-158）。エヴェンセン裁判官も、一連の経緯を踏まえ、請求人に対して「妥当な考慮」が払われたとは思わないとした上で、行政裁判所の判断において、憲章一〇一条一項、一〇〇条および一〇一条三項に関する法律問題の過誤があったことを指摘する（*Ibid.*, pp. 159-174）。また、憲章の関連規定ごとに行政裁判所の誤りを厳しく論じたシュウェーベル裁判官も、やはり、ヤキメツの終身任用の資格について、事務総長は、「『あらゆる妥当な考慮』、否、むしろ何らの考慮も払っていなかった」と述べている（*Ibid.*, pp. 110-133, *esp.* p. 111）。

（63）*Ibid.*, pp. 31-32, para. 25.

（64） 439-501 *JUNAT*, Judgement No. 482（Qiu, Zhou and Yao v. Secretary General of the UN, 25/ May/ 1990）, pp. 441-442.

（65） *Ibid.*, pp. 442-445.

（66） *Ibid.*, pp. 446-448.

（67） *Ibid.*, p. 454, para. XXIII.

（68） *Ibid.*, p. 454, paras. XXIV-XXV.

（69） *Ibid.*, pp. 455-458, paras. XXVI-XLIV.

（70） *Ibid.*, p. 459, para. XLVIII.

（71） *Ibid.*, pp. 459-460.

（72） もっとも、派遣そのものが主要な争点ではなかったが、本件の二日前に判決が下されたエルシャミ（El Shami）事件では、エジプトの国立タンタ大学での職を有しながら国連において期限付で勤務していた中立人の地位について派遣か否かが争われた際、裁判所は、ヒギンズ事件とレヴィック事件に基づいて、機構、中立人および政府による三者間の合意がないことから中立人の地位を派遣とは見なさないという判断を下している。439-501 *JUNAT*, Judgement No. 481（El Shami v. Secretary General of the UN, 23/ May/ 1990）, pp. 423-438.

（73） *Ibid.*, p. 454, para. XXIII.

（74） *Ibid.*, p. 455, para. XXX.

（75） *Ibid.*, p. 456, para. XXXIII.

（76） A/ C. 5/ 45/ 12.

（77） 派遣制度の長所としては、機構の特定の利益となる分野においてすでに専門技術と経験を有している職員を獲得する手段を提供することができ、国連の目的、手続および能力を直接経験した者を政府その他の機関に戻すことによって国連の利益となり得ること、職員が派遣元機関において有している期待を損なうことなく職員の暫定的な任用を容易にすることにより、期限付任用と終身任用との適当な均衡を維持するのにも役立つことが指摘されている。他方、派遣制度の短所として、終身任用制度の発展（career development）のために、派遣職員の余地を認めることが、彼ら自身の利益においても、また、機構の利益においても困難であること、実際上の問題として、短期間のみ事務局にいる職員が、機構に対し十分な責任を負う終身任用職員と比べて、終身任用制度の発展に関しては、何らかの不利益を被ることがあるということはほとんど避けられないことであり、このことが職員の士気に関わる問題を創出してしまうこと、派遣を広範に実施することによって、ある国籍を有する職員のために特定のポストを取り分けておくという傾向になり、ひいては、派遣職員を含むすべての職員にとっての流動性および昇任の期待を妨げてしまうこと、事情によっては真の独立した国際公務員制度という印象を損なうことにもなりかねないこと、さらには、多数の職員の頻繁なローテーションにより、職員の採用と帰任に関して実質的な費用を機構が負担することになることが指摘されている。*Ibid.*, para. 5.

（78）　事務総長によれば、事務局の慣行のうち、次の三つの点において影響が与えられたとされる。第一に、事務局が機構間（inter-agency）の派遣において用いていた慣行に常に従う必要性、すなわち、従前の慣行であった書簡交換および任命書への派遣の記載よりも、政府、国連および関係職員の間の複合的な書面による合意を常に通じる必要性を強調することによって、有効な派遣（valid secondment）の創設に必要な正式手続に影響を与えたこと、第二に、派遣に基づく職員を含むすべての職員が、たとえ自国政府との結びつきを断っていなくとも、総会決議三七／一二六の利益、すなわち、五年間継続して良好な成績を収めた場合、終身任用へのあらゆる妥当な考慮を受ける資格を有するとされたこと、第三に、そのような終身任用のための妥当な考慮を払う際に、事務総長が考えに入れる諸要因には裁判所が非常に限定的な解釈を与えたこと（この部分のみではこの趣旨は十分には理解し難いが、おそらく、同報告書のパラグラフ一〇でも触れられているように、事務総長は終身任用の付与について職員の本国政府と協議しても良いが、政府の意向を決定理由として受け入れてはならないと裁判所が述べたことを指していると思われる）。*Ibid.*, para. 12.

（79） *Ibid.*, para. 13.

（80） *Ibid.*, para. 14.

（81） GA Res. 45/ 239, II, para. 1.

（82） *Ibid.*, para. 2.

（83） *Ibid.*, para. 3.

（84） A/ C. 5/ 46/ 9. この改正案は、一九九三年四月八日の第四七回総会決議（四七／二二六）で採択された改正規定と同じものである。後掲注（88）参照。

（85） GA Res. 46/ 232, paras. 3（c）and（e）.

（86） GA Res. 47/ 226, I, A, "2. Secondment," para. 1.

（87） *Ibid.*, paras. 2 and 3.

（88） 「政府からの派遣に基づく職員を含む各職員は、この規則の附属書Ⅱに従い、任命書を受領する」と改正職員規則四・一（傍線が改正により新たに挿入された部分）が述べ、それを受ける附属書Ⅱには、「(c)職員及び事務総長又は事務総長代理によって署名された政府からの派遣に基く職員の任命書並びに加盟国と職員によって合意された派遣の任期及び条件を裏づける関連文書が、任命書に記載された期間中、政府から機構への派遣の存在及び有効性の証拠とされる」という一文が挿入された。*Ibid.*, para. 5. 前掲注（16）参照。

（89） GA Res. 51/ 226, III, B, para. 7.

（90） 634-687 *JUNAT*, Judgement No. 666（Vorobiev v. Secretary General of the UN, 4/ Nov./ 1994）, p. 252, paras. I-II.

（91）*Ibid.*, para. XII. もっとも、本件判決は、申立人の任期延長に関するソ連政府の影響を十分に審査したとはいい難い。というのも、当該任期延長を検討したパネルのメンバーの中に、任期延長に対しソ連政府からの影響があったことについて知っている者がいた（*Ibid.*, para. VIII）にもかかわらず、当該政府からの影響自体の法的問題については全く詳細な検討を付さずに、裁判所は、パネルでの審議の最中にそのような事実があったどうかを立証する証拠がないことを主たる理由として、結局、手続上の瑕疵のみを判断するに至ったからである。

（92）634–687 *JUNAT*, Judgement No. 686（Rebizov v. Secretary General of the UN, 11/ Nov./ 1994), p. 426, para. I.

（93）*Ibid.*, paras. V–VI.

（94）もっとも、派遣か否かの認定の必要がなく、明らかに手続上の違反が認定される場合には裁判所は敢えて派遣か否かの決定をせず、また、言及すらしない場合も散見される（以下に列挙する事件のうち、ガヴシン（Gavshin）事件、ズヴェーレフ（Zoubrev）事件およびアブラーモフ（Abramov）事件参照）。なお、参考までに、入手できた資料の範囲であるが、一九九〇年五月のチュウ、ジョウおよびヤオ事件判決の後一九九七年一一月二六日の第八六五号判決（イーグルトン（Eagleton）事件）までに、任命書に「政府からの派遣に基づく」と記載のある職員が契約不更新か終身任用への考慮の不足を不服に申立てた事件（出訴手続上期限が切れたことを理由に棄却または却下されたものを除く）一一件（すべてソ連またはロシア人職員）のうち、事務総長による処分理由が正当であると認められたクラスノフ（Krasnov）事件（AT/ DEC/ 720（Krasnov v. Secretary General of the UN, 21/ Nov./ 1995））を除いた残り一〇件——シャチロヴァ（Shatilova）事件（502–566 *JUNAT*, Judgement No. 535（Shatilova v. Secretary General of the ICAO, 29/ Oct./ 1991), pp. 311–318)、クラフチェンコ（Kravchenko）事件（502–566 *JUNAT*, Judgement No. 536（Kravchenko v. Secretary General of the ICAO, 29/ Oct./ 1991), pp. 319-325)、ヴィトコフスキおよびリルコフ（Vitkovski and Rylkov）事件（502-566 *JUNAT*, Judgement No. 559（Vitkovski and Rylkov v. Secretary General of the UN, 30/ Jun./ 1992), pp. 533-555)、ヴォロビエフ（Vorobiev）事件(634-687 *JUNAT*, Judgement No. 666 (Vorobiev v. Secretary General of the UN, 4/ Nov./ 1994), pp. 243-257)、レヴィゾフ（Revizov）事件（634-687 *JUNAT*, Judgement No. 686（Revizov v. Secretary General of the UN, 11/ Nov./ 1994), pp. 420-428)、ガヴシン（Gavshin）事件（AT/ DEC/ 718 (Gavshin v. Secretary General of the UN, 21/ Nov./ 1995))、スチェパネンコ（Stepanenko）事件（AT/ DEC/ 763 (Stepanenko v. Secretary General of the IMO, 26/ Jul./ 1996))、ズヴェーレフ（Zoubrev）事件（AT/ DEC/ 782（Zoubrev v. Secretary General of the UN, 21/ Nov./ 1996))、アブラーモフ（Abramov）事件（AT/ DEC/ 787（Abramov v. Secretary General of the UN, 12（*sic.*）/ Nov./ 1996))、ベリアエヴァ（Beliayeva）事件（AT/ DEC/ 826 (Beliayeva v. Secretary General of the UN, 1/ Aug./ 1997)）——においては、いずれも申立人が勝訴している。

(95) 一九八八年五月一九日、ソ連のペトロフスキー（V. F. Petrovsky）外相代理は、モスクワで開かれた報道記者会見で、国連事務局に対するソ連の政策変更を発表した。ソ連政府は、国際公務員制度と、責任感を持ちかつ誠実に行動する職員の実効性の強化を奨励し、事務局において最も有能でかつ経験を積んだソ連人職員は将来恒久任用契約に基づいて勤務するようになることが発表された。Meron, *supra* note 22, pp. 323-324. *See also N.Y. Times*, June 4, 1988 and *International Herald Tribune*, July 7, 1988. なお、派遣職員の数は公にされていないので、派遣職員数の正確な増減は明らかにできないが、参考までに、公式記録としてとどめられている地理的配分に従う職員（事務総長によって直接任命された任期一年以上でかつ専門職以上の職員）数の範囲で見ると、一九九〇年六月三〇日の時点で東欧からの恒久任用職員の数が全職員数二四六名中わずか一三名（A/ 46/ 370, Table 5B）であったのに対し、地域別の統計がなされた最終年である一九九八年六月三〇日現在の同職員数は、全職員数二四七名中一四六名（A/ 53/ 375, Table 5B）と、恒久任用職員の数が飛躍的に増えているのが分かる。また、ロシア（ソ連）だけについて見ても、一九九〇年六月三〇日の時点でソ連（USSR）人の恒久任用職員数が全一五二名中わずかに一名のみであった（A/ 46/ 370, Table 5A）が、その後徐々に増加し、一九九八年六月三〇日現在のロシア人同職員数は、一二八名中七三名となっている（A/ 53/ 375, Table 5A）。もっとも、中国については、一九九〇年六月三〇日の時点で、全職員四〇名中二八名であった（A/ 46/ 370, Table 5A）が、その後もさほど大きな変化はなく、一九九八年六月三〇日現在で全職員四〇名中恒久任用職員の数は二〇名である（A/ 53/ 375, Table 5A）。

（96）　事務総長を通じて公表された国連事務局職員代表の見解に見られる用語。そこでの指摘によれば、派遣には二種類あり、一方が「見せかけの派遣（pseudo-secondment）」で、他方が「真正な派遣（genuine secondment）」であるとされる。A/ C. 5/ 46/ 21, para. 19.

（97）　国連事務局職員代表の見解では、いわゆる「見せかけの派遣」の特異性として次の諸点が挙げられている。(a)ある一国の国民が国連に採用される唯一の道は「(見せかけの）派遣」を通じることであり、その結果、職員の忠誠は、憲章に反し、機構と自国政府とに二分されたこと、(b)「見せかけの派遣」に基づく職員は、その給料や報酬の大半を自国政府に渡すことを余儀なくされていたこと、(c)「見せかけの派遣」に基づく職員は、国連での勤務の前には自国政府での勤務に就いていたこともなく、国連での勤務を終えて自国に戻った後も、就くべき政府の職など用意されていなかったこと、(d)言語職は、通常の採用および配属手続を通じて埋められることがなく、「見せかけの派遣」に基づく職員がローテーションで勤務するよう確保されていたこと、(e)「見せかけの派遣」に基づく職員のうち多くは、自分が「(見せかけの）派遣」に基づいていることを決して有意義な方法では知らされることなどなかったこと。また、このような「見せかけの派遣」に関するすべての慣行は、憲章一〇〇条および一〇一条違反であり、国際公務員制度の独立を損なうものであり、かつ、国籍にかかわらないすべての職員の平等取扱いの原則を侵すものであると述べられている。*Ibid.*, paras. 20-21. また、これと類似した指摘が、国際司法裁判所のヤキメッツ事件における小田裁判官の個別意見にも見受けられる。同裁判官は、派遣そのものを問題にし、政府がしばしば職員を、その国連勤務終了後の本国でのポストを何ら保証せずに送り出していることに触れ、そのような派遣とは、ある者が自国政府から推薦され（recommended）て国連で任用されるということとほとんど同義になってしまうと述べる。Application for Review of Judgement No. 333 of the United Nations Administrative Tribunal（Advisory Opinion of 27 May 1987), *ICJ Reports* 1987, pp. 95-96.

(98) 国連事務局職員代表の見解に見られる用語。A/ C. 5/ 46/ 21, para. 19. 前掲注（96）参照。行政裁判所では、「真正な派遣」という語が用いられたり（たとえば、チュウ、ジョウおよびヤオ事件判決（439-501 *JUNAT*, Judgement No. 482（Qiu, Zhou and Yao v. Secretary General of the UN, 25/ Nov./ 1990), p. 454, para. XXIII)）、「有効な派遣（valid secondment(s)）」の語で表されている（たとえば、ヴィトコフスキおよびリルコフ事件判決(502-566 *JUNAT*, Judgement No. 559(Vitkovski and Rylkov v. Secretary General of the UN, 30/ Jun./ 1992), p. 548, para. V))。

(99) 国連事務局職員代表の側からも、国連事務局の歴史の中で、初めて国際公務員に対する無差別取扱原則と、「派遣された（この「派遣」は、「見せかけの派遣」を指す［著者注］）」職員個人の権利とが尊重されるようになったと評価されている。A/ C. 5/ 46/ 21, para. 23.

(100) 改正職員規則および細則において、特に問題であると思われるのは、派遣の期限に定めのないことである。すでに前章で見た通り、派遣は二年という限られた期間でのみ認められるとの準備委員会での当初の理解があったはずである。長期にわたって派遣職員が機構内に存在し続けることは、派遣制度自体の意義と相容れず、憲章上の関連諸規定の趣旨および目的にも反すると思われる。

(101) AT/ DEC/ 763（Stepanenko v. Secretary General of the IMO, 26/ Jul./ 1996).

(102) *Ibid.*, para. III.

(103) *Ibid.*, para. IV.

(104) もっとも、ここで、ＩＭＯの事務局長が、申立人の任期終了後、彼の占めている職の募集をしなかったが、もし、そのように募集しており、申立人が改めてその職に申請をしていたなら、派遣や政府の同意に関係なく、申立人に十分かつ公平な考慮が付与されたということになっていただろうと裁判所は述べる。しかし、ＩＭＯ事務局長は、申立人の占めていた職を派遣に基づく職員で埋めていくことが機構の利益にかなっていると判断していたことから、募集をしないという決定は事務局長の裁量事項であるので、裁判所は、結局、申立人には任用更新を受ける権利がなく、その職に応募しそれを考慮してもらう権利もないと判断している（*Ibid.*, para. V）。この点には、行政裁量に対する司法統制の限界が見られる。

第二章　国際行政裁判所の裁判制度

前章に見たように、国際公務員の法的地位は、その独立した地位と任務の国際的性質に特徴づけられる。このような法的地位を有する国際公務員の身分保障はいかにして実現されるのであろうか。国際機構と国際公務員との間に国際公務員を規律する特別な法があり、それが国家権力の介入を排除した法状況を創設している。さらに、その法を解釈・適用し、国際公務員の提起する紛争を解決するために、国際機構には行政裁判所（以下、国際機構に設けられた行政裁判所その他の司法的機関を総称して、「国際行政裁判所」とする）[1]が設けられている。従って、ここでは、国際行政裁判所の法的地位を、とりわけ国際機構による行政裁判所設置権限という観点から検討し、その後、実際に設けられた主な国際行政裁判所を概観しておくことにする。

第一節　国際行政裁判所の法的地位

国際行政裁判所の法的地位はいかなるものか。とりわけここでの関心は、国際機構における行政裁判所の位置づけと、国際機構が行政裁判所を設置する権限の法的根拠にある。この問題を探るため、かつて、国際司法裁判所が提出した国連行政裁判所の補償裁定に関する勧告的意見[2]での議論を中心に見ていくことにする。

一九五〇年代初頭に、国連事務総長は、反共主義政策をとるアメリカ政府から圧力を受け、多くのアメリカ人国連職員を解任した。解任された職員は国連行政裁判所に提訴し、その二一件のうち一一件が勝訴した。これらの事件により、一九五三年に行政裁判所が裁定した金銭賠償額を賄うため、国連総会の第八会期では、一七九、四二〇ドルの追加支出が要請された。しかし、国連総会第五委員会では、当該支出に不満であったアメリカをはじめ各国代表がそれぞれの意を表したため議論は紛糾し、結局、国際司法裁判所の勧告的意見を要請することとなった。総会の諮問は、「㈠国連行政裁判所規程ならびに他の関連文書および関連記録に鑑み、総会は、何らかの根拠に基づいて、行政裁判所が、自己の同意なく解任された国連職員に対して有利に下した金銭賠償額の裁定の履行を拒否する権利を有するか。㈡諮問㈠に対する国際司法裁判所の回答が肯定的である場合、総会がその権利を合法に行使し得る主要な根拠は何か」であった。

まず、国際司法裁判所は、国連行政裁判所規程の関連規定の検討から、行政裁判所が勧告的機関や単なる総会の補助委員会ではなく、最終的判決を下す独立した真の司法的機関であることを確認した。紛争当事者は、職員と、事務総長によって代表される国連であるから、この両者が判決によって拘束される。従って、国連の一機関である総会も右判決に拘束されると国際司法裁判所は判断した。

さらに、国連総会による行政裁判所の設置権限について議論が及んだ。国連憲章上、司法的機関の設置に関する明示規定はない。しかし、国際司法裁判所は、一九四九年の国連損害賠償事件(3)において、「国際法のもとで、機構は、憲章中に明確に規定されていないものの、必然的推断により（by necessary implication）、その任務の遂行に不可欠なものとして、付与される権能を有していると見なされなければならない」と述べたことを引用し、職員と機構との間の関係に関する憲章規定は、任用契約から生じる紛争を裁くための司法裁判所を設ける権限を含んでいるかを検討した。憲章一五章のもとで、事務局は事務総長と職員から成る。事務総長は、安全保障理事会の勧告によって総会の任命する「機構の行政職員の長」であり、職員は、「総会が設ける規則に従って事務総長」が任命する（憲章一〇一条一項）。憲章一〇一条三項の文言においては、「職員の雇用及び勤務条件の決定に当って最も考慮すべきことは、最高水準の能率、能力及び誠実を確保しなければならないことである。」機構と職員との間の任用契約は、任命書に含まれ、各任用は、時に応じて改正され得る職員規則および職員細則に規定された条件に服する。事務局が組織されたとき、職員と機構との間の関係は、複雑な法規則より規律されることとなった。この法規則は、職員の基本的権利義務を定めた、総会の制定する職員規則と、その職員規則を実施するために事務総長が作成する職員細則から成った。職員の権利および義務に関して機構と職員との間の紛争が生じることは避けられないことであった。憲章は、国連のいずれの主要機関にもこれらの紛争を裁く権限を付与する規定を含んではおらず、一〇五条は、国連のために国内裁判所における裁判権免除を確保している。機構と職員との間に生じ得る紛争解決のために、機構の職員に対して何らの司法的または仲裁的救済も与えないことは、個人のために自由と正義を促進するという憲章に明示された目的とこの目的を促進しようとする国連の不断の任務とは、ほとんど相容れない。

このような事情に鑑みて、国際司法裁判所は、総会が機構と職員の両者に対して裁判を行うために裁判所を設置する権限は、事務局の能率的な作業を確保しかつ最高水準の能率、能力および誠実の確保を最も考慮するためには不可欠であるとする。従って、行政裁判所の設置権限は、国連憲章から必然的真意によって（by necessary intendment）生じており、憲章七条二項、二二条および一〇一条一項により、総会が行政裁判所の設置権限を行使することができる。

他方、総会は、黙示的権能（implied power）によってさえ、総会自身を拘束する決定を行うことのできる裁判所を設置することはできないという議論があった。この点に関し、とりわけ、総会は行政裁判所の設置により、憲章一七条一項によって付与された自らの予算権限を失ってはならないという議論があったが、これに対して国際司法裁判所は、総会の予算権限には行政裁判所の裁定から生じる義務の実施を拒否する権限までは含まれないとした。また、行政裁判所の判決が上位機関である総会を拘束することはできないという議論もあったが、その問題は、行政裁判所が補助的、従属的または二次的な機関であるという関係やそれが総会によって設置されたという事実に基づくのではなく、行政裁判所を設置した総会の意思と行政裁判所規程によって付与された任務の性質に拠る。行政裁判所規程の文言から、総会は、司法的機関を設置しようとしたのであり、総会は、国連憲章のもとで行政裁判所設置の法的能力を有しているのである。

以上から、国際司法裁判所は、九対三で、諮問㈠を否定し、諮問㈡は検討する必要がないと結論づけた。

上に見たように、国際司法裁判所は、国連総会の有する行政裁判所設置権限の根拠を、憲章の必然的真意に基づかせた。このような考えに至った背景には、一九四九年の国連損害賠償事件での判断がある。国連が非加盟国に対して損害賠償請求を行うことができるか否かという問題と、国連の主要機関がその組織運営において司法的機関を設置できるか否かという問題とは、性質の異なる問題であるとはいえ、国際司法裁判所は、これら二つの意見により、いわゆる国際機構の黙示的権能の法理に先鞭をつけたといえる。

さて、国連行政裁判所の法的地位については、特に同裁判所が国連総会の補助機関であるか否かが重要な問題となる。上に見たように、一見すれば、憲章二二条に言及があることから、国際司法裁判所は国連行政裁判所を補助機関であると見ているようである。ところがこの意見をよく読むと、国際司法裁判所は、行政裁判所を憲章二二条に基づく総会の補助機関であるとは明確に述べていない。一般に、国際機構の一機関は、補助機関を設置し、自ら有する機能の一部を補助機関に委譲し得ると理解されている。[4] 裏を返すと、総会は、本来有していないはずの司法的機能を有する補助機関を設置することができないことになる。また、行政裁判所が総会の補助機関であることを強調し過ぎれば、ハックワース（G. H. Hackworth）裁判官が反対意見で批判したように、憲章のもとで全権を与えられた主要機関である総会が、下位にある行政裁判所の判断に拘束されるという非現実的な考えに至ってしまう。(5)これらの点から、国際司法裁判所は、憲章二二条には言及したものの、国連行政裁判所が国連総会の補助機関であると明言することを避けているように思える。他方、この一九五四年の勧告的意見の理解の仕方としては、逆に、憲章一五章に言及した部分を重視して、国連行政裁判所を国連総会の補助機関としない向きもある。(6)結局、これらの議論を通していえることは、行政裁判所判決の履行を総会が拒否できるか否かが、行政裁判所の法的地位の捉え方如何にかかっているということである。すなわち、行政裁判所を総会の補助機関と見るのであれば、総会は下位にある行政裁判所判決の履行を拒否できるということになり、行政裁判所が総会の補助機関でないのであれば、それを拒否できないということになる。

思うに、憲章二二条には、「総会は、その任務の遂行に必要と認める補助機関を設けることができる」とあるだけで、補助機関に関しては何ら詳細が定められていない。ここにいう「任務の遂行」とは憲章一五章の事務局に関する諸規定にいう職員の勤務関係を規律する総会の任務遂行のことであるから、総会は、その任務遂行のために、二二条に基づいて補助機関を設けたのである。この考えに対しては、総会は司法的機能を有していないから司法的機関を設置することができないという反論が考えられるものの、逆にいえば、もし司法的機関を設置しないことによって総会が任務を遂行できないのであれば、そちらの方がむしろ問題となろう。このように考えるならば、総会は、司法的機関であれ行政的機関であれ、職員の勤務関係を規律するという総会の任務遂行上、必要な補助機関を設けたと見ることは可能であろう。(7)このように考えた場合でも、上に見たハックワース裁判官のいうように、補助機関が主要機関である総会を拘束することはできないという議論が依然残る。しかし、ここで重要なことは、総会が、場合によってはその補助機関の決定に従わねばならないことこそが、翻って総会自身の任務遂行につながるのである。行政裁判所を設置しその司法判断に従うことにより、その結果として職員の身分保障を行うこと、このことこそが総会の任務なのであるから、国連総会が憲章二二条に基づき、憲章一五章で与えられた任務に必要な補助機関である国連行政裁判所を設置したと考えることは、十分に説得的であるように思われる。

このように、国連行政裁判所の例からいえば、行政裁判所は、必ずしも司法的機能を有してはいない機関によって設置されるものであるものの、その判断は、たとえ設置機関であってもそれを拘束し得る独立の司法的機関であるといえる。では、この行政裁判所はいかなる組織構造を有し、いかなる手続に基づいて与えられた任務を遂行しているのか。以下に、普遍的国際機構に設けられた主な行政裁判所——国連行政裁判所、ＩＬＯ行政裁判所、世銀行政裁判所およびＩＭＦ行政裁判所——について概観してみることにする。

第二節　国際行政裁判所概観

一　構　成

まず、裁判所の構成について、国連行政裁判所規程三条一項によれば、「裁判所は七人の裁判官で構成し、そのうちのいずれの二人も同一国の国民であってはならない。裁判官は、その本国の管轄内で、行政法又はそれと同等の分野において司法的経験を有する。いかなる事件においても三人の裁判官のみが出席する」と規定される。さらに、三名の裁判官は、いかなる事件においても、当該事件が重大な法律問題を生じると判断した場合、判決を下す前のいずれの時点においても、当該事件を五名から成る大法廷に付託することができる（同八条）。また、任期については、三条二項が「裁判官は、四年の任期で総会により任命され、一度再任されることができる」と定める。また、同条三項は、「裁判所は、裁判官のうちから、裁判所長（President）及び二人の裁判所次長（Vice-Presidents）を選挙する」としている。ＩＬＯ行政裁判所（ＩＬＯ行政裁判所規程三条一項および二項）は、任期三年の七名の裁判官によって構成される。同裁判所では、七名の裁判官のうち、一名の裁判所長と一名の裁判所次長が選ばれる（ＩＬＯ行政裁判所規則一条）。三名の裁判官が審理を行うが、例外的に、裁判所長の指名する五名の裁判官か、七名から成る全員法廷によって審理を行う（ＩＬＯ行政裁判所規程三条三項）。また、世銀行政裁判所においては、任期五年（一度のみ再任可）の七名の裁判官（世銀行政裁判所規程四条一項および三項）から一名の裁判所長と二名の裁判所次長が選ばれ（世銀行政裁判所規程六条一項）、審理を行う裁判官の定足数は五名である（世銀行政裁判所規程五条一項）。三名の裁判官から成るパネルにおいて審理することもできる（同条二項）。ＩＭＦ行政裁判所は、一名の裁判所長（president）、二名の副裁判官（associate members）および二名の代理裁判官（alternates）の五名から成り、任期はいずれも二年である（ＩＭＦ行政裁判所規程七条一項(a)および(b)）。裁判を行うのは、原則として裁判官と副裁判官の三名である（同条四項）。

以上のように、裁判所の構成については、裁判所ごとに若干の相違は見られるものの、大まかには、五名から七名の裁判官がおり、そのうち最低でも三名が審理に当たることになっていることがわかる。

二　管　轄

次に、行政裁判所の管轄について見てみることにする。

(一)　人的管轄

まず、人的管轄について、国連行政裁判所規程二条一項は、「裁判所は、国際連合の事務局の職員（staff

members）の任用契約または任用条件の不履行を主張する申立てに基づいて、これを審理し、かつ判決を行う権限を有する。『契約』及び『任用条件』には、主張された不履行があったときに有効であった、職員年金規則を含むすべての関連規則及び細則を含む」と定める。このように、国連行政裁判所を利用できるのは、原則として、国連事務局の職員であるといえる。ただし、一四条一項によれば、「裁判所の管轄権は、国際連合事務総長と国際司法裁判所所長、国際海洋法裁判所所長及び国際海底機構事務総長との間で交わされた、それぞれの関連条件を設定する交換書簡に基づいて、国際司法裁判所書記局職員並びに国際海底機構職員に拡大されている。」また、同条二項によれば、「裁判所の管轄権は、憲章第五七条及び第六三条の規定に従って国際連合と連携関係をもたされる専門機関に対して、国際連合事務総長が各専門機関と結ぶ特別協定により設定される条件に基づいて、及ぼすことができる。この特別協定は、それぞれ、当該機関が裁判所の判決に拘束されること、及び、当該機関の職員に関して裁判所が裁定するいかなる賠償の支払についても責任を負うことを規定するものとし、また、特に、裁判所の任務遂行のための行政的取極に当該機関が参加すること、及び裁判所の費用を当該機関が分担することに関する規定を含まなければならない。」さらに、同条四項によれば、「裁判所の管轄権はまた、条約により設立された他の国際機関又は団体で勤務条件に関する共通制度に加盟するものに対しても、当該国際機関又は団体と国際連合事務総長との間の特別協定に定める条件に基づいて、及ぼすことができる。この特別協定はそれぞれ、当該国際機関又は団体が裁判所の判決に拘束されること、及び、当該機関又は団体の職員に関して裁判所が裁定するいかなる賠償の支払についても責任を負うことを規定するものとし、また、特に、裁判所の任務遂行のための行政的取極に当該機関又は団体が参加すること、及び裁判所の費用を当該機関又は団体が分担することに関する規定を含まなければならない。」これらの規定に従って、今日では、国連事務局をはじめ、国連基金計画、地域委員会、国際司法裁判所書記局および国連合同職員年金基金といった国連関係機関以外に、国際海事機関（ＩＭＯ）、国際民間航空機関（ＩＣＡＯ）、国際海洋法裁判所（ＩＴＬＯＳ）書記局および国際海底機構（ＩＳＡ）が国連行政裁判所の管轄権を認めている。(9)

ＩＬＯ行政裁判所においても、基本的には、ＩＬＯ行政裁判所規程二条一項が定めるように、同裁判所の管轄権は、国際労働事務局の職員（officials）に及ぶこととされる。しかし、ＩＬＯ行政裁判所規程二条五項はまた、「附属書」に設定した基準を満たす他の国際機構（international organization）の職員の任用条件および職員規則の規定の不履行を主張する不服申立てを審理する権限も有している。この附属書には、ＩＬＯ行政裁判所規程二条五項に従って、ＩＬＯ行政裁判所の管轄権を認める資格を有するためには、国際機構がその性質において政府間のものであるか、次に掲げる条件を満たさなければならないとされる。すなわち、当該機構が、(a)加盟資格、構造および活動範囲に関して、明らかに国際的な性質を有していること、(b)職員との関係において、いかなる国内法の適用も求められてはならず、本部所在地国と締結した本部協定によって明示された法的手続からの免除を享有すること、(c)国際的に永続性を有する任務を付与されており、かつ、ＩＬＯ理事会が、当該機構の任務を遂行するための制度的能力があると十分保証するとともに、ＩＬＯ行政裁判所判決の履行を保証するもの、とされる。このように、ＩＬＯ行政裁判所の管轄権を受諾することができるのは、政府間国際機構である必要はない。この規定に基づき、実際に、実に多くの政府間国際機構や国際団体が同裁判所の管轄権を認めている。(10)

世銀行政裁判所は、世銀のみならず、世銀グループ（Bank Group）の職員（member of the staff）の申立てを審理し判決を下す（世銀行政裁判所規程二条一項）。もっとも、世銀は、他の国際機構との間で、当該国際機構の職員が世銀行政裁判所に申立てを行うための協定を結ぶことができる。その協定には、当該国際機構が世銀行政裁判所判決によって拘束されることと、当該機構の職員に関して世銀行政裁判所が裁定したいかなる賠償額の支払にも責任を負うことが規定されなければならない。また、右の協定には、当該機構が世銀行政裁判所の運営のための行政取極に参加しかつ世銀行政裁判所の経費を分担することが定められなければならない（世銀行政裁判所規程一五条）。以上より、世銀行政裁判所は、原則として世銀グループの職員に開放されているが、他の国際機構との協定により、当該機構の職員にも利用可能であることがわかる。

ＩＭＦ行政裁判所も、職員（member of the staff）の申立てに関して判決を下す権限を有している（ＩＭＦ行政裁判所規程二条一項(a)）。ＩＭＦ行政裁判所も、他の行政裁判所同様、他の国際機構と協定を結ぶことにより、その管轄権を拡大することができる（ＩＭＦ行政裁判所規程二一条）。

以上に見たように、今日、普遍的国際機構に設けられた国際行政裁判所は、原則として、裁判所が設置されている機構の職員[11]の訴訟を扱うこととされている一方で、他の国際機構（のみならず、その他の国際団体）に対しても、管轄権が拡大され得ることがわかった。このことから、以上に見た四つの国際行政裁判所だけでも、実に多くの国際機構の職員の身分保障がなされ得るといえよう。

最後に、事務局の長が行政裁判所手続を利用できるのか。一般に、国際公務員の身分保障の問題とは、任命権者である事務局の長とその任命を受ける職員との間で、職員が機構の代表たる事務局の長を相手取って権利の救済を図るというのが基本的な構図である。では、事務局の長の身分保障のために、行政裁判所は用いられ得ないのか。

このような問題は、極めて稀であるものの、最近、ＩＬＯ行政裁判所のブスターニ（Bustani）事件[12]で扱われることとなった。本件原告であるブスターニは、一九九七年五月一三日に四年間の任期で、執行理事会の勧告に基づく締約国会議の決定により、化学兵器禁止機関（以下、ＯＰＣＷ）技術事務局の事務局長に任命された。二〇〇〇年五月一九日に、締約国会議は、執行理事会の勧告に基づいて、彼の再任（任期四年間）を決定した。ところが、二〇〇二年三月二一日の執行理事会第二八会期において、アメリカ政府から事務局長の辞職を求める不信任の動議が持ち上がった。ここではこの動議は可決されなかった。しかし、その後、同じくアメリカ政府が、今度は締約国会議の特別会期を招集し、同年四月二二日に事務局長の任期終了を決定した。この決定を不服としたブスターニ事務局長は、機構を相手取り、当該締約国会議決定の取消しと有形的損害および精神的損害の賠償を求めてＩＬＯ行政裁判所に提訴したのである。

ＩＬＯ行政裁判所の前でのいくつかの争点のうち、ここでは特に重要と思われる人的管轄の問題に絞って見てみよう。まず、ＯＰＣＷ職員規則一一・一には、職員（staff members）が、関連する職員規則および細則を含む任用条件の不履行を主張する行政決定および懲戒処分に対して、内部行政手続としての訴願を行う権利を有し、一一・三には、職員が当該訴願をＩＬＯ行政裁判所で争い得ることが定められている。また、ＩＬＯ行政裁判所規程二条五項は、すでに見た通り、同裁判所が附属書に設定した基準を満たすＩＬＯ以外の国際機構の職員（officials）の任用条件および職員規則の規定の不履行を主張する不服申立てを審理する権限も有すると規定する。被告である機構側は、原告である事務局長が職員規則にいう「職員（staff members）」ではないとし、他方、原告は、自分が裁判所規程にいう「職員（officials）」に該当すると主張した。従って、ここでは、事務局長がこれらの規定にいう「職員（staff members/ officials）」に該当するか否かが争点となったのである。

裁判所は、まず事務局長が“officials”に該当するか否かについて、ＯＰＣＷとオランダとの間の本部協定にいう“officials”には、事務局長を含むすべてのＯＰＣＷ技術事務局（Technical Secretariat）の職員（members of the staff）が含まれると明確に定められているという。もちろん本部協定は、被告も指摘するように、裁判所の管轄権に何らの効力も有していない。しかし、本部協定が署名されたときに、“officials”という語は、標準的な用語法において、事務局長を含むものと機構が考えていたという事実は残っている。よって、裁判所は、裁判所規程の規定に従い、その“official”に関する紛争について管轄権を有すると考えなければならないとした。

では、本件原告は、職員規則にいう“staff members”にも該当するのであろうか。被告側の主張によれば、職員規則一・二が、“staff members”は事務局長の権限に服し、かつ、その任務遂行において、事務局長に対して責任を負うこと、また、事務局長によって設定された職員細則は、事務局長によって任命された“staff members”に適用されることを明確に定めている。つまり、職員細則〇・〇・一にもあるように、職員細則は、事務局長自身を除外しているというのである。しかし、この主張に対して、裁判所は、次のように述べる。すなわち、事務局長は、技術事務局の長として、権限ある当局によって任命される。この権限ある当局は、機構の職員規則および暫定職員細則に従って、事務局長の給与条件を設定し、かつ、技術事務局の他の上級職員と同様に、事務局長に付与される便益を定めるのである。さらに、化学兵器禁止条約八条四六項には、「事務局長及び査察員その他の職員は、その任務の遂行に当たって、いかなる政府からも又は機関外のいかなるところからも指示を求め又は受けてはならない。これらの者は、会議及び執行理事会に対してのみ責任を有する国際公務員（international officers）としての立場に影響を及ぼすおそれのあるいかなる行動も慎まなければならない」とある。これにより、事務局長は、他の“staff members”と同様、明らかに国際公務員（international civil servant）としての地位を有するものと思われる。従って、裁判所の管轄を認める機構の目的および職員による裁判所への付託を定める職員細則一一・三・〇一(a)の目的のいずれにおいても、事務局長は、“staff member”と見なされなければならない、とＩＬＯ行政裁判所は結論づけた。

これに対して、さらに被告は、ＯＰＣＷの事務局長に関する特別な問題について、裁判所の管轄の基礎となる文書に明確な規定がない以上、裁判所の管轄権を認める明示規定が必要だという。現に、ＵＮＥＳＣＯでは、事務局長を含む紛争に関してＩＬＯ行政裁判所の管轄に紛争を付託することを定める規定が制定法上も契約上もないことから、そのような条項を機構と事務局長との間の契約に挿入することが一九九九年に決定されたことにも触れた。しかし、裁判所は、裁判所規程が、いかなる意味においても、事務局長によって付託されたその任用の継続に関する不服申立てについて判断を下す裁判所の管轄を排除してはいないと述べた。職員による申立てを規律する手続規則は事務局長の付託する事件には馴染まないように見えるが、そのことによって、事務局長が国際公務員として裁判所の前に立つ権利を奪われることはないと裁判所は判断したのである。[13]

結局、管轄権が設定され、裁判所は本案審理に入った。裁判所によれば、事務局長の懲戒処分（dismissal）としか表現しようのない措置を告知するに付された理由がきわめて曖昧であるという。確かに、ＯＰＣＷのアメリカ常駐代表は、二〇〇二年二月二八日に事務局長の管理運営に関する自国政府からの批判を事務局長本人に告げ、辞職を求めた。アメリカ政府が指摘してきた、事務総長による杜撰な会計管理、透明性の放棄、職員士気の破壊、怠慢、および、総じて締約国の事務局長に対する信用の失墜という告発に基づいて、締約国会議は処分の決定を行ったのである。しかし、当該決定は、技術事務局事務局長への信頼の欠如によって危機に晒された機構および条約の維持ならびに実効的な任務遂行のために、締約国会議が行動するとされていることを示したに過ぎない。投票に付された動議は、事務局長の行動と管理運営が機構に対して与えた危険以外の何物に基づくものでもなく、純粋に不信任の動議なのである。[14]

すべての国際行政裁判所の確立された判例法に従って、ＩＬＯ行政裁判所は、国際公務員の独立が、国際公務員にとってのみならず国際機構の適切な任務遂行にとって不可欠の保障であることを確認する。任命権を付与えられた当局（締約国会議）が、自由裁量で解任できると認めることは、職員を圧力や政治的変更を受けやすくすることになり、国際機構の活動の基礎となる原則の容認できない違反を構成する。事務局長に対するこの種の処分は、重大な非行の場合に例外的に正当化され得るという可能性も排除できないものの、懲罰的性質を有するこのような処分は、独立しかつ公平な機関の前で個人に自らの立場を実効的に防禦することができるようにする適正手続の原則に十分に従ってのみなされ得る。本件で申立人は何らの手続的保障も与えられず、また、本件の事情に鑑みれば、申立人には、当該解任処分が任用契約条件の違反でありかつ国際公務員法の一般原則に反するものと主張するに十分な根拠があったとし、ＩＬＯ行政裁判所は、当該処分決定の取消しと、有形的損害および精神的損害の賠償支払いを決定したのである(15)。

このように、ＩＬＯ行政裁判所の前で争われたブスターニ事件では、ＯＰＣＷ事務局長の提訴が受理された。本件の場合、事務局長の任用契約において、勤務関係上の紛争解決機関として、ＩＬＯ行政裁判所を利用できるという明示規定もなければ、職員諸規則や行政裁判所規程のいずれにもそのような規定はなかった。従って、裁判所は、事務局長が裁判所規程上の“officials”や職員諸規則上の“staff members”と見なされ得ると説明するのに腐心した。つまり、裁判所は、ＯＰＣＷが、事務局長の勤務関係上の紛争解決機関として、ＩＬＯ行政裁判所を用いる意思があったかどうかを検討したのである。そのため、事務局長が職員諸規則上の「職員（staff members/ officials）」に含まれるのかが争点となったのである。この意味において、裁判所が、ＯＰＣＷとオランダ政府との間の本部協定において、当時から機構は“officials”に事務局長も含まれるものと考えていたことや、他の“staff members”と同様、明らかに国際公務員としての地位を有することから、事務局長もＯＰＣＷ職員に含まれることを結論づけたことは、その検討が十分であったか否かという点は脇へ置いたとしても、ひとまず理解できる(16)。

ただし、機構自身が、事務局の長に関する紛争解決に、行政裁判所を用いることを意図していなかったか、あるいは、その意図を立証できなかった場合はどうであろうか。すなわち、ここで考えるべきは、一般論として、行政裁判所が果たして事務局長に関する勤務関係上の紛争を解決するための機関としてふさわしいかどうか、という点である。かつて、ＩＬＯ行政裁判所の前身であった国際連盟行政裁判所が設立されたとき、連盟総会第四委員会の委員長は、「行政裁判所創設の問題は極めて興味深い提案である。というのも、国際連盟は国際関係における正義を改善することを目指しているのであるから、国際連盟事務総長および国際労働事務局事務局長と、その部下（subordinates）との間においても、正義の支配を確立しなければならない」と述べた[17]。この言葉に代表されるように、連盟行政裁判所は、その設立当初から、事務総（局）長とその部下との間の紛争を解決する機関であるという認識されていたのではなかろうか。

後に詳しく見るように、一般に、職員の任命権者は事務局の長であり、任用契約は事務局の長と職員との間で結ばれる。他方、事務局の長の任命は、複数の主要機関が関与する厳格な手続でなされる。たとえば、国連では、安保理の勧告に基づいて、総会が任命する（国連憲章九七条）。上に見たＯＰＣＷにおいても同様で、事務局長は、執行理事会の勧告に基づき四年の任期で会議が任命する（化学兵器禁止条約八条四三項）。ブスターニ事件では、事務局長の解任を締約国会議が決めたように、事務局長の任免は加盟国代表から成る主要機関によってなされ得る。

行政裁判所が事務局の長の任免につき判断を下すということは、すなわち、主要機関が行った決定の適否を判断するということになる。では、行政裁判所は、国際機構の主要機関の決定を判断する権限までも与えられた司法的機関なのであろうか。たとえば、国連においては、総会や安保理の決定に判断を下し得る司法的機関は国際司法裁判所なのであり、国連行政裁判所ではない。すでに引用した連盟総会第四委員会の委員長の言葉に見られるように、やはり、一般論としては、行政裁判所は、事務局の長と事務局職員との間の紛争を解決する機関であると見るのが妥当なのではなかろうか。

ここで取り上げたブスターニ事件で、ＩＬＯ行政裁判所は、このような一般論に議論を移すのではなく、あくまでも、ＯＰＣＷが、事務局長の勤務関係上の紛争解決機関としてＩＬＯ行政裁判所を用いる意図を有していたか否かを問題にした。機構自身が事務局長関係の紛争について行政裁判所の判断に従うことに合意していたのであれば、当然、問題はないのである。従って、この限りにおいて、本件の判断の道筋は先述のように「ひとまず理解できる」ということになろう。ブスターニ事件判決は、あくまでも、当初からＯＰＣＷが事務局長の身分保障のための機関としてＩＬＯ行政裁判所を指定していたことを判示したに過ぎず、これを一般化して、国際機構の事務局の長が、国際行政裁判所に提訴し自らの権利救済を図ることができると考えることはできないのである。

国際機構には、機構の行為の違法性を認定するためのしくみが幾層にも設けられているのであり、それぞれのレベルに応じた認定機関を適切に利用することが、設立文書を頂点とする国際機構の法秩序を維持していく上でも必要なことではないかと思われる。国際行政裁判所にとっては、自らに与えられた守備範囲をしっかりと守っていくことこそが重要なのである。

(二)　事項的管轄

次に、事項的管轄について見てみよう。国連行政裁判所は、「国際連合の事務局の職員の任用契約又は任用条件の不履行を主張する申立てに基づいて、これを審理し、かつ判決を行う権限を有する（国連行政裁判所規程二条一項）。」ＩＬＯ行政裁判所も、「国際労働事務局の職員の任用条件及び当該主張に適用可能な職員規則の規定の、実体又は手続における不履行を主張する不服申立てを審理する権限を有する（ＩＬＯ行政裁判所規程二条一項)。」世銀行政裁判所も、「裁判所は、世銀グループの職員がその任用契約又は任用条件の不履行を主張するいかなる申立てに基づいても、これを審理し、かつ判決を行う（世銀行政裁判所規程二条一項)。」ＩＭＦ行政裁判所は、「次のいかなる申立てに基づいても、判決を行う。(a)職員が、自己に不利益をもたらす行政行為の合法性を争う申立て。(b)任用者たる基金の実施する退職その他の給付計画への入会者又はその下での受給者が、自己に不利益をもたらすそれらの計画に関するか又はその計画の下で生じる行政行為の合法性を争う申立て（ＩＭＦ行政裁判所規程二条一項)。」

このように、規定の仕方には若干の差異は見受けられるものの、基本的には、職員が自己に法的に認められた権利を行政側の行為によって侵害された場合に行う不服申立てについて、行政裁判所は管轄を有するといえる。

三　訴訟手続

行政裁判所の訴訟手続は、申立てが書面により提出されることによって開始される（国連行政裁判所規則七条、ＩＬＯ行政裁判所規則六条、世銀行政裁判所規則七およびＩＭＦ行政裁判所手続規則七)。[18]ただし、国連行政裁判所においては、行政法上の訴願前置主義に似た建前がとられている。機構側の処分に不服な職員は、行政裁判所に紛争を付託する前に、合同訴願委員会（Joint Appeals Board）という行政機関の手続を通じなければならない。国連行政裁判所規程七条一項は、「申立ては、関係当事者があらかじめ紛争を職員規則に定める合同訴願機関（joint appeals body）に提出し、同機関がその意見を事務総長に伝達した後でなければ、受理することはできない。但し、事務総長と申立人が当該申立てを直接に行政裁判所に提出することに合意する場合は、この限りではない」と規定する。この訴願のための機関に関して、国連職員規則一一・一によれば、「事務総長は、職員が、行政決定に対して、すべての関係規則及び細則を含む任用条件の不履行を主張する申立てを行う場合に、事務総長に助言するための職員の参加する行政機関を設置しなければならない」とある。この合同訴願委員会は、ニューヨーク、ジュネーヴ、ウィーン、ナイロビ、その他、職員規則一一・一の条件の下で登録された申立てを検討しかつ当該申立てに関して事務総長に助言を行うために、事務総長が指定し得る勤務地に設置される（職員細則一一一・一(a)）。この委員会は、職員代表機関に関する合同職員機構（joint-staff management machinery）が選出し事務総長が任命する複数の委員長と、事務総長が選出する複数の委員および委員会の管轄の下にある職員がくじで選出する同数の委員から成る。委員長と委員の人数は、合同職員機構の勧告に基づき事務総長が決定する（同(b)）。委員長と委員の任期は二年であり、再任も可能である（同(c)）。各審査は、右の複数の委員長の中から選ばれる一名の委員長と、事務総長によって選ばれる一名の委員および職員から選ばれる一名の委員の計三名から成るパネルで行われる（職員細則一一一・二(e)(i)）。

職員規則一一・一に従い、行政決定に対して訴願を行う職員は、まず、行政決定の再検討を要請する書簡を事務総長に送付しなければならない。当該職員は、事務総長の回答を待って一カ月以内に訴願を行うか、または、ニューヨーク勤務の職員は一カ月以内（それ以外の勤務地にいる職員は二カ月以内）に事務総長からの回答がない場合には、その期日から一カ月以内に訴願を行うことができる（職員細則一一一・二(a)）。委員会のパネルは、訴願の審査が終わった後一カ月以内に、事務総長への報告書を多数決で採択し、それを提出する（同(n)）。訴願に関する最終決定は、通常、パネルの報告書が提出されてから一カ月以内に、事務総長が行う（同(p)）。

これらの手続を経て、行政裁判所への提訴がなされることになる。先に見た合同訴願委員会の報告書による勧告が、提出された申立てに有利である場合には、裁判所に対する申立ては、(a)事務総長が勧告を拒否した場合、(b)事務総長が意見の伝達から三〇日以内にいかなる行動もとらなかった場合、および(c)事務総長が意見の伝達から三〇日以内に勧告を実施しなかった場合に、それぞれ受理される（国連行政裁判所規程七条二項）。また、合同訴願委員会が行いかつ事務総長が受諾した勧告が、申立人に不利な場合には、申立ては、合同訴願委員会が全員一致で当該申立てをとるに足りないものであると判断する場合を除くほか、受理される（同条三項）。このように、国連行政裁判所の訴訟手続については、事前に合同訴願委員会を通じた行政的手続を踏まなければならない仕組みになっていることがわかる。ここでは国連行政裁判所についてのみ詳しく見たが、他の行政裁判所においても、裁判所での訴訟手続開始の前に、他の利用可能な救済措置を完了することが求められている（ＩＬＯ行政裁判所規程七条一項、世銀行政裁判所規程二条二項(i)およびＩＭＦ行政裁判所規程五条）。

最後に、国際行政裁判所における審理は、書面による手続以外にも口頭手続がある。ＩＬＯ行政裁判所においては、口頭手続が必ずなされることになっている（ＩＬＯ行政裁判所規則一二条三項）が、それ以外の裁判所では、必要に応じてなされ得る（国連行政裁判所規則一五条、世銀行政裁判所規則一七およびＩＭＦ行政裁判所手続規則一三）。

四　判　決

国際行政裁判所は、審理の結果、多数決によって判決を下す(19)。判決は終結とし、上訴を許さない（国連行政裁判所規程一一条一項および二項、ＩＬＯ行政裁判所規程六条一項、世銀行政裁判所規程一〇条および一一条一項ならびにＩＭＦ行政裁判所規程一三条一項および二項）。裁判所は、申立てを正当な理由あるものと認めた場合には、決定の取消しや義務の具体的履行のような必要な措置を命じる。また、申立人が損害を被った場合、損害賠償額を裁定する（国連行政裁判所規程一〇条、ＩＬＯ行政裁判所規程八条、世銀行政裁判所規程一二条およびＩＭＦ行政裁判所規程一四条)。

五　判決審査手続

国際行政裁判所の訴訟手続において、看過できない問題として、判決審査手続の問題がある。ここでは、特に、今日まで問題とされてきた国連行政裁判所における手続を見ておくことにする。

(一)　問題の所在

国連行政裁判所が設立されて以来、五〇年以上が経過した[20]。この間、同裁判所規程は幾度か改正を経てきた[21]。とりわけ裁判所の手続上注目されるのは、一九五五年の改正により、ＩＬＯ行政裁判所と同様[22]、国連行政裁判所においても、同裁判所判決の審査手続が裁判所規程一一条として導入されたことである[23]。同一一条一項は、次のように規定する。

「加盟国、事務総長又は裁判所による判決が下された職員（当該個人の死亡によりその権利を相続したいかなる者をも含む）は、裁判所がその管轄権若しくは権限を踰越したこと、裁判所が与えられた管轄権の行使を怠ったこと、国際連合憲章の規定に関連する法律問題についての判断を誤ったこと又は裁判の瑕疵（failure of justice）を生じるような手続上の基本的な誤りを犯したことを理由として、判決に不服を申立てる場合、当該加盟国、事務総長又は個人は、判決の日から三〇日以内に、本条第四項によって設置される委員会に対し、この問題について国際司法裁判所の勧告的意見を要請することを求めて書面による請求を行うことができる。」

また、ここで言及された同条四項は次のように述べる。

「本条の目的のために、委員会を設置し、これに憲章九六条二項に基づいて、国際司法裁判所の勧告的意見を要請する権限を与える。委員会は、総会の最近の通常会期の一般委員会に代表を派遣している加盟国で構成する。委員会は、国際連合の本部で会合し、その規則を定める。」

つまり、この一一条により、加盟国、事務総長または職員は、特別に設置される委員会（以下、「行政裁判所判決審査請求委員会（Committee on Application for Review of Administrative Tribunal Judgements）」または単に「審査請求委員会」とする）を通じて、行政裁判所判決の不服を国際司法裁判所に申立て、その勧告的意見を請求できるのである。これは、上訴に類した手続である。[24]

この手続（以下、「一一条手続」とする）に基づく請求に対して、国際司法裁判所は三度の勧告的意見を出した。[25] このようにごく限られた回数の利用であったが、同手続に対しては、後に見るようにいくつかの問題点を指摘する声が聞かれた。近年になり、このような声が国連総会の場でも大きくなり、結局、行政裁判所規程一一条は、一九九五年一二月一一日の総会決議（五〇／五四）で、正式に削除されることが決定された。これをもって、一一条手続は廃止されたのである。

ところで、かつて太寿堂鼎は、国際司法裁判所が実質的には行政裁判所の上訴裁判所としての機能を果たすことを認めた上で、「国際裁判においては、まだ上訴の制度は一般化していない。しかし、上訴は成熟した健全な司法制度に必要な手続であるというべきで、国際裁判においても、これを発展させなければならないと思われる[26]」と述べた。一一条手続が未だ利用されていない時点で、上訴に類した一一条手続は、健全な司法制度に必要な上訴手続の発展に向かう一つの過程として位置づけられていたのである。では、その後一九九〇年代中葉になって一一条手続が廃止されたことは、国連行政裁判所における裁判にとっていかなる意味を持つのか。あるいはまた、一一条手続の廃止により、健全な司法制度に必要な手続を欠いたことになるのか。あるいはまた、職員の身分保障という観点から見れば、職員が国連行政裁判所判決に不服である場合に、国際司法裁判所に審査を仰げるということは望ましいことであったはずである。では、一一条手続の廃止によって、職員の身分保障制度は後退したと簡単にいうことができるのであろうか。

これらの問いに答えるには、行政裁判所規程一一条の導入および削除の経緯を踏まえ、さらに、一一条手続の抱えていた問題点を仔細に検討する必要があるように思われる。従って、以下では、最近生じた一一条手続の廃止という問題が行政裁判所の訴訟手続および職員の身分保障制度においていかなる意味を持つのかを検討することにしたい。

(二)　一一条手続成立の経緯

一一条手続の導入は、一九五〇年代初頭に遡る。先述した通り、冷戦の深化に伴い、アメリカ国内での反共主義の風潮が高まるにつれ、いわゆる「マッカーシー旋風」が国連に勤務するアメリカ人職員にも波及し、アメリカ政府は、スパイ、破壊活動、政府転覆運動に従事するアメリカ人国連職員の摘発に乗り出した。その後、政府の圧力を受けた国連事務総長は、多くの国連職員を解任するに至った。これに対し、解任された職員は行政裁判所に提訴し、その件数は二一にも上った[27]。

一九五三年八月二一日に、行政裁判所は、このうち一一名の申立てを認め、勝訴した職員に対しては賠償額を裁定した。これを受けて事務総長は、第八総会に報告書を提出し、当該支払いのため一七九、四二〇ドルの追加支出を要請した[28]。行財政問題諮問委員会（Advisory Committee on Administrative and Budgetary Questions）はこの事務総長の要請を認めた[29]。しかし、第五委員会においては、アメリカ代表が当該支出に反意を表明したことをはじめとして、各国代表がそれぞれの意を表したことにより、議論は紛糾した[30]。結局第五委員会では、妥協案として国際司法裁判所の勧告的意見を求めることとなり[31]、これを受けた総会は、一九五三年一二月九日に、行政裁判所の行った賠償額裁定の履行を総会が何らかの理由で拒否する権利を有するか否かについて、国際司法裁判所に勧告的意見を要請することを決議した[32]。

一九五四年七月一三日に、国際司法裁判所は、行政裁判所が独立の司法的機関であり、総会はその履行を拒否する権利を有してはいないという意見を提出するに至った[33]。これを受けて総会は、第九会期において、同勧告的意見に従うことに合意したものの、行政裁判所判決の司法審査手続を設けることを決定し[34]、翌年、行政裁判所規程の改正を決定した結果、新たに一一条が挿入されることとなったのである[35]。

このように、五〇年代初頭の一連のアメリカ人国連職員の解任に端を発し、その解任事件に対して賠償金支払いを命じた国連行政裁判所判決の履行を契機として、裁判所規程一一条は導入された。以下に、同規定の起草過程においていかなる議論がなされたか、また、いかなる争点があったのかを詳しく考察してみることにする。

さて、一九五四年の総会第九会期では、国連行政裁判所判決の審査を原則として認め[36]、その手続設置の問題を検討するために一八カ国から成る特別委員会[37]（以下、混乱を避けるため、「審査手続検討委員会」とする）を成立させることが総会決議（八八八（Ⅸ））で決定された。これを受けて翌五五年四月四日に招集された同委員会は、同二一日までに計一二回の会合を持ち、最終的に、同年五月三一日の第一三回会合において裁判所規程一一条を起草し、これを総会に審議させるよう勧告する報告書（Report of the Special Committee on Review of Administrative Tribunal Judgements）を採択した[38]。

この報告書の採択に至るまでに、審査手続検討委員会では、特に、①審査の範囲がどうあるべきか、②審査の機関がどうあるべきか、および、③誰が審査を開始する権利を有しているのかという三つの主要な点について広く議論がなされた。①は、審査請求の根拠をどこまで認めるかという問題であった。すなわち、審査請求の根拠を、ＩＬＯ行政裁判所規程一二条[39]で定められたような行政裁判所による管轄権行使と手続上の誤りという二つの理由にとどめるのか、それ以外のものも認めるのかということであった(40)。②については、国際司法裁判所の勧告的意見を利用するか、行政裁判所判決審査のための特別な裁判所を設けるか、または、行政裁判所の中にパネルを設けるかという点で意見が分かれた(41)。③に関しては、行政裁判所の前での訴訟当事者である事務総長と職員が審査手続を開始する権利を有すべきことには委員の間でも広く合意があった。問題は、加盟国または加盟国が代表する総会の機関にその権利を認めるかということであった(42)。

このような争点を含みながら審議は進み、中国、イラク、パキスタン、イギリスおよびアメリカが一一条の原型となる共同草案(43)を提示した。この草案によれば、①の審査の範囲については、右のＩＬＯ行政裁判所の場合と同様の二つの理由、すなわち、行政裁判所がその管轄権または権限をこえたことと手続上の基本的な誤りを犯したこと以外に、国連憲章の規定に関連する法律問題についての判断を誤ったことを理由として行政裁判所判決の審査を争うことができることとされた。②の審査機関については、国際司法裁判所の勧告的意見を利用することが定められた。また、③の審査開始権者に関しては、事務総長と職員のみならず加盟国も判決に不服を申立てることができることとされ、その不服申立ての先が、国連憲章九六条二項の下で国際司法裁判所に勧告的意見を要請することを認められた特別の委員会（以下、「審査請求委員会」(44)とする）とされた。同委員会は、総会の最近の通常会期の一般委員会に代表を派遣している加盟国で構成される。さらに、その審査請求委員会が右の三者のうちいずれかからの請求を実質的な根拠があるかどうか決定し、国際司法裁判所に勧告的意見を要請するか否かを判断するものとされた(45)。

しかし、右の主要な争点については依然見解の一致が見られない中で、このような五カ国共同による草案の提出がなされたこともあり、これに対しては特にフランスが修正案(46)を提示した。フランスの修正案は、とりわけ③について大きな修正を施すものであった。この案によれば、まず、判決に不服を申立てることができる者のうち、「加盟国」の文言を削除すること、さらには、審査請求委員会の構成を、事務総長、国連職員、総会第五委員会の構成員、総会第六委員会の構成員、および、以上の四名により選出されるもう一名（この者が委員長となる）の計五名によることとされた(47)。この提案は、明らかに、行政裁判所判決の審査請求手続から、加盟国の影響力を排除しようとするものであった。しかし、このフランス修正案は、結局、審査手続検討委員会において多数の国の支持を得ることができず否決され(48)、先述の五カ国共同提案が、九対四（棄権四）で採択されたのである(49)。

その後、この草案を含む審査手続検討委員会の報告書は、一九五五年九月三〇日の総会第一〇会期における第五委員会での議論に移された(50)。ここでも、やはり右に述べた①、②および③の争点を中心に、この新しい手続の導入に賛成する国と反対する国とに意見が明確に分かれた。まず、賛成派は、前述①の審査の範囲について、挙げられた三つの請求理由を、基本的な性質を有しかつ司法上の利益において無視され得ないものとし、②の審査機関に関しては、国連憲章上の法律問題についての最終的な司法的判定機関として国際司法裁判所が適当であると考えた。また、③の審査開始権者に関しては、加盟国が、財政的な利益と同様、憲章および職員規則の適正な適用を確保することに正当な利益を有していること、また、加盟国は審査を開始する権限を付与されたのではなく、審査請求委員会への請求を行う権限を付与されたに過ぎないとの見解が述べられた。さらにこの点との関連で、賛成派は、審査請求委員会について、まず、その任務が審査のために実質的な根拠の有無を確認することに厳格に限定されていることを指摘した。ところで、ＩＬＯ行政裁判所の場合、機構の執行理事会が勧告的意見の要請を認められている(51)。従って、賛成派によれば、この審査請求委員会を設置するという考えは、ＩＬＯ行政裁判所規程から借用したものとされた。同委員会の構成は、総会の最近の一般委員会とされる。従って、この審査請求委員会は、ＩＬＯ行政裁判所にいう機構の執行理事会と酷似しており、衡平な

地理的配分を確保し、かつ、特別な選挙を経ずして便宜的かつ自動的に構成する方法も備えているとも考えられた。(52)

他方、一一条草案に反対した諸国は、まず、行政裁判所がすでに十分かつ公平に任務を遂行してきたことから当該審査手続が不要であることを説いた。これら諸国の主要な反対理由は、当該審査が真に司法的であり得ないというものであった。まず、右の①の点に関しては、草案において挙げられた請求理由の一つである「国連憲章の規定に関連する法律問題についての判断を誤ったこと」の意味が曖昧であることが問題とされた。次に、②については、国際司法裁判所が行政裁判所判決の審査に適当な機関ではないと考えられ、国際司法裁判所の勧告的意見を用いることによる弊害が指摘された。国際司法裁判所規程六六条の下で、書面陳述の提出を許されているのは、国家と国際機構のみであり、個人がそれを行う権利は認められていない。従って、個人の出廷は適正手続の不可欠の要素であるが、ここでは、職員と、国家および国際機構との間に固有の不平等が存在すると考えられたのである。さらに加えて、当該手続は煩雑で時間や経費もかかるとされた。最後に、③の、とりわけ加盟国が手続を開始するという点に関しては、真の司法審査において当事者のみが審査を開始する権利を有するのであって、加盟国は当該手続に何らの利益も有してはいないと論じられた。また、加盟国に審査請求を行う権利を付与する行政裁判所規程一一条は、健全な司法上の原則に反するのみならず、行政職員の長としての事務総長の権利を侵害し、国連憲章一〇〇条に違反するとされた。さらに、司法手続に政治的要素を導入することになることも懸念された。これに加えて、行政裁判所と国際司法裁判所との間に介在する審査請求委員会についてもまた、多くの批判が寄せられた。その構成が総会の政治的機関である一般委員会の構成員であるがゆえ、審査には政治的要素が含まれること、司法的機関でない審査請求委員会が司法審査を行うことを行政裁判所規程一一条は規定していること、同委員会が国家の代表から成るため、各委員は自国政府の政策に従わなければならないこと、委員会の構成員が法的な訓練を有することを求められてはいないこと、および、任期ごとに交代する各委員の任務には継続性のないことが指摘された(53)。

総会第五委員会での会合は、一九五五年一〇月一七日から三一日までの第四九三会期から第五〇一会期まで開かれた(54)。その会合も半ばにさしかかった一〇月二四日開催の第四九七会期において、インド代表が修正案を提出した(55)。インドは、審査手続検討委員会での審議から一貫して手続導入に反対してきており、同委員会では具体的に一一条に関する修正案を提示しなかったが(56)、ここにきて満を持して反対派の意見をまとめた修正を提案したものと思われる。インド修正案の骨子は、審査請求を開始する権利が行政裁判所判決の当事者に限定され加盟国には付与されないこと、行政裁判所裁判所長によって同裁判所に設置される三名から成る小法廷(chamber)が審査請求委員会にとって代わり、かつ、行政裁判所の七名から成る全員法廷が国際司法裁判所にとって代わることであった。つまり、審査開始の権利は、加盟国を排除して当事者のみに認め、また、審査手続も、加盟国から成る審査請求委員会など利用せずかつ弊害の多い国際司法裁判所の勧告手続の利用もやめて、行政裁判所の小法廷と全員法廷の利用により、手続を一貫して行政裁判所において行うというものであった(57)。

しかし、これに対しては、手続導入の賛成派が黙ってはいなかった。彼らは、右のインド修正案を、審査手続検討委員会での妥協の基礎を奪うものと反駁した。すなわち、加盟国が審査請求を行う権利はこの妥協の不可欠の要素なのであり、その権利を排除するということは、加盟国の関心に応じるための手段を提供し得る司法審査の実現という主たる目的を覆すことになると考えたのである(58)。

このインド修正案は、加盟国に審査を開始する権利を認めず訴訟当事者にのみそれを認めると定める部分と、審査請求委員会や国際司法裁判所を利用せず行政裁判所内での小法廷と全員法廷を用いて手続を進めると定める部分とに分けて投票に付されることとなった。インドが反旗をひるがえすも空しく、結局、前者については二五対二七（棄権五）[59]で、また、後者については一九対二九（棄権九）[60]でいずれも否決され、これをもって、インド提案の骨子部分は完全に葬り去られることとなった[61]。これに続き、今度は手続導入の賛成派の起案した共同修正案が投票に付され、同案は二七対一八（棄権一二）で採択され、審議は総会本会議に移されることとなったのである[62]。

さて、総会本会議の開催を迎え、手続導入の反対派から最後の抵抗がなされた。第五委員会の提案が果たして法的に根拠あるものかどうか、とりわけ、それが国連憲章上の該当条項および国連がその職員に対して負う契約上の義務に合致するのかについて、国際司法裁判所に勧告的意見を要請しようという決議案[63]をベルギーが提出したのである。しかし、この提案は、一五対三一（棄権一三）で否決された。さらに、インドは、再度第五委員会で提出したのと同様の修正案をここでも提出したが、行政裁判所規程一一条改正問題に関する決議の採択には三分の二の賛成票を要する重要問題とはされないことが決定されたので（つまり、決議がより容易に成立することがわかったので）、その修正案を取り下げた。その後、第五委員会の勧告した決議案が投票に付され、結局、同案は、三三対一七（棄権九）で採択された[64]。

以上の経緯を見ると、行政裁判所判決審査手続の導入に賛成した国の主張には、同手続の中に、何とか加盟国の介入できる方策を盛り込むことが第一の関心事であったように思われる。とりわけ、加盟国の関与を阻止しようとした第五委員会でのインド提案に対して、賛成派が猛烈に反駁したことからもそのことは顕著である。結局、そのインド提案をはじめ、反対派の抵抗も、終始いくつかの会議において常に多数を制していた賛成派によって封じ込められたのであった。いずれにせよ、こうした反対意見に対して十分な説明もなされぬまま加盟国の利益を重視した形で成立し、その後も問題を惹起することになる行政裁判所規程一一条は、こうして誕生したのであった。

三　一一条手続の抱えた問題点

以上に見てきたように、行政裁判所規程一一条の挿入は、必ずしも圧倒的多数によって採択されたわけではない。同条項の採択時に賛成派が主張したように、行政裁判所判決を審査するという手続は、一見すれば、健全な司法制度の確保という点からも、また、職員の身分保障という点からも必要なものと考えられる。しかし、実際にはこの手続に対して、いくつかの問題点を指摘する声も多かった。そのような指摘は、とりわけこの手続を運用した国際司法裁判所において、各勧告的意見に付された個別意見や反対意見において見受けられた。そこで、以下では、一一条手続にいかなる問題点が存在したのかを、主として国際司法裁判所での議論を整理して考えてみることにする。(65)

(1)　手続の開始に関わる問題点

誰が行政裁判所審査手続を開始できるか、この問題がここでの焦点となる。行政裁判所規程一一条一項によれば、「加盟国、事務総長、又は裁判所による判決がなされた個人」が判決に対する不服を申立てることができる。このうち、行政裁判所判決の当事者たり得るのは、事務総長と行政裁判所に提訴した個人（申立人）であり（国連行政裁判所規程二条二項）(66)、当然のことながら、加盟国が行政裁判所の前において訴訟当事者になることはあり得ない。一一条手続に則った過去三度の国際司法裁判所勧告的意見のうち、一九八二年意見だけは、加盟国（アメリカ）によって手続が開始された。従って、特に同意見においてこの点が問題とされたことはいうまでもない。国際司法裁判所によれば、国連加盟国は、職員と機構との間の紛争における行政裁判所判決の当事者ではないものの、判決の審査を求めることに法的利益を有することも当然考えられるとされた。つまり、加盟国が国連憲章という条約の当事国である以上、その規定に関わる法律問題について誤りがあれば、加盟国も行政裁判所判決を争えるというのである。さらに国際司法裁判所は、ひとたび行政裁判所判決審査請求委員会が当該請求に実質的な根拠があると判断した場合には、その審査請求が加盟国からではなく右の委員会から出されたものとなると述べた。つまり、加盟国、事務総長および職員は、国際司法裁判所に対して直接勧告的意見の要請を行えないのであり、審査請求が出されるのは常に右委員会からだというのである。(67)

しかし、この点について、ルダ（J. M. Ruda）裁判官は、国連の一機関でありかつ訴訟当事者である事務総長が異議を申立てていないのに、同じ国連の他の一機関でありかつ訴訟に対して第三者である委員会によって審査手続が開始されているという矛盾を指摘し、「行政裁判所規程一一条のシステムは司法手続の基本的要請に反する」と述べた。さらに、訴訟当事者でない加盟国によるイニシアティブにより審査請求委員会が国際司法裁判所に勧告的意見を要請するか否かを判断することは、事務総長の行政職員の長たる権限を損なうものであることも指摘した。(68)どの時点を手続の開始と見るかはさておき、訴訟当事者でない加盟国の発意に基づいて行政裁判所の審査手続が開始されるということは疑いのない事実である以上、このような矛盾が常につきまとったのは確かなことである。

(2)　国際司法裁判所との関係において存在した問題点

次に、国際司法裁判所との関係においていかなる問題点が存在するかを見てみることにする。(69)国際司法裁判所規程（特に三四条一項および六五条一項）は、争訟手続および勧告手続のいずれにおいても、個人が裁判所の前の当事者となることを予定してはいない。(70)しかし、一一条手続においては、国連職員と事務総長との間の争訟事件の形で争われた行政裁判所判決が、国際司法裁判所の前では、争訟手続の継続という形ではなく、勧告手続の形で審査に付されるということになる。その結果、この不自然な手続により、個人（国連職員）が行政裁判所判決の審査を請求し、国際司法裁判所の前での当事者になる権利を付与されたことになると指摘され得る。(71)個人が当事者である行政裁判所判決を国際司法裁判所所定の手続に従って審査するのであるから、齟齬の生じることは否めない[72]。

この齟齬は勧告的意見要請の手続にも当然反映されることとなる。国際司法裁判所規程六六条は、加盟国または国際機構に対し、書面および口頭による陳述を行う権利を認めている。では、職員個人は国際司法裁判所の前に立つ資格を有していない以上、自己の見解をいかなる形で国際司法裁判所に伝えればよいのであろうか。まず、書面手続については、行政裁判所規程一一条二項[73]により、事務総長が書面による個人の見解を国際司法裁判所に伝達するよう取り計らうことになっている。この規定は、国際司法裁判所によれば、事務総長による何らの内容の統制もなく、職員は自己の見解を伝達する権利を有していることを意味すると解された[74]。従って、この規定により、職員の当事者としての平等は確保されるというのである。しかし、いくら事務総長が職員の書面による見解をそのまま国際司法裁判所に伝達するとはいえ、行政裁判所判決の当事者の一方である事務総長が、相手方当事者の職員の見解を伝えるといういびつな構造は残る。

また、口頭手続については、一九五五年に行政裁判所規程一一条の挿入を決定した総会決議九五七（X）で、加盟国および事務総長は、行政裁判所規程一一条の下でのいかなる手続においても、国際司法裁判所の前で口頭陳述をすべきでないことが勧告された[75]。つまり、行政裁判所判決の審査の場合には、加盟国と事務総長が口頭陳述を控えることにより、全体として口頭陳述をなしですませることになり、その結果、国際司法裁判所の前で、加盟国、事務総長および職員三者間の平等が保たれるというのである。

確かに、事実上の平等を確保するのに適正な手続――口頭手続を行わず書面手続にのみ基づいて審査を行う手続――を採用することにより、国際司法裁判所規程六六条の文言に備わる職員と事務総長との間の不平等は治癒される（cured）[76]ことになるかもしれない。しかし、あるひずみを修正することにより他の箇所に別のひずみの生じるがごとく、それにより十分かつ公平な証拠調べができないという状況が創出されることにはやはり問題があるといわざるを得ない(77)。さらに考えられる問題は、口頭手続を行わないということが事務総長と加盟国に対する義務ではないということである。口頭陳述をすべきでないことは、総会決議九五七（X）で勧告されたに過ぎず、義務として決定されたわけではない。従って、機構または加盟国が口頭陳述の要求をしてはならないわけではない以上、当該要求が出された場合には、国際司法裁判所としても何らかの対応を迫られたはずである(78)。

(3)　行政裁判所判決審査請求委員会に関する問題点

最後に、行政裁判所判決審査請求委員会に関する問題点について考察する。ここではまず、同委員会の政治的性質が問題とされる。既述のように、行政裁判所規程一一条四項によれば、同委員会は総会の最近の通常会期の一般委員会に代表を派遣している加盟国で構成される。つまり、加盟国の利益を代表する者が審査請求委員会を構成するのであり、法律の専門家が委員となることは求められていない。また、その任務については、同二項によると、委員会は、まず請求に実質的な根拠があるかどうかを決定し、そのような決定を下した場合には、国際司法裁判所の勧告的意見を要請することになっている(79)。

審査請求委員会のこのような構成や任務について、国際司法裁判所は、同委員会がその構成から政治的機関であるとし、そのような政治的機関の介在することが司法プロセスの本質と相容れないことは認めていた。しかし、委員会の任務は、行政裁判所の判決に対する異議について検討を加え、判決を審査するために実質的な根拠があるかどうかを決定することである。この任務は、性質上司法的な二つの手続、すなわち、行政裁判所の手続と国際司法裁判所の手続との間に潜在的な結びつき（potential link）を提供するにとどまるものであるため、審査請求委員会による任務の遂行と司法プロセスの要件との間には必ずしも矛盾はないとされた(80)。

では、審査請求委員会の行う手続についてはどうか。注目すべきは、この委員会がいかなる手続に基づき最終判断を下したかまたはその決定理由についてまったく明らかにはされないことである。この点について、国際司法裁判所は、委員会の決定理由を請求人に知らせることが望ましいであろうが、だからといって委員会報告書が決定のみを述べているという事実により、その審査手続全体から司法的性質が奪われることはないと考えた。つまり、委員会が審査請求を認めるという肯定的な決定を下した場合、その決定は、国際司法裁判所の勧告的意見への道を開く必要条件となるに過ぎないのであり、行政裁判所判決に対する異議が十分に根拠あるものか否かを判断しその決定理由を述べることは国際司法裁判所なのであるから、委員会の決定理由や手続の公式記録は必要ではないと考えたのである。[81]

以上のように、国際司法裁判所は、審査請求委員会の政治性および同委員会が行う手続の非公開性をもって勧告的意見に応じないことの決定的事由とはしなかった。しかし、委員会が請求に実質的な根拠があるかどうかを決定する場合、行政裁判所判決の内容や行政裁判所規程一一条に規定される審査請求のための四つの理由——行政裁判所がその管轄権もしくは権限を踰越したこと、裁判所が与えられた管轄権の行使を怠ったこと、国連憲章の規定に関連する法律問題についての判断を誤ったことまたは裁判の瑕疵を生じるような手続上の基本的な誤りを犯したこと——について、何らかの法的な判断がやはり必要とされるのではなかろうか。また、そうだとすれば、構成を見ても明らかな通り、極めて政治的な性質を帯びたこのような委員会が果たしてそのような法的判断をどこまで実現できるのか甚だ疑問である。これと関連して、委員会での審査手続に非公開の部分がある以上、委員会の中で政治的でない判断がなされているという証拠はどこにも存在しない。[82]グロ(A. Gros)裁判官の言葉を借りれば、「国際司法裁判所への付託は偶然に委ねられてはならない。それはくじ引きではない」[83]のであり、決してこのような政治性によって、審査請求の実質的根拠の有無が左右されてはならないのである。[84]

(四) 小　括――一一条手続の廃止と職員の身分保障制度について――

以上に見たように、成立から運用に至るまで問題を抱えてきた一一条手続は、一九九〇年代に漸く廃止への道をたどることとなった。以下にその経緯を概観する。[85]

国連総会は、一九九〇年の第四五会期において、事務総長に対し、事務局における司法運営制度（system of administration of justice）全体の検討を行うよう求めた。そこでは、特に具体的な提案として、行政裁判所判決審査請求委員会の機能についても考慮されるべきことが述べられていた。[86] その後、これを受けて、九三年の総会第四七会期においても、事務総長に対し再度同様の要請がなされた。[87] 翌年の第四八会期では、より具体的に、一一条手続の再検討をオーストラリア、ベナン、フランスおよびアイルランドが求め、[88] 総会は当該問題の再検討を事務総長に要請した。[89] これを受けて、事務総長は、九四年七月一五日に、各国から寄せられた当該手続に関する見解をまとめ、[90] それらを検討した後、同年一〇月一七日に、一一条手続を詳細に分析および検討した報告書[91]を総会第六委員会に提出した。

右の報告書によれば、各国から寄せられた批判は、およそ次の三点、すなわち、①国連行政裁判所判決審査請求委員会への付託理由、②同委員会の構成、③国際司法裁判所の役割に対するものであった。まず、①については、行政裁判所規程一一条一項に定められた四つの請求理由――行政裁判所がその管轄権もしくは権限を踰越したこと、裁判所が与えられた管轄権の行使を怠ったこと、国連憲章の規定に関連する法律問題についての判断を誤ったことまたは裁判の瑕疵を生じるような手続上の基本的な誤りを犯したこと――が限定的であること、また、このことを職員側も歓迎してはいないということが述べられた。[92] ②については、審査請求委員会が加盟国から成る政治的機関であること、その委員会によって事件が政治化される可能性のあること、および、委員会を構成する各国代表全員が必ずしも法律の専門家ではないことが指摘された。[93] さらに、③については、一一条手続により、通常扱う問題の範囲外にある公務員法の問題を国際司法裁判所に付託することになること、そのような公務員法の問題に対し、国際司法裁判所が第一に扱う国家間の問題と同等の重要性を付与すべきではないこと、また、手続面においては、国際司法裁判所の勧告手続に、適切な対審手続のないことが批判されたのである[94]。

事務総長報告書は、このような各国の批判を検討し、それ以外にも、審査請求委員会設置の経緯や、過去に行政裁判所判決の審査請求に応じて出された国際司法裁判所の勧告的意見の中での見解にも言及した。これらを踏まえた上で同報告書は、一一条手続が、職員や行政の長に行政裁判所判決の審査請求手段を付与することを第一の目的として設置されたのではなく、その目的は、加盟国に行政裁判所判決に異議を申立てることを可能とするためのものであったことを確認し、最終的に、一一条手続が事務局内で利用可能な審査請求制度として建設的かつ有益なものではなく、当該手続は混乱と批判を惹起してきたのであるから、その手続を廃止することが最良の解決策になるとの見解が支持されると結論づけた[95]。

総会は、この事務総長報告を考慮し、第六委員会の勧告を受けて[96]、翌一九九五年の総会第五〇会期において行政裁判所規程一一条の削除を検討することを決定した[97]。翌年一二月一一日に、総会は、ついに同規定の削除（一一条を削除し、後続の一二条、一三条および一四条をそれぞれ一一条、一二条および一三条として繰り上げる）を内容とする決議[98]をコンセンサスで採択した。ここに、一一条手続は廃止されることとなったのである。

さて、以上に、国連行政裁判所規程一一条に定められた行政裁判所判決審査手続の導入から削除に至るまでの経緯を考察し、当該一一条手続の抱えた問題点を検討した。では、この一一条手続の廃止をいかに評価すべきか。行政裁判所が職員の身分保障のために存在するという原点に立ち戻って考えた場合、やはり、この一一条手続の廃止が職員の身分保障という観点からいかなる意味を有するのかを評価せねばならないように思われる。

まず、すでに考察したように、一一条手続は、適正な手続を備えた公正な審査により、職員の身分保障を実現する手続とは言い難いものであったといえる。この点で、一一条手続の廃止は、確かに一定の意義があったことは間違いない。しかし、より注目すべきは、一一条手続の廃止によって、加盟国が審査請求手続開始のイニシアティブをとることができなくなったことであろう。ここで、国連憲章一〇〇条を想起してみよう。

「一　事務総長及び職員は、その任務の遂行に当って、いかなる政府からも又はこの機構外のいかなる他の当局からも指示を求め、又は受けてはならない。事務総長及び職員は、この機構に対してのみ責任を負う国際的職員としての地位を損ずる虞のあるいかなる行動も慎まなければならない。

二　各国際連合加盟国は、事務総長及び職員の責任のもっぱら国際的な性質を尊重すること並びにこれらの者が責任を果すに当ってこれらの者を左右しようとしないことを約束する。」

ここでは、事務総長と職員の国際的職員としての地位が謳われ、他方で加盟国その他の当局はその国際的性質を尊重しなければならないことが定められている。また、国連憲章九七条により「行政職員の長」とされる事務総長のみが、同一〇一条一項に基づき職員の任命権を有する。従って、事務総長と職員との関係においては、加盟国の入り込む余地がないというのが国連憲章の掲げる原則である。この加盟国を排除した事務総長と職員との関係に任用上の紛争が生じた場合に、職員の身分を保障するために設立されたのが国連行政裁判所である。従って、これらのことを踏まえ、一一条手続の廃止がもたらした意味をここで考えておかねばならない。

すでに明らかにしたように、一一条手続の起草において、同手続の導入に賛成した諸国は、加盟国から行政裁判所判決の審査請求権を奪ってしまえば、加盟国の関心に応じるための司法審査の実現という主たる目的は覆されることになるという本音を口にした(99)。また、前述したように、一一条手続の廃止を検討する過程で、事務総長は、この手続が職員や行政の長に審査請求の手段を付与することを第一の目的として設置されたのではなく、その目的は、加盟国に行政裁判所判決を争うことを可能とするためのものであったことを確認した(100)。これらに鑑みてもわかるように、一一条手続は、事務総長と職員との関係に何らの関与も認められないはずの憲章上の原則に反して、明らかに、加盟国に介入の手がかりを与えるものであったといえる。当初から手続導入の反対派が懸念したように、同手続の導入にはやはり慎重な審議が必要だったのである(101)。ゆえに、一九九〇年代になって漸く一一条手続廃止の声が高まり九五年に削除されたことは、機構と職員の関係に加盟国が介入できる手段を断ったという点で、大いに歓迎すべきことであったと評価できよう(102)。

さらにいえば、この一一条手続廃止の問題は、最近の総会の動きの中で位置づけて評価すべきとも思われる。たとえば、総会は、特に一九九〇年代に、加盟国の政府から派遣されるいわゆる派遣職員の問題についても積極的に取り組み、当該職員が本国政府からできる限り不当な関与を受けないような努力をしてきた(103)。このような総会の動きの中に、ここで見た一一条手続廃止の問題も位置づけるならば、機構と職員との関係において、加盟国の不当な介入を避けようとする意識が国連全体に高まってきたと考えることができるようにも思われる。確かに冷戦の終焉という時代の流れを無視できないものの、このことは、五五年の手続導入の際に、あれだけ頑なに加盟国による介入の権利を主張し続けた国が多数を占めたにもかかわらず、四〇年後に実現された一一条手続の廃止はコンセンサスにより決定されたという事実にも現れているのかもしれない。このように考えるならば、国連という一国際機構の問題に依然とどまるにせよ、この一一条手続の廃止という問題が、国際公務員制度に対する各国の現時点での認識の程度、あるいは、国際公務員制度の発展状況を示す一つの指標であったようにも思われる(104)。

とはいえ、一一条手続の廃止を手放しで喜ぶわけにはいかない。同手続の廃止は、以上に指摘した種々の問題点を一掃するとともに、紛争当事者が行政裁判所判決に不服である場合にそれを争う手段をも奪ってしまったのである。従って、機構と職員との間の紛争解決に、健全な司法制度に必要な手続を拡充するような何らかの改革が今こそ求められているといえよう。行政裁判所の改革については、従来から、たとえば、エライアス（T. O. Elias）裁判官が、新たに第一審裁判所を設けて現行の行政裁判所を上訴裁判所とすることを提案したり[105]、アゴー（R. Ago）裁判官が、第二審裁判所を設け、それを既存のすべての行政裁判所の上訴裁判所として機能させることを主張したりしていた[106]。このような見解も含め、いかなる方向に改革の道を見い出すか今後注目されるところである。この点について、近年総会は、一一条手続の廃止問題と併行して、行政裁判所のみの改革ではなく、事務局における内部司法制度改革（reform of the internal system of justice）というより大きな枠組みで、職員の身分保障制度の改革を検討してきた[107]。国連における職員の身分保障制度は徐々に変容を遂げつつある。今後も動向を見守っていく必要がある。

（1）　国際司法裁判所がＩＬＯ行政裁判所を「国際裁判所（tribunal international）」と認めたのはかなり前のことであるが（Jugements du Tribunal administratif de l'Organisation internationale du Travail sur requêtes contre l'Organisation des Nations Unies pour l'éducation, la science et la culture（Avis consultatif du 23 octobre 1956）, *C. I. J. Recueil* 1956, p. 97）、この「国際行政裁判所（International Administrative Tribunals）」という語が用いられ始めたのは、比較的最近のことであると思われる。さしあたり以下参照。Amerasinghe, C. F., *Documents on International Administrative Tribunals*（Oxford U. P., 1989）and Amerasinghe, C. F., *The Law of the International Civil Service: As Applied by International Administrative Tribunals*, Vol. I and II（Oxford U.

P., 1988).

（2） Effect of Awards of Compensation made by the United Nations Administrative Tribunal (Advisory Opinion of 13 July 1954), *ICJ Reports* 1954, pp. 47-97.

（3） Reparation for Injuries suffered in the Service of the United Nations (Advisory Opinion of April 11, 1949), *ICJ Reports* 1949, pp. 174-219.

（4） Schermers, H. G. and Blokker, N. M., *International Institutional Law*, 4th revised ed. (Martinus Nijhoff, 2003), p. 167.

（5） Dissenting Opinion by Judge Hackworth, *supra* note 2, p. 79.

（6） Separate Opinion of Judge Onyeama, Application for Review of Judgement No. 158 of the United Nations Administrative Tribunal (Advisory Opinion of 12 July 1973), *ICJ Reports* 1973, p. 227.

（7） このことは、今日では一般に認められてきているようである。たとえば、異なる文脈であるが、旧ユーゴ国際刑事裁判所のタジッチ（D. Tadić）事件において、国連安保理の同裁判所設置権限が争われた際、同裁判所（上訴裁判部中間判決）は、この一九五四年の国際司法裁判所による勧告的意見に触れながら、安保理は、平和および安全の維持という主要な任務遂行のための手段として——すなわち、旧ユーゴにおける平和の回復と維持に寄与する手段として——、国際刑事裁判所という形で、司法的機関の設置に訴えたとし、憲章四一条に基づいて、司法的機能を有していない安保理が司法的機関を設置できることを導いている。Decision on the Defence Motion for Interlocutory Appeal on Jurisdiction, *The Procecutor v. Duško Tadić*, Case No. IT-94-1-AR72 (Oct. 2, 1995), pp. 18-19, paras. 37-38 in *International Legal Materials*, Vol. 35, No. 1 (1996), p. 44.

（8） 国際公務員制度は、すでに見てきたように、徐々に一国の行政枠組から離れはするものの、それを範として独自の制度を築くようになってきたのであり、また、行政裁判所の実行も後に見るように国内裁判所で行われる取消訴訟のような形で発展してきている。従って、今日、職員の身分保障に関する法は、概ね国内の行政法（公務員法）上のアナロジーに基づいて形成されていると思われる。このことに鑑みて、本書では、機構がある者を予め定められた官職につける行為に、国内の公務員法上の用語である「任用」を用いることにする。もちろん、「任用」の語を用いたからといって、この用語が行政側による一方的行為のみを示すわけでは決してない。このことは、今日、公務員関係の法的性質を行政と職員との双方行為と見る説が一般的であるわが国公務員法上の用法を見ても明らかであろう。また、翻訳語に関しては、通常、英語の "appointment" には「任用」が、"employment" には「雇用」が当てられる。しかし、上のような理由から、本書では双方の訳語としていずれも「任用」を用いることにする。しかし、機構の設立文書のように公定訳がある場合に、「雇用」が用いられている規定を引用する際にはそのまま「雇用」を用いることにする。もっとも、これら二つの用語については、内外の論者の間で、必ずしも適切に使い分けられているとは思えないことを付言しておく。なお、「任用」と関連して「任命」の語があり、いずれも英語の "appointment" の訳として用いられ得る。これら双方はまったく相違がないが、「任用」には、「任命」に比べてはるかに契約的な、「雇用」に近い語感を持つと説明される（鵜飼信成『公務員法（新版）』（有斐閣、一九八〇年）七七―七八頁）。そこで、本書では、機構による一方行為の要素が強いと思われる場合（たとえば、機構が職員に対して最初に職の申し出を行う際の書簡である「任命書」のような場合）にのみ、特に「任命」の語を用い、それ以外には「任用」を用いることにする。

（9）　国連行政裁判所の公式ウェブサイト（http://untreaty.un.org/UNAT/main_page.htm (as of February 28, 2006)）に拠る。

（10）　今日そのような国際機構または国際団体については、ＩＬＯ（国際訓練センター（ＩＴＣＩＬＯ）を含む）以外に、以下がある。世界保健機関（ＷＨＯ）（汎米保健機関（ＰＡＨＯ）を含む）、国連教育科学文化機関（ＵＮＥＳＣＯ）、国際電気通信連合（ＩＴＵ）、世界気象機関（ＷＭＯ）、国連食料農業機関（ＦＡＯ）（世界食糧計画（ＷＦＰ）を含む）、欧州核研究機関（ＣＥＲＮ）、世界貿易機関（ＷＴＯ）、国際原子力機関（ＩＡＥＡ）、世界知的所有権機関（ＷＩＰＯ）、欧州航空安全機関（ＥＵＲＯＣＯＮＴＲＯＬ）、万国郵便連合（ＵＰＵ）、欧州南天天文台（ＥＳＯ）、政府間銅輸出国理事会（ＣＩＰＥＣ）、欧州自由貿易連合（ＥＦＴＡ）、列国議会同盟（ＩＰＵ）、欧州分子生物学研究所（ＥＭＢＬ）、世界観光機関（ＷＴＯ）、欧州特許機関（ＥＰＯ）、アフリカ開発行政訓練調査センター（ＣＡＦＲＡＤ）、政府間国際鉄道輸送機関（ＯＴＩＦ）、国際逐次刊行物登録センター（ＣＩＥＰＳ）、国際獣疫事務局（ＯＩＥ）、国連工業開発機関（ＵＮＩＤＯ）、国際刑事警察機関（ＩＮＴＥＲＰＯＬ）、国際農業開発基金（ＩＦＡＤ）、植物新品種保護国際同盟（ＵＰＯＶ）、関税協力理事会（ＣＣＣ）、欧州自由貿易連合（ＥＦＴＡ）裁判所（Court of Justice of the European Free Trade Association）、欧州自由貿易連合（ＥＦＴＡ）監督機関（Surveillance Authority of the European Free Trade Association）、国際農業研究サービス（ＩＳＮＡＲ）（二〇〇四年七月一四日まで）、国際移住機関（ＩＯＭ）、遺伝子工学および生命工学国際センター（ＩＣＧＥＢ）、化学兵器禁止機関（ＯＰＣＷ）、国際水路機関（ＩＨＯ）、エネルギー憲章会議（ＥＣＣ）、国際赤十字・赤新月社連盟、包括的核実験禁止機関（ＣＴＢＴＯ）準備委員会、欧州地中海植物保護機関（ＥＰＰＯ）、国際植物遺伝子資源研究所（ＩＰＧＲＩ）、国際民主化選挙支援研究所（ＩＤＥＡ）、国際刑事裁判所（ＩＣＣ）、国際オリーブ油理事会（ＩＯＯＣ）、世界貿易機関（ＷＴＯ）法律諮問センター、アフリカ、カリブおよび太平洋（ＡＣＰ）諸国グループ、国際貿易情報協力機関（ＡＩＴＩＣ）、国際法定計量機関（ＯＩＭＬ）ならびに欧州電気通信衛星機関（ＥＵＴＥＬＳＡＴ）。以上は、ＩＬＯ行政裁判所の公式ウェブサイト（http://www.ilo.org/public/english/tribunal/index.htm (as of February 28, 2006)）に拠るものである。

（11）ここでは混乱を避けるために、単に「職員」と言及したが、これには、現職の職員のみならず、退職後の職員も含まれるし、職員の遺族のように訴訟当事者たる職員の権利を主張し得る者も含まれる。国連行政裁判所規程二条二項(a)および(b)、ＩＬＯ行政裁判所規程二条六項(a)および(b)、世銀行政裁判所規程二条三項ならびにＩＭＦ行政裁判所規程二条二項(c)(i)、(ii)および(iii)（ただし、(ii)は、理事（Executive Director）の助手に関する規定である）を参照のこと。

（12） ILOAT Judgment No. 2232（J. M. B v. Organisation for the Prohibition of Chemical Weapons, 16/ Jul./ 2003）, paras. 2-4.

（13） *Ibid.*, paras. A-E and 1-9.

（14） *Ibid.*, para. 15.

（15） *Ibid.*, paras. 16-17.

（16） もっとも、技術事務局の職員の任命権者は事務局長である（化学兵器禁止条約八条四四項）のに対し、事務局長の任命権は、締約国会議にある（同条二一項(d)および四一項）。つまり、事務局長を除くすべての職員の勤務関係は、行政の長たる事務局長と職員との間における任用契約によって成立するのに対し、事務局長の勤務関係は、機構それ自体（あるいは任命権者たる締約会議）との間の契約によって成立するのである。この事務局長とそれ以外の職員の置かれている法的地位の違いについて、裁判所は仔細に検討したのであろうか。裁判所は、この違いに触れることなく、事務局長が他の職員と同じく“official”でありかつ“staff member”であることを強調するレトリックとして、事務局長と職員を総称する語である「国際公務員（international civil servants）」を繰り返し用いている（*ibid.*, paras. 8, 9, 10, 12, 13 and 16）ようにもとれる。

（17） League of Nations, *Official Journal*（*micro.*）, Special Supplement No. 58, Records of the Eighth Ordinary Session of the Assembly, Meetings of the Committees, Minutes of the Fourth Committee, pp. 35-36.

（18） ＩＬＯ行政裁判所とＩＭＦ行政裁判所の場合は、書記局（Registrar）に、また、国連行政裁判所と世銀の場合には、書記局長（Executive Secretary）にそれぞれ提出される。

（19）今日、国連行政裁判所（http://untreaty.un.org/UNAT/main_page.htm（as of February 28, 2006））、ＩＬＯ行政裁判所（http://www.ilo.org/public/english/tribunal/index.htm（as of February 28, 2006））、世銀行政裁判所（http://wbln0018.worldbank.org/crn/wbt/wbtwebsite.nsf（as of February 28, 2006））およびＩＭＦ行政裁判所（http://www.imf.org/external/imfat/jdgmnts.htm（as of February 28, 2006））は、それぞれ公式のウェブサイトを持ち、国連行政裁判所を除いて今日まで下された判決もすべて掲載されている。本書で引用する判決に関しては、判例集から引用した判決についてはそれを明示することとし、特に明示のない場合には、右ウェブサイトより判決を入手して用いている。

（20）先述の通り、一九四九年一一月二四日の総会決議（GA Res. 351(IV)）において、国連行政裁判所規程は採択され、同規程は翌年一月一日に発効した。

（21）今日まで一九五三年（GA Res. 782B(VIII)）、五五年（GA Res. 957(X)）、九五年（GA Res. 50/ 54）、九七年（GA Res. 52/ 166）、二〇〇〇年（GA Res. 55/ 159）、二〇〇三年（GA Res. 58/ 87）および二〇〇五年（GA Res. 59/ 283）にそれぞれ改正がなされた。このうち、五五年および九五年の改正は、ここで扱う行政裁判所判決審査手続の導入と廃止に関わるものである。なお、参考までに、五三年の改正は、申立人への賠償額の上限（純基本給二年分）をはじめ、審理および判決について新たに詳細な規定を設けたものであり、九七年のそれは、国際司法裁判所書記局の職員にも出訴を可能とすることをはじめ、行政裁判所の管轄権を若干拡大するよう改めたものであった。また、二〇〇〇年の改正は、裁判官の資格要件を加えた三条一項と、裁判官の任期を改めた同条二項に関するもの、および、重大な法律問題を生じる事件については、通常の三名ではなく五名の裁判官による法廷での審理を可能にするという八条を新たに挿入するものであった。二〇〇三年と二〇〇五年の改正は、右の三条一項の資格要件をより明確にするものであった。

(22)　ＩＬＯ行政裁判所の判決審査手続は、国連行政裁判所のそれよりも一足早く、一九四六年に設けられた。太寿堂鼎「国際公務員の身分保障と行政裁判所」『法学論叢』七一巻四号（一九六二年）一八頁。右手続を定めるＩＬＯ行政裁判所規程一二条一項は、「国際労働事務局理事会又は年金基金管理委員会は、行政裁判所の管轄権を認める判決に異議を申立て、又は、とられた手続上の基本的な誤りによって行政裁判所判決を無効と考える場合、同理事会は、行政裁判所の行う判決の有効性の問題を国際司法裁判所に勧告的意見を求めて提出する」と規定する。また、この一二条一項に関しては附属書が付されており、ＩＬＯ行政裁判所の管轄権を認めるＩＬＯ以外の国際機構においては、当該国際機構の執行理事会（Executive Board）が国際司法裁判所に勧告的意見を要請できることとされている。なお、ＩＬＯ行政裁判所においては、国際司法裁判所の与えた意見は拘束力を有する（ＩＬＯ行政裁判所規程一二条二項）こととされるが、国連行政裁判所規程にはこのような規定はなく、国際司法裁判所の意見の後、事務総長が国際司法裁判所の当該意見を履行するか、または、当該意見と合致するように原判決の確認もしくは新しい判決を求めて国連行政裁判所の開廷を特別に要請することとなる。また、そのような特別の開廷が求められなかった場合、行政裁判所は、次の会期において、原判決を確認するかまたは国際司法裁判所の意見に合致させる措置をとらなければならない（国連行政裁判所規程一一条三項）。

(23)　さらに、この一一条と共に、行政裁判所による再審と判決の更正を明文化した一二条も挿入された。参考までに、この一二条は次のように規定している。

「事務総長又は申立人は、決定的要素となる性質を持つ事実で判決があったときに裁判所及び再審を求める当事者に知られていなかったものの発見を理由として、判決の再審を請求することができる。但し、その事実の発見を知らなかったことが過失によらなかった場合に限る。請求は、事実の発見から三〇日以内で、かつ判決の日から一年以内になされなければならない。判決における表現上若しくは計算上の誤謬、又は偶発的な書損じ若しくは書落としから生じる誤謬については、裁判所自身の発意により、又は当事者のいずれかの請求により、いつでもこれを更正することができる。」

(24) 厳密にはこの手続は国内裁判にいう上訴とは見なし得ないという意味で、ここでは「上訴に類した手続」という表現を用いた（この表現は、太寿堂鼎に倣った。太寿堂鼎「国際連合行政裁判所」田畑茂二郎編『国際連合の研究（田岡良一先生還暦記念論文集）』第二巻（有斐閣、一九六三年）二〇四頁）。この点につき、杉原高嶺は、この手続について、「裁判をやり直して原判決を破棄ないし確認する手続ではないので、国内裁判の上訴の制度とは異な」ると的確に指摘している（杉原高嶺『国際司法裁判制度』（有斐閣、一九九六年）四二二頁）。また、ベジャウイ（M. Bedjaoui）は、国際司法裁判所の勧告的意見が最終的に当事者を拘束するのではなく、当該意見に従って再度行政裁判所が拘束力ある判決を下すことにより一一条手続が完結することから、当該手続が真の上訴（véritable appel）ではないことを指摘する（Bedjaoui, M., *Fonction publique internationale et influences nationales* (Stevens & Sons, 1958), p. 562）。これに加えて、後述するような国際司法裁判所の勧告手続における当事者平等の欠如に鑑みても、当該手続を上訴手続とは見なし得ない。さらにいえば、行政裁判所での訴訟当事者でない加盟国が実質上国際司法裁判所の勧告的意見を求めて手続のイニシアティブをとることも、本来訴訟当事者の権利救済を目的とする上訴制度とは相容れないものと思われる。

(25) ①ＵＮＤＰでの期限付任用職員であったファスラが、期限終了後の継続任用を行政裁判所で争い、全面勝訴の判決を得ることができなかったため当該判決の審査請求を行い、それに回答を与えた一九七三年の勧告的意見（Application for Review of Judgement No. 158 of the United Nations Administrative Tribunal (Advisory Opinion of 12 July 1973), *ICJ Reports* 1973, pp. 166-300)、②国連を定年退職したモーティシェッドに帰国補助金の支給を認めた行政裁判所判決を不服とし、アメリカ政府が当該判決の審査請求を行い、それに応えた一九八二年の勧告的意見（Application for Review of Judgement No. 273 of the United Nations Administrative

Tribunal（Advisory Opinion of 20 July 1982）, *ICJ Reports* 1982, pp. 325-552）および③ソ連政府から国連への派遣職員であったヤキメツが、継続任用を認めない行政裁判所判決を不服として当該判決の審査を請求し、その請求に応じた一九八七年の勧告的意見（Application for Review of Judgement No. 333 of the United Nations Administrative Tribunal（Advisory Opinion of 27 May 1987）, *ICJ Reports* 1987, pp. 18-174）の計三回である。参考までに、右のいずれの勧告的意見においても、行政裁判所判決が支持された。なお、以下では、これらの意見をそれぞれ「一九七三年意見」、「一九八二年意見」および「一九八七年意見」とする。また、一九五六年のユネスコ職員に関するＩＬＯ行政裁判所判決審査請求事件（Jugements du Tribunal administratif de l'Organisation internationale du Travail sur requêtes contre l'Organisation des Nations Unies pour l'éducation, la science et la culture（Avis consultatif du 23 octobre 1956）, *C. I. J. Recueil* 1956, pp. 77-168）も同様に、「一九五六年意見」とする。

（26）　太寿堂「前掲論文」注（24）二〇六頁。

（27）　これらの事実から行政裁判所規程改正に至る総会での一連の議論などを含めて、太寿堂「前掲論文」注（22）一三一―一三三頁および Langrod, G., "La réforme 1955 du Tribunal administratif des Nations Unies," *Z. a. ö. R. u. V.*, Vol. 2（1956）, pp. 249-310 参照。

（28）　A/ 2534, Annex A, para. 8.

（29）　A/ 2580, para. 14.

（30）　*Yearbook of the United Nations*（1953）, pp. 81-86.

（31）　A/ 2624, para. 20.

（32）　GA Res. 785 A（VIII）.

（33）　*Supra* note 2. 本章第一節参照。

（34）GA Res. 888(IX).

（35）GA Res. 957(X).

（36）総会第五委員会でのアメリカとアルゼンチンの共同提案（A/ C.5/ L. 317）がきっかけとなり、行政裁判所判決審査の問題が議論されることとなった。A/ 2883.

（37）委員会を構成したのは、アルゼンチン、オーストラリア、ベルギー、ブラジル、カナダ、中国、キューバ、エルサルバドル、フランス、インド、イラク、イスラエル、ノルウェー、パキスタン、シリア、ソ連、イギリスおよびアメリカであった。GA Res. 888(IX), B, para. 5. しかし、このうちソ連だけは代表を送らず、結局一七カ国により審議が進められた。A/ 2909, para. 3.

（38）A/ 2909. このとき、行政裁判所規程一二条も新たに挿入することが勧告された。前掲注（23）参照。

（39）前掲注（22）参照。

（40）A/ 2909, paras. 19-22.

（41）*Ibid.*, paras. 23-32.

（42）*Ibid.*, paras. 33-41.

（43）A/ AC. 78/ L. 14 and Corr 1. cited at A/ 2909, para. 116. なお、この修正案以前には、まず一九五五年四月一二日に、中国、イラクおよびアメリカによる原案（A/ AC. 78/ L. 6）が提出され（A/ 2909, footnote 7）、次いで、同一四日に、同諸国による修正案（A/ AC. 78/ L. 6/ Rev. 1 reproduced as A/ 2909, Annex I, B）が提出されていた。

（44）審査手続検討委員会で最終的に採択された共同草案では、「特別委員会（special committee）」または「委員会（committee）」の語が用いられたが、後に成立した行政裁判所規程一一条では、「委員会（Committee）」が一貫して用いられた。なお、一連の会議を通して用いられた「審査委員会（screening committee）」の語もこれらと同義である。

（45）A/ AC. 78/ L. 14 and Corr 1. cited at A/ 2909, para. 116.

（46）A/ AC. 78/ L. 7/ Rev. 1 reproduced as A/ 2909, Annex I, A.

（47）A/ 2909, para. 91.

（48）「加盟国」の文言を削除する部分については、六対九（棄権一）で（何故全体で一六票しかないのかは不明）、また、審査請求特別委員会の構成に関する部分については、二対九（棄権六）でいずれも否決された。*Ibid.*, para. 115.

（49）賛成したのは、アルゼンチン、ブラジル、カナダ、中国、キューバ、イラク、パキスタン、イギリスおよびアメリカであり、反対したのは、ベルギー、インド、ノルウェーおよびシリアであった。なお、棄権した国は、オーストラリア、エルサルバドル、フランスおよびイスラエルであった。*Ibid.*

（50）A/ 3016.

（51）前掲注（22）参照。

（52）A/ 3016, paras. 15–19.

（53）*Ibid.*, paras. 20–28.

（54）*Ibid.*, para. 11.

（55）A/ C. 5/ L. 339 cited at A/ 3016, para. 32.

（56）もっとも、判決の再審査に関する一一条関係の事務総長案（A/ AC. 78/ L. 8）に対する追加的な修正案は提示していた。A/ AC. 78/ L. 11 cited at A/ 2909, para. 64.

（57）A/ 3016, paras. 32–33.

（58）*Ibid.*, para. 34.

（59） *Ibid.*, para. 44.

（60） *Ibid.*, para. 45.

（61） 参考までに、インド提案には、本文中に説明した骨子の部分以外にも、審査請求の理由を補足する文言——最終的に成立した一一条一項中の「又は裁判所が与えられた管轄権の行使を怠ったこと」と「裁判の瑕疵を生じるような」という文言——を加える部分があり、その補足的提案の方は多数により承認された。*Ibid.*, paras. 40–41.

（62） *Ibid.*, paras. 48–50.

（63） A/L. 199.

（64） *Yearbook of the United Nations*（1955）, p. 353.

（65） 一一条手続の持つ「特異性」について問題点を指摘したものとして、杉原『前掲書』注（24）四二一—四二六頁も併せて参照のこと。

（66） 国連行政裁判所規程二条二項は次のように規定する。「裁判所は以下の者に開放する。(a)国際連合の事務局の職員（任用がすでに終了している者も含む）、及び職員の死亡によりその職員の権利を承継した者。(b)その他の者で職員が援用し得る職員規則及び細則の規定を含め、いずれかの契約又は任用条件の下で、権利を享有する資格があることを示すことができる者。」

（67） *ICJ Reports* 1982, pp. 335–336, para. 24.

（68） Separate Opinion of Judge Ruda, *ibid.*, pp. 374–375.

（69） ここでは、国際司法裁判所の前での個人の当事者能力とそれに付随する問題点を指摘するにとどまるが、それ以外にも、たとえば、一一条手続において扱われる問題が国際司法裁判所で扱われるべき問題とは性質上異なるという主張もあった。一九七三年意見において、グロ裁判官は、行政裁判所がその管轄権について判断を下したり、その管轄権を行使したりしなかったり、手続において基本的な誤りを犯したりすることは、国際司法裁判所規程三八条にいう国際法上の問題を生じないと述べた。というのも、このような問題は、「国連の内部行政法（droit interne du travail）」に関わる問題だと考えたからである。Opinion Dissidente de M. Gros, *ICJ Reports* 1973, pp. 256-257. なお、この点に関する指摘は、すでに、一九五六年意見に付されたコルドヴァ（R. Córdova）裁判官の反対意見にも見受けられた。Dissenting Opinion of Judge Córdova, *C. I. J. Recueil* 1956, pp. 165-166. しかし、行政裁判所で扱う問題が、主として国家間の紛争を処理する国際司法裁判所で扱う問題として馴染むか否かは別として、著者は、国際機構の職員を律する法も国際法上の問題であると考えるので、ここでは右に指摘された点を敢えて問題点としては取上げないこととする。

（70）　この点に関し、国連憲章起草の際、サンフランシスコ会議（第四委員会第一専門委員会（IV/1））において、ベネズエラ代表は、現在の国際司法裁判所規程三四条に関する議論の中で、「国連に従属する国際行政裁判所がその裁判所規程において上訴の規定を設けている場合には、国際司法裁判所は、上訴裁判所として、当該行政裁判所の下した第一審を審査する管轄権を有する」との一節を挿入する修正案（WD 188, IV/1/24(1)（Revision of Doc. 284, IV/1/24））を提出した（*U. N. C. I. O.*, Vol. 13, p. 482）。ここでは、個人も国際司法裁判所の争訟手続において当事者となることが念頭に置かれていたように思われるが、この提案は結局否決された。*Ibid.*, p. 282.

（71）　Dissenting Opinion of Judge Morozov, *ICJ Reports* 1973, p. 297.

（72）　一一条手続が設けられた当初から、とりわけ国際司法裁判所の前に個人が当事者となることを問題にしたものとして、Gross, L., "Participation of Individuals in Advisory Proceedings before the International Court of Justice: Question of Equality between the Parties," *A. J. I. L.*, Vol. 52（1958）, pp. 16-40 がある。また、国際司法裁判所との関係における一一条手続の問題点も含め、同手続の持つ問題点を包括的に扱った最近のものとしては、Gomula, J., "The International Court of Justice and Administrative Tribunals of International Organizations," *Mich. J. I. L.*, Vol. 13（1991）, pp. 83–121 を参照。これらの他に、Ostrihansky, R., "Advisory Opinions of the International Court of Justice as Reviews of Judgments of International Administrative Tribunals," *Pol. Y. I. L.*, Vol. 17（1988）, pp. 101–121 および Choi, W., "Judicial Review of International Administrative Tribunal Judgments" in Buergenthal, T.（ed.）, *Contemporary Issues in International Law*（Essays in Honor of Louis B. Sohn）（N. P. Engel, 1984）, pp. 347–370 もある。

(73) 国連行政裁判所規程一一条二項は、次のように規定する。「本条第一項に基づく請求の受理から三〇日以内に、委員会は、この請求に実質的な根拠があるかどうかを決定する。委員会はそのような根拠が存在する旨決定した場合には、国際司法裁判所の勧告的意見を要請するものとし、事務総長は、第一項にいう個人の見解を国際司法裁判所に伝達するように取り計らう。」

(74) *ICJ Reports* 1973, p. 180, para. 35.

(75) GA Res. 957 (X), para. 2.

(76) *ICJ Reports* 1973, p. 180, para. 35.

(77) 一九七三年意見に付した反対意見において、グロ裁判官は、口頭陳述が事件の真の証拠調べに「必須の要件（condition indispensable）」であると述べ、多数意見を痛烈に批判した。Opinion Dissidente de M. Gros, *ICJ Reports* 1973, p. 265. また、モスラー（H. Mosler）裁判官は、一九八二年意見における個別意見の中で、国際司法裁判所の権限の下にある特定の事件で、口頭陳述の排除される事件が必ず存在するということを遺憾に思わざるを得ないと述べた。Separate Opinion of Judge Mosler, *ICJ Reports* 1982, p. 380. もともとこのように、口頭手続を行わず、職員の書面による見解も機構がとり次ぐことにより審査を進めるという方策は、ＩＬＯ行政裁判所判決に関する一九五六年意見においてとられたのが最初であり、これを国連行政裁判所に関する手続にも踏襲したのである。従って、この方策に対する批判の声は既に一九五六年意見に付された個別意見や反対意見にも多く見受けられた。たとえば、ウィニアルスキー（B. Winiarski）裁判官は、行政裁判所で争訟事件として処理された問題を、国際司法裁判所の前では同様の争訟事件としてではなく、勧告手続を用いて処理すること自体に疑義を唱えていた（Opinion Individuelle de M. Winiarski, *ICJ Reports* 1956, pp. 104–108）し、コルドバ裁判官も、ＩＬＯ行政裁判所判決の審査手続によって国際司法裁判所に求められているのは、意見でも勧告でもなく、拘束力ある決定、すなわち判決であることを指摘し、当該手続には、司法機能と勧告機能との混同が見られることを批判していた（Dissenting Opinion of Judge Córdova, *ibid.*, pp. 161–162）。また、とりわけ、口頭手続を行わない書面手続のみによる審査について、特に職員の書面をユネスコがとり次いだことに対して、クレスタッド（H. Klaestad）裁判官は、職員が行政裁判所判決の相手方当事者である機構に従属している以上、機構と職員との間に必要とされる地位の平等が確保されないと述べ、さらに、国際司法裁判所規程六六条に定められた通常のかつ有益な手続である口頭手続をなしですませたことも、一層深刻な問題であるとした（Separate Opinion of Judge Klaestad, *ibid.*, p. 110）。また、この点に関してはザフルラ・カーン（M. Zafrulla Khan）裁判官も、国際司法裁判所には、同裁判所の前の当事者を平等な地位に置く責任があることを指摘した（Separate Opinion of Sir Muhammad Zafrulla Khan, *ibid.*, p. 114）。

（78）　これと同様の指摘は、一九五六年意見に付されたザフルラ・カーン裁判官の個別意見にも見られる。同裁判官は、国際司法裁判所規程六六条二項の下で国家または国際機構が口頭審理の要求を行ったならば、「国際司法裁判所はジレンマに突き当たっていたであろう」と述べている。Separate Opinion of Sir Muhammad Zafrulla Khan, *ibid.*, pp. 114–115.

（79）　前掲注（73）参照。

（80）　*ICJ Reports* 1973, p. 176, para. 25.

（81） *Ibid*, p. 177, para. 28.

（82） さらに、委員会の手続に関しては、とりわけ一九八二年の審査請求事件の際に、職員側の代理人が委員会の審議への参加を拒否されたことに対して、ルダ裁判官（Separate Opinion of Judge Ruda, *ICJ Reports* 1982, p. 377）、モスラー裁判官（Separate Opinion of Judge Mosler, *ICJ Reports* 1982, p. 382）およびエル・カーニ（A. F. El-Khani）裁判官（Opinion Dissidente de M. El-Khani, *ICJ Reports* 1982, p. 451）が手続上の瑕疵を問題としている。なお、この一九八二年の事件では、これ以外にも、請求の発端となる判決を下した行政裁判所および審査請求を審議した委員会においていくつかの手続上の瑕疵が散見された。まず、行政裁判所では本来三人法廷により審理を行うが（国連行政裁判所規程三条一項）、この事件では、四名の裁判官で審理を行った。さらに、裁判所長と二名の裁判所次長以外の補欠裁判官（membres suppléants）は判決の審査請求を行ったアメリカの国籍を持つ裁判官であり、同裁判官は判決に反対意見まで付していた（Opinion Dissidente de M. El-Khani, *ICJ Reports* 1982, pp. 448-449）。また、審査請求委員会の審議においては、二九カ国から成る総会の一般委員会のうち、同委員会に出席したのは一七名に過ぎなかった。さらに、総会の一般委員会に出席していたシエラレオネ代表が、本件審議のための審査請求委員会第二〇会期に出席できなくなったので、同代表は総会第六委員会の委員長であったことから、代わりに同じ第六委員会の副委員長であったカナダ代表を審査請求委員に指名した（Opinion Dissidente de M. El-Khani, *ibid*., pp. 449-451）。この措置は、総会手続規則三九条（主要委員会の委員長は、一般委員会に欠席する場合には、その委員会の副委員長の一人を自己の代理として指名することができるという規定）に基いたものと思われる（*ICJ Reports* 1982, pp. 342-343, para. 38）。しかし、行政裁判所規程一一条四項は、「総会の最近の［傍点著者］通常会期の一般委員会に代表を派遣している加盟国で構成する」こととしているため、同じシエラレオネから別の代表者が出席すれば問題はなかったものの、カナダ代表はもともと総会の一般委員会の構成員でなかったことから、結果として、一般委員会の委員でない加盟国代表が審査請求委員会に出席するという異例な事態になったのである。これに加えて、アメリカが提出した審査請求の方法および内容にも不備があった（Opinion Dissidente de M. El-Khani, *ibid.*, pp. 451-453）。以上の諸点について、国際司法裁判所は手続上の瑕疵を認めながらも、結局、国連を補助する任務の必要性から請求に応じる決断を下した。*ICJ Reports* 1982, pp. 340-348, paras. 33-45. しかし、このような多数意見の判断に対して、特にエル・カーニ裁判官がその反対意見において、右のような種々の手続上の瑕疵は、国際司法裁判所が意見の要請に応じない決定をするに十分足るものであったと述べている。Opinion Dissidente de M. El-Khani, *ibid.*, p. 448.

（83）　Opinion Dissidente de M. Gros, *ICJ Reports* 1973, p. 263.

（84）　また、このような審査請求委員会の政治性以前の問題として、同委員会の勧告的意見要請権限自体を疑問視する見解もある。オニアマ（C. P. Onyeama）裁判官は、同委員会が、それ自身の活動からではなく、行政裁判所の活動の範囲内で生じる法律問題について国際司法裁判所の勧告的意見を要請する機関に過ぎないので、同委員会を国連憲章九六条二項にいうような「その活動の範囲内において生ずる法律問題について」勧告的意見を要請できる機関ではないと考える。Separate Opinion of Judge Onyeama, *ibid.*, p. 229. また、モロゾフ（P. D. Morozov）裁判官は、これと同様の指摘をするとともに、総会が設置した審査請求委員会の法的根拠を問題とし、同委員会が国連憲章七条および二二条にいう国連の機関でないと考えることにより、同様に委員会の勧告的意見要請権限がないことを導いた。Dissenting Opinion of Judge Morozov, *ibid.*, pp. 298-299.

（85）　一一条手続廃止の経緯を概観したものとしては、ティエリ（H. Thierry）による二つの論稿（"Note sur l'abrogation de l'article 11 du statut du Tribunal administratif des Nations Unies," *A. F. D. I.*, Vol. 41（1995）, pp. 442-446, "Les voies de recours contre les jugements du tribunal administratif des Nations Unies et du tribunal administratif de l'O. I. T." in Société Française pour le Droit International, *Le contentieux de la fonction publique internationale*（A. Pedone, 1996）pp. 121–126）も参照のこと。

（86） GA Res. 45/ 239, B, para. 3.

（87） GA Res. 47/ 226, II, para. 3.

（88） A/ 48/ 232.

（89） GA Dec. 48/ 415.

（90） A/ 49/ 258.

（91） A/ C. 6/ 49/ 2.

（92） *Ibid.*, paras. 12–15.

（93） *Ibid.*, paras. 16–17.

（94） *Ibid.*, para. 18.

（95） *Ibid.*, paras. 20–37. もっとも、同報告書は、一一条手続を廃止することにより行政裁判所判決が終結となるとしながらも、加盟国が国連行政裁判所の管轄権および権限の踰越または国連憲章規定に関する法律問題についての誤りを理由に国際司法裁判所の勧告的意見を要請することは妨げられないと述べている。というのも、これら二つの理由は、職員と機構との間の紛争そのものに関わるのではなく、加盟国がまさに関心を有する立法機関と司法機関との間の権限配分という根本的な憲章上の問題に関わるからだと説明される。*Ibid.*, para. 38. しかし、私見では、職員の勤務上の紛争に関する実体判断を明確に排除し、このように行政裁判所の管轄権および権限の踰越や憲章上の法律問題の誤りのみに限定した形で勧告的意見を要請し回答を得ることができるのかどうか、疑問が残らないわけではない。

（96） A/ 49/ 746, para. 8.

（97） GA Dec. 49/ 425.

(98)　GA Res. 50/ 54.

(99)　前掲注（58）参照。

(100)　A/ C. 6/ 49/ 2, para. 35.

(101)　行政裁判所判決審査手続導入の審議の過程で、当初から事務総長は、職員も行政側もいずれもその手続の必要性を感じてはいないと言明していた（A/ AC. 78/ L. 1 and Corr. 1 reproduced as A/ 2909/, Annex II (A), para. 80）し、職員を代表する職員理事会（Staff Council）も、加盟国に判決審査請求権を付与することは事務局および機構の国際的性質を大いに損なうことを懸念しながら（A/ AC. 78/ L. 4 reproduced as A/ 2909, Annex IV, para. 15）、同様に、審査手続の必要性を感じていないことを明らかにしていた（*ibid.*, para. 23）。これらの点から、グロ裁判官は、行政裁判所判決の審査という正にその概念自体が、手続導入の際、職員を保護するという手続とは関係ないどころか、それとはかけ離れたものであったとさえ論じている。Opinion Dissente de M. Gros, *ICJ Reports* 1973, p. 272.

(102)　もっとも、従来から「独立した国際公務員制度の確立（création d'une fonction publique internationale indépendante）」のために国際司法裁判所が多大な貢献をしてきたことを評価する立場に立っていたルジエ（D. Ruzié）は（Ruzié, D., "La C. I. J. et la fonction publique internationale," in Dinstein, Y.（ed.）, *International Law at a Time of Perplexity*（Essays in Honour of Shabtai Rosenne）(Martinus Nijhoff, 1989), p. 691）、一一条手続の廃止が、国際公務員制度における司法の理想にとっては、決して前進を意味するわけではないとする（Ruzié, D., "Le double degré de juridiction dans le contentieux de la fonction public internationale" in *L'evolution du droit international*（*Mélanges offerts à Hubert Thierry*）(1998), p. 376. また、このように、国際司法裁判所による権威ある意見により行政裁判所判決が強化されることを評価する考えは一一条手続設置の当初から他の論者にも見られた。Dehaussy, J., "La procédure de réformation des jugements du tribunal administratif des Nations Unies," *A. F. D. I.*, Vol. 2 (1956), p.479)。しかし、たとえ国際司法裁判所による何らかの貢献があったにせよ、一一条手続は訴訟当事者でない加盟国に関与の余地を認めたものである以上、当該手続全体を通じて見れば、これが「独立した国際公務員制度の確立」に寄与したといえるかは大いに疑問である。

(103) この派遣制度については、本書第一章第二節参照。

(104) しかし、ＩＬＯ行政裁判所には、依然として同裁判所判決審査のために国際司法裁判所の勧告手続を利用するＩＬＯ行政裁判所規程一二条が存在する。ＩＬＯ行政裁判所手続の場合、先述した通り、国連行政裁判所判決審査請求委員会のような機関を介在させないものの、加盟国代表から成る機構の執行理事会が判決の審査を請求することとされている。従って、国家の介入の余地が残されている点で、国際公務員の身分保障という観点からは、決して望ましい制度とはいえない。もっとも、ここでもしばしば言及した一九五六年意見以降、この判決審査請求手続を通じて国際司法裁判所まで問題が持ち上がった例はない。

(105) Separate Opinion of Judge Elias, *ICJ Reports* 1987, pp. 78-79. エライアスは、国連行政裁判所を第二審裁判所とし、さらにその上訴機関として国際司法裁判所を用いる提案も別稿で行っていた。Elias, T. O., "The International Court of Justice in Relation to the Administrative Tribunals of the United Nations and the International Labour Organisation" in de Cooker, C. (ed.), *International Administration* (Law and Management Practices in International Organisations) (Martinus Nijhoff, 1990), V. 4/33. また、国際司法裁判所を上訴機関として利用する場合、手続の迅速性を考慮して、五名の裁判官から成る小法廷を設置するという提案もかつては見られた。Gross, *supra* note 72, p. 40.

(106) Opinion individuelle de M. Ago, *ICJ Reports* 1987, p. 109. これ以外にも、かつてラックス（M. Lachs）裁判官が強調したように（Declaration of Judge Lachs, *ICJ Reports* 1973, p. 214, Dissenting Opinion of Judge Lachs, *ICJ Reports* 1982, pp. 433-434, Declaration of Judge Lachs, *ICJ Reports* 1987, pp. 74-75 and Lachs, M., "Some

Reflections on the Contribution of the International Court of Justice to the Development of International Law," *Syr. J. I. L. & Com.*, Vol. 10（1983）, p. 276）、国連ファミリー内に既存の行政裁判所を統合して共通の行政裁判所を設けることも、実際に総会の場で模索されたことがあった。たとえば、一九七八年には、総会が事務総長と行政調整委員会に対して、完全なコモン・システム実現のために、単一の行政裁判所設立の可能性を検討することを要請した。GA/ Res./ 33/ 119, I, para. 2. なお、この当時、国連行政裁判所とＩＬＯ行政裁判所の統合について論じたものとして、Tavernier, P., "La fusion des tribunaux administratifs des Nations Unies et de l'O. I. T.: nécessité ou utopie?," *A. F. D. I.*, Vol. 25（1979）, pp. 442-459 がある。その後も、特に国連行政裁判所とＩＬＯ行政裁判所の統合という点につき継続して審議が続けられたが、一九八九年に総会は、既存の国連行政裁判所規程を保持するために、結局当該問題についてのさらなる検討を事実上断念した。GA Dec. 44/ 413.

(107)　このような今日の改革の源流は八〇年代前半まで遡る。一九八四年に、総会は職員の不服を処理する種々の手続を強化し、特にオンブズマン設置の可能性を報告するよう事務総長に要請を行い（GA Res. 39/ 245, I, 6, (e) and (f)）、その後八五年と八六年に事務総長報告（A/ C.5/ 40/ 38 and A/ C.5/ 41/ 14）が提出され、翌年から、総会は「事務局における司法運営（Administration of justice in the Secretariat）」と題する総会決議において、事務総長にこの問題を継続して検討することを求めてきた。GA/ Res. 42/ 220 B, GA/ Res. 43/ 224 B, GA Res. 44/ 185B and 45/ 239B. とりわけ最近の動きとしては、一九九三年四月八日の総会決議（GA Res. 47/ 226, II, para. 3）が事務総長に対して司法運営の包括的な再検討を要請し、これを受けて、事務総長は、九四年と九五年にそれぞれ「国連事務局における内部司法制度改革（Reform of the internal system of justice in the United Nations Secretariat）」と題する報告書（A/ C.5/ 49/ 13, A/ C.5/ 49/ 60（*see also*, A/ C.5/ 49/ 60/ Add. 1 and A/ C.5/ 49/ 60/ Add. 2/ Corr.1）, A/ C.5/ 50/ 2（*see also*, A/ C.5/ 50/ 2/ Add.1）を総会第五委員会に提出した。それらの報告書によれば、機構の内部司法制度の強化は、一方で、紛争が正式に付託される前に（すなわち、紛争が行政裁判所への付託やその前段階にある合同訴願委員会への付託の前に）その早期解決を容易にすることと、他方で、訴願や懲戒手続を専門化することという二つの主要な柱から成る。前者については、紛争を行政的に解決するための任を負う現行の人材管理部行政審査局への苦情があまりにも増加しその仕事が過重となったため、常設の行政審査官を設けたり、調停のためのオンブズマンの設置が提案されている。また、後者については、行政裁判所による司法裁判の前段階として準司法的解決を目的とする現行の合同訴願委員会と、懲戒問題を扱う現行の合同懲戒委員会に替えて、より一層の専門性を有しかつ迅速な手続を実現できるような仲裁委員会と懲戒委員会をそれぞれ新たに設けること、また、紛争解決の早期段階において職員に助言を行う常任の法務官を代理人パネルとして新たに設けることが提案されている。その後総会で、右の事務総長提案の法的な意味を持つ部分についてはまず第六委員会にて審議することが決議された（GA Res. 50/ 240）。同委員会では、とりわけ、新規設置の提案された仲裁委員会と懲戒委員会について議論がなされた。この議論の中で、当該改革の文脈においては、行政裁判所の役割も併せて考慮されるべきとの提案がなされた（A/ C.6/ 51/ 7）。このような改革の流れの中、九九年には、総会第六委員会において、「国連行政裁判所規程の再検討（Review of the Statute of the United Nations Administrative Tribunal）」という報告書（A/ 54/ 616）が提出された。注目すべきは、同報告書の中に、イギリスがフランスおよびアイルランドと共同して行政裁判所規程のいくつかの点につき改正案（A/ C.6/ 54/ L. 13 and A/ C.6/ 54/ L. 13/ Rev. 1）を提示したことである。この改正案によれば、たとえば、裁判官の資格要件や裁判官の地位の独立についてそれを厳格に規定すること、また、裁判官の任期は三年で再任は際限なく認められることになっているが（行政裁判所規程三条二項）、改正案では任期を一年延長して四年とする代わりに再任は厳格に一度しか認めないこととされている。さらに、裁判所規程では、三人法廷で審理することになっているが（同規程三条一項）、改正案では、三人法廷で審理した結果事件が重大な法律問題を生じると判断された場合には、別途五人法廷による審理に移管することが提案されている（このような行政裁判所規程の改正案は、既にティエリによっても指摘されていた。Thierry, H., "Aspects de la justice administrative internationale" in *Le droit des organisations internationales*（Recueil d'études à la mémoire de Jacques Schwob, textes réunis par J.-F. Flauss et P. Wachsmann）（Bruylant, 1997）, p. 120-122）。ごく最近の動きとしては、二〇〇一年になり、紛争解決の第一手段であるオンブズマン事務所の設置が決定された（A/RES/56/253）。さらに、行政裁判所規程の改正については、二〇〇〇年の改正（GA Res. 55/159）により、三条一項に、裁判官の資格として法律の資格と経験を十分に有する者との要件が追加され（二〇〇三年（GA Res. 58/87）と二〇〇五年（GA Res. 59/283）の改正で、さらに国内の行政法かそれと同等の分野での経験を要件とするよう改めた）、三条二項も改正されて、裁判官の任期を四年としかつ一度のみの再任を可とすることになった。また右の二〇〇〇年の改正では、重大な法律問題を生じる事件については、通常の三名ではなく、五名の裁判官による法廷での審理を可能にする八条が新たに挿入され、九条以下の条文番号を一つずつ繰り下げることとなった。

第三章　国際行政裁判所による国際公務員の身分保障

第一節　国際行政裁判所による行政裁量の統制

一　国際機構の人事行政における行政裁量

一般に、国際機構ではその組織構造上、行政の長を頂点とする統一した行政機構が確立されている。機構の目的を達成するにはもちろん組織運営が円滑に行われなければならず、従ってその限りにおいて、行政の長には機構行政における裁量が認められる。すでに見たように、かつて国際連盟行政裁判所設立の契機となったモノ事件[1]において、連盟理事会と特別に設けられた監査委員会によって設置された法律家委員会では、次のように述べられている。

「事務総長とモノ氏との間に存在する法的関係は、単に勤務または労働のための雇用契約に基づくだけではなく、……それは、より複雑な性質を有する公的任用関係（relation connected with public employment）である。従って、その関係は、私法および民法上の原則に拠ってのみ判断されることはなく、主として公法および行政法上の原則に照らして検討されなければならない。

公的任用関係とは、職員の私的かつ個人的な利益とは必ず取って代わらねばならない、公益上の要請によって常に規律される。……

従って、このような性質を持つ関係は、あたかも平等な権利および義務に基づく契約を結んだ二者の平等な法人間に存在するかのごとく扱われてはならない。行政は、常に裁量権を有さなければならない。さもなければ、行政は、その関係を成り立たせている公認された公共の要求を満たすために、それらの要求を重視しながら、それらの関係の発展を確保することができなくなるからである。……

だからといって、行政府がその権限を恣意的なやり方で行使することができるということにはならない。行政府は、常にそのすべての行為において、公益を重視し正義の原則を尊重しなければならないのである。もし、行政府が私的目的もしくは法によって許容されない目的のためにその権限を踰越するか、または、不正を行った場合には、違法行為を犯したことになる。(2)」

このように、国際連盟行政裁判所の設立前の時点で、職員の不服申立てを扱った特別の法律家委員会において、すでに国際機構側に行政裁量が認められるとの認識があった。右に見た見解のように、国際機構が効率的な運営を行う上で、機構側の行政裁量は一定の範囲で必要であろう。この認識は今日も変わらない。たとえば、機構とその職員との関係において、国連職員規則は、その前文において、「この規則は、事務局の職員の配属及び管理に関する人事政策の一般的な原則を示す。事務総長は、行政の長として、かかる原則に合致しかつ必要と認める職員細則を定め、これを施行する」と謳っている。これは、国連行政裁判所も認めるように(3)、事務総長が職員規則の制定および職員規則の適用について裁量を有しているということを端的に示している。この事務総長の裁量は、国際公務員の身分保障の根幹となる職員の勤務関係の成立および勤務関係の終了について、それぞれ職員規則および細則によって認められているのである。

まず、職員の勤務関係の成立に関していうと、国連憲章一〇一条一項は、「職員は、総会が設ける規則に従って事務総長が任命する」と宣明し、職員の任命に対する事務総長の裁量を認めている。この任命の基準となるのが、同一〇一条三項に述べられているように、「最高水準の能率、能力および誠実を確保しなければならないこと」と、「職員をなるべく広い地理的基礎に基いて採用すること」である。これらは、能力主義を指すいわゆるメリット・システム（merit system）と、地理的配分の原則（principle of the geographical distribution）である。職員に与えられるべき任用形態についても同様に、憲章一〇一条のもとに事務総長の裁量が認められているものと解される。職員の任用および昇任については、事務総長によって設置される中央審査機関（Central review bodies）——P—五およびD—一以上の職に就く職員の問題を担当する中央審査会（Central Review Board）、P—四以下の専門職員の問題を担当する中央審査委員会（Central Review Committee）および一般職職員とその他関連の職員の問題を担当する中央審査パネル（Central Review Panel）から成る——が職員の任用、昇任および審査を行い、最終的に事務総長が決定を下すことになっている（国連職員細則一〇四・一四）。国連行政裁判所も、期限付任用から恒久任用への昇任が拒否された職員の事件で、任用および昇任が事務総長の裁量内にあることを確認している。ところで、期限付任用職員の契約が更新されるか否かという問題がしばしば問題となるが、国連行政裁判所では、「期限付任用を更新するか否かの決定は、事務総長の裁量内にある」ことが確認されている。また、試用職員について、試用期間の延長が問題となることもある。この点に関しては、職員規則および細則、ならびに任用契約書にも何ら明確な期間の定めがないことから、裁判所が延長期限の設定に対する事務総長の広範な裁量権を認めた例がある。

次に、職員の勤務関係の終了についても、事務総長の裁量が認められている。なかでも特に問題となるのが、職員の離職および懲戒免職である。国連職員の場合、離職に関しては、まず恒久任用職員について国連職員規則九・一(a)で、「事務総長は、官職の廃止若しくは職員の削減が必要であるとき、当該職員の勤務成績が不良であるとき、又はその者が健康上の理由で引き続き勤務することができないときは、試用期間が終了し、恒久任用を受けている職員の任用を終了させることができる」と規定される。これに続けて、職員規則九・一(b)は、期限付任用職員について、「事務総長は、期限付任用職員を、その任期終了前に、上記(a)に定められているいずれの理由によっても、又は任命書に特定されている他の理由によっても、その任用を終了させることができる」と規定し、さらに職員規則九・一(c)は、「恒久任用のための試用期間にある職員を含む他のすべての職員について、事務総長は、国際連合の利益にかなうと判断するときは、いつでもその任用を終了させることができる」と規定する。これらの規定では、それぞれ、恒久任用職員、期限付任用職員および試用職員を含む他のすべての職員の離職に対して事務総長の裁量を認めているのである。ここで注目すべきは、後者二つの任用形態にある職員の解任には、恒久任用職員の場合と比べてより広範な裁量が事務総長に与えられているということである。これは、国連が恒久任用を他の任用に対してより上位に位置づけていることに由来すると思われる。恒久任用という任用形態は、もともと国際公務員制度の安定を確保し、かつ事務総長によって自由に選出された真の国際公務員団（genuine body of international civil servants）を創設するため事務局の設立当初から用いられてきたものであり、従って、解任理由およびその条件を正確に列挙する職員規則のもと以外には恒久任用は終了され得ないのである。(10)

懲戒免職に関していえば、事務総長は、職員規則上、「職員としてふさわしくない行動をとる職員に対し、懲戒処分を課する」ことができ、さらに「重大な非行（serious misconduct）(11)を理由として、職員を即時免職する」ことができる（国連職員規則一〇・二）。また、その手続として、事務総長は、「懲戒問題について助言をするための職員の参加する行政機関(12)を設置する」ことができる（同規則一〇・一）。これに加えて、職員細則上、職員規則一〇・二にいう懲戒処分とは、具体的には、事務総長による書面戒告（Written censure by the Secretary-General）、降格（Loss of one or more steps-in-grade）、一定期間の昇格延期（Deferment, for a specified period, of eligibility for within-grade increment）、無給休職（Suspension without pay）、罰金（Fine）、降任（demotion）、細則一〇九・三（告知または補償が与えられる離職）に基づかない離職（Separation from service, with or without notice or compensation in lieu thereof, notwithstanding rule 109. 3）および即時免職（Summary dismissal）を表す（国連職員細則一一〇・三(a)）。従って、ここでは懲戒事由となる職員の行動の評価と具体的処分の選択について事務総長の裁量が確認されているのである。

二　行政裁量と司法権

このように、国連職員の勤務関係においては、憲章ならびに職員規則および細則に基づいて事務総長の広範な裁量権が認められていることがわかった。しかし、職員の身分を保障するための国連行政裁判所がこの裁量権に対して関与を行えないとなると、その存在意義自体が弱められることになりかねない。実際、国連行政裁判所規程起草の準備作業の中では、裁判所の管轄権についてその権限が及び得ない問題として次の二つが挙げられていた。一方は、内部行政事項に関わる問題であり、他方は、懲戒問題である。これらは、果たして裁判所の権限の範囲外にあるものなのであろうか。さらには、裁判所の統制から除外される事項というものが実際にあるのであろうか。これらの問いに答えるため、ここではこの二つの事項について詳しく見てみることにする。

(一)　内部行政事項

内部行政事項については、国連準備委員会の第六委員会の議論の中で、事務局内の内部機関で扱われ、かつ事務総長の決定が最終的となる内部行政事項（matters of internal administration）を、国連行政裁判所は扱わないということが意図されていた[13]。ここでは、何が内部行政事項であるのか具体的に明らかにされていないものの、裁判所が従来から関与することを差し控えてきた事項として、職員の勤務評定が挙げられる。たとえば、裁判所の初期の判例で、職員の契約の更新の可否を争ったデ・ポジダエフ（de Pojidaeff）事件で、裁判所は、内部行政手続の欠陥またはそれに基づいてなされた行為については見解を述べることができないとしている[14]。さらに本件において申立人は、定期報告書に記載された自己の勤務評定に対する不服とその削除および訂正を申立てた。しかし、職員の勤務評定に関する年次報告は、「職員の能率の本質的評価を可能に」し、また、「自己に批判的な意見を知る機会を職員に与える」目的があるため、裁判所は、「年次報告制度の可能な限りの発展を妨げるような意見を述べることについては常に慎重である」べきことを明確にしている[15]。職員の実績および能力の評価に関する問題においては、その職員が特定の仕事を遂行するのに適しているのか否かが問われなければならない。従って、職員の勤務評定については、現場での専門的な判断が可能な機構側の裁量に委ねられているといえる。この点に関しては、裁判所も、「職員としての資格の決定は、行政事項であり裁判所の扱う事項ではない」ことを明らかにしている[16]。

これと関連して、能力という点では職員の健康状態の判断がしばしば問題となる。つまり、健康状態が良好でないことを理由に、職員としての職務遂行能力が問われるのである。申立人の健康状態を根拠として契約更新の可否が争われたコウチス（Coutsis）事件において、国連行政裁判所は自らを、医師の診断の正確さについて見解を表明することができる機関ではなく、「従って、国連医務局長の勧告に基づく事務総長の決定の医療上の根拠について審査することはできない」とした[17]。さらに、健康状態の判断そのものだけでなく、健康診断の実施等の健康基準の決定も事務総長の裁量に委ねられている[18]。その他にも、内部行政事項として裁判所が判断を控えた例としては、たとえば機構内行政の編成など、機構の政策に関する事項が考えられる。官職削減に伴う職員の解任に関し、経済面および能率面での機構の利益に基づく官職や職員の再編成について行政側の下した判断に対し、裁判所はその判断を代置することができないという原則が「十分に確立された判例」であることを、国連行政裁判所自身が認めている[19]。また、右に見た定期報告書に関連して、行政文書の廃棄について判断を下すことも、裁判所の権限内にはないことが確認されている[20]。

これらの事項に対して、確かに裁判所は、自己の判断を機構側のそれに代置することができない。その意味で、これら内部行政事項は、機構側の裁量の範囲内にあるといえる。しかしながら、裁判所がまったく関与できないというものではなく、たとえば定期報告書についていえば、裁判所も、それに対する裁判所権限の限界を確認しつつ、報告書が不正な動機づけによって記述されているか、または、事実が誤って記載された場合には、裁判所の前でその報告書について争うことができることを示唆しているし[21]、実際、事実と矛盾する定期報告書の取消しが認められた例もある[22]。次節で詳述するように、実際に裁判所で争われるのは、これらの事項に基づいて下される機構側の処分であり、その処分を決定する過程において、これらはその決定の要件に相当するが、その要件に裁量権の逸脱があれば処分は取消され得る。従って、その要件の判断に含まれる機構側の裁量に対して、裁判所は裁量の統制という形で一定の範囲において関与を行ってきたといえるのである。

ところで、機構に設けられた行政機関に関しても行政裁量が認められたことがあった[23]。これらの事件では、職員に恒久任用もしくは試用期間の延長を与えるのかまたは契約を終了させるのかを決定するための行政諮問機関である、ウォルターズ選任委員会（Walters Selection Committee; Walters は議長の名）の判断が国連行政裁判所で争われたのである。これら一連の事件において、事務総長は、本委員会の勧告に従ってそれぞれにつき契約終了の判断を下したのであった。申立人らはこの委員会の審議が適正な手続を欠いていたと主張し、その決定の取消しを求めたが、裁判所は、「本委員会は、勧告を行うため、事務総長によって設置され、かつ事務総長によって承認された方法で機能する内部行政機関であ」るので、「事務総長によって採用された内部行政実行には、裁判所は意見を表明しない」と述べた。

この裁判所の判断には多少の疑問が残る。内部行政機関の下した決定であるなら、裁判所はその決定について関与できないのであろうか。これら一連の事件での裁判所の判断においては、ウォルターズ選任委員会が単なる内部行政機関であるというだけで、原告の身分保障の機会が奪われてしまっている。もっとも、今日ではこのような事務総長の完全なコントロールの下にある機関は存在せず、たとえば職員の任用および昇任については、前述した中央審査機関が事務総長と職員代表機関によって選出された委員が審査に当たることになっている（国連職員細則一〇四・一四）。つまり、任用および昇任の問題は機構と職員の双方のコントロールの下に置かれているため、先のような問題は生じ難いといえよう。

(二)　懲戒問題

次に、懲戒問題について見てみることにする。この問題も、行政裁判所規程起草の準備作業の中で裁判所の管轄権の問題と関連して議論されていた。一九四九年に、国連総会第四会期に提出された国連行政裁判所設立に関する事務総長報告の中では、「事務総長の判断が最終的とならねばならない三つの分野の決定がある。すなわち、特定の職員の勤務成績が良好か否かの決定、懲戒問題で職員の任用条件の不履行が合理的に主張され得ない場合における事実の決定、および重大な非行があった場合における事実の決定、である。……機構の行政職員の長としての憲章上の責任は、上に示した場合における事実判断が最終的であると見なされる場合にのみ、十分に果たされ得る。もし、任用条件が侵害されていたというといかなる合理的主張もなされていないのに、独立した行政裁判所がそのような場合において事実を再審議し、かつ、事務総長の決定を取消す権限を与えられているなら、その責任は実効的に果たされ得ないであろう」と述べられている[24]。ところで、国連行政裁判所規程二条一項は、「裁判所は、国際連合の事務局の職員の任用契約又は任用条件の不履行を主張する申立てに基づいて、これを審理し、かつ判決を行う権限を有する。『契約』及び『任用条件』には、主張された不履行があった時に有効であった、職員年金規則を含むすべての関連規則及び細則を含む」と規定する。この規定の起草段階における行政裁判所の管轄権に関する議論の中で、国連総会の第五委員会は、「懲戒問題において、その問題が（行政裁判所規程［著者注］）二条一項の条件に該当しない場合、裁判所は管轄権を有さない」と述べている[25]。

このように、国連において、懲戒問題は裁判所の管轄権との関連で考えられてきたのであるが、実際の判例では、この懲戒問題はどのように扱われてきたのであろうか。この点につき判例を紐解けば、実際には、国連行政裁判所は、先述のような事務総長の裁量権を確かに認めてきたが、まったく審査権限を持たないというわけではなく、実際には若干の条件の下で審査を行ってきたといえる。たとえば、職員規則および細則を含む職員の任用条件の不履行を認め、事件が裁判所規程二条一項に該当することから自らの裁判管轄を確認し、審査を行ったり[26]、また、懲戒処分が下されるに至った過程で当該職員に適正な手続が与えられなかったことから審査を行ったりしてきたのである[27]。

このことから、懲戒処分には事務総長の広範な裁量権が認められているにもかかわらず、実際の慣行では処分の実態には踏み込むことなく、一定の範囲内で司法審査が行われていることがわかる。すなわち、右の前者の場合において国連行政裁判所は、懲戒問題を職員の任用条件の問題として扱い、後者の場合において裁判所は、懲戒処分自体の実体判断を避け、その代わりに処分決定の過程でとられた手続について統制を行っているのである。裁判所がその後の懲戒問題においても、審理に先立ってまず裁判所の前にある事件がこの二つの条件に該当するか否かを確かめていることなどを考え合わせると、少なくともこれらの条件のもとに、懲戒問題に対して司法的統制が行われ得ることを裁判所がその実行を通じて認めてきたということがいえるであろう。(28)

以上に、国連における行政裁量と司法権の基本的な関係を概観した。国連行政裁判所設立に際して、事項的管轄の問題として当初意図されていた、「裁判所の権限が及ばない事項」という概念はすでに姿を消し、国連行政裁判所は、その実行の中で、「行政裁量に対する統制」という形である一定の関与を行ってきたのである。従って、裁判所は、機構側の決定に対して実体的な判断を避ける反面、その裁量に逸脱があったか否かについて何らかの統制を及ぼしてきたといえるのである。

では、以上に見た国連行政裁判所の実行も含め、今日国際機構に設けられた国際行政裁判所は、いかにして、行政側の行為に対して司法的統制を加えてきたのであろうか。以下に、詳しく検討していくことにする。

第二節　国際行政裁判所による行政裁量統制の実際

以上に見た国連に代表されるように、国際機構と職員との関係において、人事行政の運営上、機構側には一定の裁量が認められている。これは、機構の人事行政に要請される職務の特殊性または専門技術性などを考慮すればもちろん肯定されて然るべきであるが、事務局の長に認められた権限、すなわち事務局の長に付与された自由の領域が拡大されるならば、それだけこの自由が常に濫用の危険性と可能性を内包することになってしまうこともまた然りである。従って、この事務局の長に認められた自由に対する適切な統制は、機構に従事する職員の権利を擁護するためにきわめて重要な課題となるのである。この点に鑑みれば、国際行政裁判所は職員の勤務関係における行政の裁量権を司法的に統制する唯一の機関であることから、その行政裁判所としての機能および役割がどの程度評価されるのか、一言でいうなら、裁判所の存在意義というものがここで問われることになる。そこで、本節では、主な国際行政裁判所――国連行政裁判所、ＩＬＯ行政裁判所、世銀行政裁判所およびＩＭＦ行政裁判所――が職員の身分保障という点から行政裁量に対し、どのように司法的統制を行ってきたかを考察してみることにする。そのために、機構とその職員との勤務関係における行政裁量に対し、国際行政裁判所による統制がどこまで実現されてきたかをその判例に基づいて検証していくことにしたい。具体的には、行政行為の各要素に着目して、事実・要件の審査、目的・動機の審査、手続・形式の審査および内容・効果の審査の四つに分類し[29]、それぞれの要素に対する司法的統制を考察することにする[30]。

一　事実・要件の審査

ここでは、行政判断の第一段階、すなわち事実認定および事実への法適用のように行政行為の要件に関して、行政判断に誤りがあったかどうかを問題とする。通常、行為の要件が法規則に明記されている場合には司法審査が及ぶことに異論はない。しかしながら、要件が明示されておらず抽象的である場合、司法審査の及ばないことがあり、そこには一定の裁量の余地が認められ得る。さらに行政内部の専門的見識を要する判断に対しても司法審査は及び得ない[31]。たとえば、職員を懲戒権の発動の一つとして即時免職する際に、その前提となる重大な非行がないならば行政側はその権限を踰越したと考えることができるが、他方で、先に見た国連の例のように、いかなる行為をもって重大な非行と判断するかは事務総長の判断に委ねられているので、ここに行政側にある程度の裁量の余地が認められ得るのである。それでは、まずどのような場合に事実誤認があったとされるのか、いくつかの判例に従って検討してみようと思う。

まず、第一に、事実を明らかに誤認して行政の長が決定を下した場合、その決定は行政裁判所によって取消され得る。たとえば、国連行政裁判所のダワン（Dhawan）事件において、一九六五年にインド政府から国連特別基金計画のニューデリー事務所に派遣された職員の妻が、亡夫の国連合同職員年金基金への加入権について争った。本件では、インド政府の国際機構への公務員派遣制度について国連側に誤認があったとされた。一九五二年以来、インド政府は、自国から国際機構に派遣した公務員に対して国連合同職員年金基金に加入することを禁じていた。この事実に基づき、ニューデリー事務所では当該職員の年金加入を認めていなかった。ところが、インド政府は、すでに六〇年覚書によってその方針を変更しており、五八年以降に派遣されたものに対しては年金加入が認められることになっていたのである。ニューデリー事務所はこの事実を明らかに誤認しており、従って、裁判所は、亡夫が年金への加入権を奪われたことによって被った申立人の損害を認めたのである(32)。

また、ＩＬＯ行政裁判所のプライス（Price）事件においては、汎米保健機関（ＰＡＨＯ）の等級の改定に伴う職員の等級づけが争われた。本件では、申立人をＰ―四職に就けることを結論した調査不服申立委員会と、それより下位のＰ―三職への等級づけを主張した人事課長との見解の相違が背景にあり、結局、ＰＡＨＯ事務局長が後者の意見に沿って下した決定について、ＩＬＯ行政裁判所は、審理の理由の一つとして事実誤認を挙げ、書面上の事実と議論の分析から、事務局長決定に誤りがあり当該決定が無効であるとの結論を導いた(33)。

世銀行政裁判所のキング（King）事件では、一九九〇年から九一年にかけて、二つの世銀ビルの取り壊しの際に生じた種々のスクラップのうち、エア・コンディショナーに使用されていた銅線から取り出した銅を申立人の部下が売却し、それによって得た収益を一九九〇年末のクリスマス・パーティー用の基金に当てていたことが事件の発端となった。つまり、世銀の公用財産が私用に用いられたのである。管理職の地位にあった申立人キングは、九一年五月一日になって初めてこの事実を知らされ、直ちに部下に当該行為をやめることを命じ、自分の上司に事実を知らせた。その後、機構側でこの事件について調査が行われ、彼は少なくとも九〇年一二月にそれを知り得たはずである（従って、翌年五月まで迅速かつ適切な措置をとらなかったことの責任が問われるべきである）との結論が出された。結局、キングに対しては、降任や書面による戒告、さらには減給などの懲戒処分が課された。本件ではこの懲戒処分の是非が争われたのである。世銀行政裁判所は、事件の実体的側面について、次のように述べる。「申立人が一九九一年五月一日以前に銅が持ち去られた事件について知っていたという証拠はなく、（その代わりに［著者注］）彼が上司であるB氏にその事件を実際直ちに報告していた……ことについては証拠があることから、申立人は、銅が持ち去られたことを知り、直ちに適正な行動をとることを怠ったことについて、責任を負うことはないと判断する。」結局、本件において被告によってとられた懲戒処分は、全くの誤認であり、当該決定は無効として扱われ、可能な限りにおいて、その結果は全面的に除去されなければならないとされた[34]。

第二に、機構側が処分を決定する際に考慮に入れなければならない事実をその判断過程から除外した場合にも、その決定は事実誤認に類するものと考えられる。恒久任用契約を有する国連職員が成績不良で解任され、国連行政裁判所に申立てた一九六六年のギルマン（Gillman）事件においては、職員の勤務評定を行う任用昇任委員会の誤った判断に基づいて事務総長が決定を下したことが問題とされた。本案審理に先立って、国連行政裁判所は、この委員会が不十分な情報または誤った情報に照らして判断を行い、それに基づいて事務総長が決定を下した場合には、同委員会の判断が事務総長決定の有効性の根拠にはならないことを明示した。この点に鑑み、本件で、申立人は公務遂行中に自動車事故に遭い、その影響によって後の勤務能率が下がったという事実があったのであるが、右委員会が事故自体および後の勤務への事故の影響を十分に考慮しなかったとして、裁判所はこの委員会での再審議を命じた[35]。

ＩＬＯ行政裁判所においても同様である。たとえば、一九八二年のフロリオ（Florio）事件では、健康上の理由から、ＦＡＯ職員が契約の更新を認められなかった。この事件では、申立人が長年腰痛を患っていたことから、勤務の継続が可能か否かが問題となったのである。申立人の個人的な主治医は、申立人に健康上の異常がないとの診断書を提出していたにもかかわらず、ＦＡＯの主事医務官（Chief Medical Officer）が、右診断書は公平性と客観性に欠けると判断し、右の診断を申立人の任用契約更新の考慮には入れなかった。主治医務官が右診断書の意見に同意しなかったことに鑑み、ＩＬＯ行政裁判所は、主事医務官は欠くことのできない事実を十分に考慮しなかったと判断し、契約不更新の決定は裁量的決定であるものの、当該決定には瑕疵があるとしている[36]。他方で、ＩＭＦ行政裁判所がいうように、ある個人の行為に関して、他の者が本人の返答の機会を与えることなく述べた不服や反対意見は考慮に入れるべきではない[37]。

世銀行政裁判所のチャクラ（Chakra）事件で、申立人チャクラは、一九七三年二月から世銀で二か国語のタイピストとして普通任用職を付与された後、管理業務局の言語サービス部アラビア語翻訳課で勤務していた。その後八二年に入り、機構再編のための職務等級計画（Job Grading Program）が開始された。レベルＧとされていた彼の地位は、新しい制度の下で、およそ一六級に該当すると目されていた。しかし、最終的に行政側から提示された申立人の地位は予想より下級の一五級であり、しかもこの地位における俸給額は、申立人に現在支給されている額を下回るものであった。彼は、行政的紛争解決機関である職員等級訴願委員会に不服を申し出た。ここで出された結果は、大要、行政側の判断に誤りはないというものであった。とりわけ、チャクラの持つアラビア語の能力について、本委員会によれば、この能力が当該地位には卓越した要素であることを認めながらも、このような職員の等級づけを行う際に語学能力を考慮しないということが一般原則であるので、そのような考慮を行わなかった行政側の判断が恣意的または差別的であるということにはならない、とのことであった。この決定に不服であったチャクラは、裁判所に訴を提起した。審理において、裁判所は、「地位の評価に際して二カ国語の能力を考慮することが要請されているのに、それを考慮しないことは、裁量の濫用である。要請された言語の能力が……何故正当に扱われなかったかを説明するために、被告は何らの理由も与えてこなかった」と述べ、申立人の地位を一五級にした決定が恣意的であったと結論づけた(38)。

もっとも、たとえば機構再編で職員個人が不利益を被ったと主張しても、個人の相対的な利益は考慮の対象とはならない。等級の改定とそれに伴う給与体系の改定は、機構独自の利益のためのみに行われるものであり、職員側が、自らの任用条件や職員規則上の条件を機構が遵守しないことを示す証拠を提示した場合にのみ、職員の恣意的かつ不当な取扱いの対象となり得るのである(39)。また、機構の再編の場合、個人の資質、すなわち、勤務評定が欠くことのできない事実と見なされないこともある。改編前と後の自らの職が同一であったことを不服とし自らの資質が考慮されなかったとの主張をした申立人に対して、ＩＬＯ行政裁判所は、争点となっているのは、個人の資質ではなく、その義務の性質と水準だとした機構側の主張を認め、申立人の資質が看過されて決定が下されたのではないとした(40)。

第三に、虚偽の事実を考慮した場合も同様、行政決定取消しの根拠となり得る。成績不良に基づく恒久任用職員の解任決定が争われた国連行政裁判所のミラ（Mila）事件において、勤務評定に当たった任用昇任パネルでのいくつかの審議手続違反が問題となったが、その中でパネルの判断を左右するものとして、申立人が自らの勤務態度についてそれまで口頭で七度の警告を受けているという事実があった。しかし、裁判所の調査によれば、そのような事実は記録に残されておらず、しかも、書面によってもそのような警告は受けていないことが判明した。従って、裁判所は、本解任決定の瑕疵の一つとしてこの事実認定の誤りを援用した(41)。

以上のように、機構側の事実認定に関して誤りが確認されたときには、その決定が取消され得るという原則が国際行政裁判所では確立されているように思われる。また、右に見たように、機構が単に事実を誤って認識していたというだけでなく、その前段階としてどの事実を考慮し、どの事実を考慮しないのかという問題、すなわち、事実選択の当・不当に対しても行政裁判所は審査を行っているといえる。

さらに、以上の事実誤認に加えて、行政行為の要件となる法規則の判断の誤りがあった場合も、行政決定取消しの根拠とされる。たとえば、国連行政裁判所で争われたエスタビアル（Estabial）事件において、フランス国籍の申立人が人事採用局局長の職を希望していたにもかかわらず、その選に漏れたことが争点となった。一九八〇年一〇月の国連事務総長決定によれば、申立人の希望する職は、フランス語圏のアフリカ諸国からの候補者に優先権を与えるというものであり、これに従って、人事管理局局長は、翌年一月付けの覚書で、申立人以外の候補者の任用を勧告する際に、選考をフランス語圏のアフリカ人にのみに限定したことを述べた。国連行政裁判所は、この事務総長決定と人事管理局局長覚書を問題とした。国連憲章一〇一条三項は、「職員の雇用及び勤務条件の決定に当って最も考慮すべきことは、最高水準の能率、能力及び誠実を確保しなければならないことである。職員をなるべく広い地理的基礎に基いて採用することの重要性については、妥当な考慮を払わなければならない」と規定する。これを受けて、職員規則四・二では、「職員の任用、配置換又は昇任に当って最も考慮すべきことは、最高水準の能率、能力及び誠実を確保しなければならないことである」と規定されている。他方、職員規則四・四によれば、「憲章一〇一条三項の規定に従って、かつ、すべてのレベルでの新鮮な人材の補充を妨げることなく、欠員の補充に際しては、すでに国連の職にある者が必要な資格及び経験を有していることについて、最も十分な考慮を払わなければならない」とある。いわゆるメリット・システムと地理的配分原則とのバランスである。この点に関し、行政裁判所は、事務総長が、憲章や職員規則に定められた「最も考慮すべき」要件を「なるべく広い地理的基礎」にとって替えることはできないとし、また、その事務総長決定に従った人事管理局局長の判断も中立人の候補者としての資格を考慮しなかったものとし、これらの行政側の判断が、法律違反（errors of law）を犯しており、中立人は、空席職の候補者としての資格を有する権利行使を妨げられたと判断した[42]。これ以外にも、このような法律違反は、たとえば職員規則に定められた給与その他の手当ての支給において、行政側の過誤により本来支払われるべきであった金額が支払われなかった場合にも生じ得るし[43]、権限のない者が任用契約不更新の決定を行った場合にも起こり得る[44]。

さて、機構側の事実誤認に対する行政裁判所の実行は右に概観した通りであるが、実際にこの問題で多く争われてきたと思われるのが期限付任用職員の契約不更新事件である。この種の事件では、主として契約の任期が満了した際に、新規の任用契約が付与され得る根拠となる諸事実があるか否かが争われるのである。そこで、事実認定に関わる問題として、ここに若干の考察を付しておきたい。ここでは、とりわけ判例の蓄積の多い国連行政裁判所とＩＬＯ行政裁判所の判例の流れを概観してみることにする。

期限付任用職員は、一般に任用更新の期待はない。国連では、職員細則一〇四・一二(b)(ii)において、期限付任用職員は、「原則として任用の更新又は他の任用形態への切り替えを期待し得ない」と規定されている。この原則は、採用を通知する際に通常その書簡の中にも述べられている。従来、国連行政裁判所においても、この種の問題について、期限付任用職員が新規任用契約を受ける見込みがあるか否か、あるいは、新規契約が与えられない理由を知る資格を有しているか否かについて裁判所が決定を行う必要はない[45]、とか、裁判所が事務総長の意見、権限、または、その決定に関していかなる見解を抱いていようとも、職員の勤務成績やその勤務に関わる諸事実について意見を表明するのは裁判所の役割でない[46]、という態度がとられてきた。また、勤務成績が良好でかつ相互の合意があれば任期終了後に新規契約の可能性があると任命書の中に記載されている場合でも、たとえ成績が良好であっても事務総長の側にその合意を差し控える権利がまだ残されていると判断するということもなされてきた(47)。つまり、任用契約の更新の有無は事務総長の裁量に委ねられているので、期限付任用職員はそれを期待することはできず、また、国連行政裁判所に訴が提起されたとしても、裁判所が事務総長の裁量を尊重し、積極的に審査を行うということをしなかったので、契約更新の見込みが期待され得ないということの原則は守られてきたのである。

ところが、その後の判例でこの原則に変更が加えられることになる。その転機となったのが、国連児童基金（ＵＮＩＣＥＦ）職員の契約不更新が問題となったバッタチャリヤ（Bhattacharyya）事件である。本件において、申立人が採用される際に受け取った任命書の中には、その部局に従事する職員は、最初の任用期限の終了後、その能力および成績に従って機構内の普通任用やそれ以上の上級職に就ける機会を有している、と述べられていた。国連行政裁判所は、以前の事件において(48)、国連職員の任用条件は明示されることもあれば黙示の場合もあるので、往復書簡や周囲の諸事情から判断されるべきことがすでに確立された判例であると述べられたことを引いて、契約更新の可能性の有無を争う本件においても、任命書だけでなく任用契約が結ばれた諸事情を併せて、全体としてその任用契約を考えなければならないと述べた。さらに、本案について、裁判所は、契約更新の可能性の基準として書簡の中で述べられた能力および成績という文言が、明らかに申立人に契約更新の期待を抱かせるものであるとして、申立人の契約更新の請求を認めたのである(49)。

このように、契約更新の可否が問題となる事件において、その事実認定に関しては、バッタチャリヤ事件以来、国連行政裁判所は、積極的に関与するようになったといえる。その後の判例を見ても、期限付任用職員の将来の契約更新の見込みは、職員規則および細則の文言や任命書の文言からだけでなく、職員の任用終了時に存在するすべての事情によって決定されなければならないことを一つの原則としてとらえているようである(50)。

この期限付任用職員の契約更新問題に関する限り、国連行政裁判所がより広範に関与するようになったことによって、事実認定に対する機構側の裁量の範囲、すなわち、国連職員細則一〇四・一二(b)(ii)に謳われた、期限付任用職員は、「任用の更新又は他の任用形態への切り替えを期待し得ない」という原則に由来する機構側の裁量の範囲が狭められたといえよう。

これに比して、ＩＬＯ行政裁判所では、設立当初から、期限付任用契約の更新の可否は、完全に事務局長の個人的かつ絶対的な裁量に拠るという機構側の主張を汲みながらも、たとえそうであったとしても、事務局長の決定は司法審査に服すことが確認されてきた。[51] この期限付任用職員の契約更新をめぐる紛争に関してＩＬＯ行政裁判所が管轄権を有することは、後述するように、国際司法裁判所においても確認されていたところである。[52] さらに、特筆すべきこととして、ＩＬＯ行政裁判所は、早くからこの問題に関して行政裁量の司法統制の基準を明確にしてきた。一九六一年のロバート（Robert）事件において、ＩＬＯ行政裁判所は、次のように述べている。すなわち、「裁判所の権限は、無制限ではない。不服を申立てられた決定を下すに際し、事務局長はその裁量権を行使する。このような性質を有する決定は、それが、法律違反によるかもしくは著しく不正な事実に基づく場合、本質的に重要な要素が考慮されなかった場合、または、書面上の証拠から明らかに誤った結論が導かれた場合のみ無効とされ得る」[53] と。実際に事実認定との関係で、ＩＬＯ行政裁判所は、たとえば、申立人の勤務全体を良く知る者が一致して契約更新を推薦していたにもかかわらず、その意見を考慮せずに事務局長が任用契約の不更新を決定したことに鑑みて、不可欠の事実が考慮されなかったことから当該決定が無効とされたり、[54] 任用契約の不更新に関し、申立人の専門的能力の欠如と政治活動が理由とされた事件において、ＩＬＯ行政裁判所は、行政側が、書面上の証拠に由来する多くの事実――申立人の同僚が申立人の能力について無条件に好意的な評価をしていたことや、申立人が勤務していた赴任地国は申立人が政治的活動をしてはいないとしていたこと——を看過したとし、事務局長がその裁量権の幅をこえたと判断している[55]。

このように、両方の裁判所におけるアプローチにおいては、若干の相違が見受けられる。しかし、いずれも、契約更新の事実認定という行政側の裁量行為に対して、司法的統制を及ぼしてきていることがわかる。

二　目的・動機の審査

国際機構の内部行政において機構がその運営上一定の裁量権を有していることは今まで見てきた通りである。他方で、国際機構の設立文書や、職員規則および細則などの法規則が予定している目的に沿わない裁量権の行使、あるいは、不正な動機に基づく裁量権の行使が機構側からなされた場合、その処分には瑕疵があると考えられる。そこでそのような目的および動機の瑕疵が行政行為の中に確認された場合、司法審査が及び、かつ、それが裁量統制の一つの根拠となると考えられる。この目的および動機の瑕疵の概念は、フランス行政法の権力濫用（détournement de pouvoir）の法理に由来すると説明される[56]。

それでは、国際行政裁判所においてこのような目的および動機の瑕疵はどのように扱われてきたのであろうか。さらには、自らの受けた処分の目的および瑕疵を主張する者がどの程度救済されてきたのであろうか。この問題が顕著に現れた事件として、一九五〇年代に国連行政裁判所で争われた一連のアメリカ人職員解任事件が挙げられる。この事件についてはすでに前章でも触れたが、今一度事実の概要を追ってみよう。

国連行政裁判所設立後まもない頃、一九五〇年代初頭には、冷戦の深化に伴い、アメリカ国内で反共主義政策が実施された。政府は、国内公務員のみならず、国連に勤務するアメリカ人職員で、スパイ、破壊活動、政府転覆運動に従事する者の摘発に乗り出した。いわゆる「マッカーシー旋風」が吹き荒れたのである。職員の中には、連邦地裁の特別大陪審や上院司法委員会の国内安全保障小委員会の前で、アメリカ国内における共産党地下活動に参加しているか否か尋問された者もおり、証言の拒否を認めた合衆国憲法修正第五条を援用して答弁を拒否した者もいた。この事件は、アメリカ国内で大きな問題となり、一九五三年一月には、トルーマン大統領が大統領命令によって、国連や専門機関に勤務するアメリカ人職員の忠誠を調査するよう命じた。このようなアメリカ政府の圧力に対して、リー事務総長は、結局、右の命令に協力する意思を表明し、職員規則一・四に定められた職員の国連に対する忠誠義務に反するものとして、問題とされたアメリカ人職員を解任したのである。(57)(58)

さて、解任された職員は、国連行政裁判所に提訴した。その数は二一件にも及んだ。(59)同裁判所は、一九五三年八月二一日にこのすべての事件につき判決を下した。このうち、恒久任用職員一〇名と臨時任用職員一名の計一一名の請求は認められた。(60)残る九名の臨時任用職員は敗訴し、(61)恒久任用職員一名の訴は合同訴願委員会に差し戻された。(62)

それでは、これら一連の事件において、裁判所がどのような形で職員の権利を救済したのであろうか。まず、請求が認容された一連の恒久任用職員に関する判決はほぼ同趣旨と思われるので、(63)その皮切りとなったゴードン（Gordon）事件(64)を見てみることにする。申立人ゴードンは、一九四六年一〇月七日に経済問題局の復興特別研究部での勤務を開始し、四七年八月一二日に恒久任用職員としての地位を取得した。その後、五二年一〇月初旬に連邦大陪審で、また同じ月の一三日にアメリカ上院司法委員会の国内安全保障小委員会に証人として召還され、アメリカ人国連職員の共産党活動について尋問を受けることになった。申立人は、合衆国憲法修正第五条の下で保障された特権を主張して、彼が共産党員であったかどうか、現在アメリカ政府に対する破壊活動に従事しているかどうか、および、かつてスパイ行為に従事したかどうかという問いに対して、回答を拒絶した。これに対して事務総長は、同年一二月一日に、法律家委員会が出した勧告に従い、申立人が回答を拒否したことに基づいて、特権を放棄し回答を行うことをアメリカ当局に伝えない限り、中立人の任用を終了せざるを得ないとした。中立人は事務総長に措置の再考を求めたが、結局、同五日に、事務総長は、中立人の態度が職員規則一・四に定められた義務の根本的な違反を構成するとし、任用の終了を伝えたのである(65)。

本件において、行政裁判所は、事務総長が本件解任処分の根拠とした三名から成る法律家委員会による勧告を問題とした。しかし、同委員会の勧告においては、職員に何らの補償（indemnity）も与えず解任することが述べられていたが、実際には、職員は補償を受けた。従って、事務総長は、厳密に同委員会の勧告に従ったのではなかった。この矛盾を指摘した後、行政裁判所は、事務総長が解任の根拠として挙げた規定、すなわち、職員の離職に関する職員規則九・一と懲戒処分に関する職員規則一〇の検討に移った(66)。前者は、勤務成績の不良（unsatisfactory service）によるもので、後者は、重大な非行（serious misconduct）を理由とするものである(67)。

さて、前者にいう勤務（service）とは、行政裁判所によれば、機構内における職業上の行動を示しており、職員に課されたすべての義務を包含するものではない。職員の職業上の義務以外での行為に関して、合衆国憲法上の特権を援用したことが職員規則一・四違反を構成することが認められるとしても、この事実は、勤務成績の不良とはみなされ得ないし、職員規則九・一の範囲内にも当たることはないとされた。他方、後者にいう重大な非行は、職員の職業上の義務の遂行において犯された非行であったり、職業上の活動外である場合には、職員としての一般義務を創設する規定によって禁じられた行為と考えられる。また、この規定を起草した総会第五委員会での議論で、職員規則一・四に由来する義務も懲戒処分の下で扱われることに何ら反対がなかったことから、行政裁判所は、本件における解任が懲戒処分に該当するのかをさらに検討した。ここで問題となるのは、もし、懲戒処分に当たるのであれば、別途審議のために設けられるべき合同懲戒委員会のような手続を経ずに解任処分が下された点である。この点につき、行政裁判所は、このような懲戒手続がなしで済まされるのは、当該個人と行政側との間に特段の合意がない限り、非行が明らかな場合と、勤務上の利益から即時の最終的離職が求められる場合のみであるとした。本件の場合、申立人は、自国の憲法に規定された特権を援用したのであって、この規定は適切に援用され得た。また、申立人の行動が該当するとされた重大な非行の性質は、事務総長にとっても議論の余地の残るところであったことから、申立人に補償金が支払われたのである。従って、行政裁判所は、申立人の行動が、職員規則一〇・二にいう重大な非行とされ得ないとし、申立人を解任するという決定は、職員規則および細則の規定に基づかないがゆえ、違法であると結論づけた(68)。

このゴードン事件をはじめ、申立人が勝訴した恒久任用職員に関するすべての判決において、行政裁判所は、まず、職員の解任理由とされた職員規則九・一について、申立人が合衆国憲法修正第五条の特権を援用したこと自体が勤務中のことではないとして、このことが当該規定の範囲外であることを示した。さらに、もう一つの根拠とされた職員規則一〇については、懲戒処分の際の手続的違反を指摘した(69)。

私見では、これら一連の行政裁判所の判断は、事務総長の判断そのものを問題にせず、懲戒処分の際にとられた手続において合同懲戒委員会のような委員会を設けて、申立人らに防禦の機会を与えなかったことを問題としているに過ぎない。職員の権利救済は実現したものの、アメリカ政府の圧力を受けた事務総長の判断自体を問題にしていない点でやや物足りない。

しかし、臨時任用職員の提起した事件で唯一勝訴したクロフォード（Crawford）事件においては、かなり踏み込んだ判断がなされている。申立人クロフォードは、ＵＮＩＣＥＦに臨時任用（後に、「臨時不定期任用」と改称）職員として勤務していた。彼女も、一九五二年一〇月一五日、アメリカ上院司法委員会の国内安全保障小委員会で尋問を受け、合衆国憲法修正第五条に基く特権行使により答弁を拒否していた。これに対し、翌年一月七日の書簡で、事務総長は、職員規則九・一(c)に基づいて、同年二月八日より申立人の任用を終了することを告げた。この処分を不服として、クロフォードは行政裁判所に提訴したのである。

まず、職員規則九・一(c)は、国連の利益にかなうと判断した場合、臨時任用職員を解任する権限を事務総長に与えている。つまり、このような解任は、事務総長の裁量に委ねられていることを行政裁判所は認めた。しかし、事務総長による裁量権の行使は、不正な動機の下で行使される場合、権力濫用（misuse of power）に当たり、かつそれが決定取消しの根拠となり得ることも同時に確認された。諸事実を詳細に検討した結果、裁判所は、解任の理由が一九五二年一〇月一五日の小委員会での申立人の証人尋問に関する事情であることを確信し、さらに、申立人が以前一九三五年に一年間余り共産党員であった事実を事務総長が知っていたことのみが、本件解任決定の主たる動機であったと判断した。また、解任決定の理由として挙げられた職員規則一・四について、裁判所は、同規定により職員の政治的意見を守る権利が保障されており、特定政党の党員であること自体が解任の理由にはなり得ないとした。さらに、行政裁判所は、そのような理由による解任は職員の有する不可譲の権利の侵害であり、権力濫用を意味すると述べた。以上から、裁判所は、本件の解任処分が権限踰越（*ultra vires*）であり、違法であると結論づけたのである。(70)

さて、以上にアメリカ人職員解任事件に関する一連の勝訴判決を考察した。全体として、恒久任用職員の申立てがほとんどすべて認容されたのは、行政裁判所が、臨時任用に比して恒久任用の必要性を重視したことも大きかったのではないかと思われる。(71)他方、恒久任用職員とは職員規則上も異なる取扱いがなされているとはいえ、臨時任用職員の申立てがほとんど認められなかったことは誠に遺憾である。(72)それら申立人が敗訴した一連の事件において、行政裁判所は、とりわけ、事務総長の決定に対して立入った判断を行えず、結局、不正な動機を立証する証拠が存在しないことを述べて、申立人らの主張を斥けた。(73)しかし、その中で、臨時任用職員の申立てであるクロフォード事件判決において、国連行政裁判所が、行政側の決定を権力濫用を根拠に、申立人の請求を認めたことは注目に値する。本件では、原告の立証が前提となったとはいえ、行政裁判所が事務総長の判断の主観的側面にまで踏み込んで判断を下したという点で大いに評価できよう。[74]

以上の国連行政裁判所で争われた一連の事件と類似した事件が、実はＩＬＯ行政裁判所でも争われた。アメリカのマッカーシー旋風が国連の専門機関にも及んだのである。[75] 同裁判所においては、主にＵＮＥＳＣＯに勤務するアメリカ人職員によって、七件の訴訟が提起された。[76] これらの一連の事件においては、いずれも申立人らが、「国連事務局で任用されたかまたは任用予定のアメリカ人職員に関する若干の情報を国連事務総長に利用可能にする手続を規定する一九五三年一月九日付けアメリカ大統領令一〇四二二号」の適用により、質問票を記入の上返送すべきところ、それに回答しなかったことに端を発する。その後、申立人らは、パリのアメリカ大使館における忠誠審査委員会（Loyalty Board）に召還されたが、その出頭を拒否した。そこで、ＵＮＥＳＣＯの事務局長から、継続任用の意思のないことを告げられることになる。その決定を不服としてＩＬＯ行政裁判所に提訴したのであった。行政裁判所の判断はほぼ同趣旨であるので、たとえば、デュバーグ（Duberg）事件に沿って見てみると、事務局長の主張の根拠は、もっぱら、職員の本国政府が当該職員を従わせようとした口頭または書面の調査という措置に、当該職員が参加を拒否したことに基づくことを考慮し、かつ、国際機構の事務局長は、加盟国政府当局の政策の執行を支持することなどあってはならず、すべての国際的職員に課された義務を無視し、差別をし、かつ、その結果として、機構自身のもっぱら国際的な目的に機構を方向づけるためのみに自らに与えられた権限を誤用してはならないことを考慮する。これにより、ＩＬＯ行政裁判所は、事務総長が任用契約を更新しないとした決定が、本件において取消されるべきのみならず、事務局長による権限の誤った行使と権利の濫用に由来する偏見（prejudice）も是正されなければならないと結論づけられている。[77]

このように、ＩＬＯ行政裁判所は、争われた七件すべてについて、事務局長側の主観的判断にまで踏み込んで、その判断の目的や動機の違反に鑑み、すべての事件において請求を認容したのである。[78]

世銀行政裁判所においては、一九八七年の機構改革のあおりを受けて解任された世銀職員が申立てたジャッサル（Jassal）事件がある。本件において、申立人は、機構改革後、以前に自己が保有していたレベルに該当すると思われる会計アナリストの地位に選出されず、その後、再度選任プロセスにかけられたが、結局その選に漏れ、過員整理を理由に解任を通告されたのであった。そこで彼は、復職などを求めて裁判所に訴を提起したのである。従来、裁判所に申立てられた数々の事件のうち、機構改革によって職員がある地位への等級づけを拒否された場合、当該ポストには、必ず別の者がすでに配属されているのが普通であった。しかし、本件では、申立てられたポストが空席のままとなっており、このようなケースは、裁判所設立以来申立てられた事件の中で初めてのことであった。この特殊な事情に鑑みて、裁判所は、従前その地位にあった職員にもはや職務遂行の責任を負わせることができなくなったときにのみ過員整理が認定され得るとした。さらに、裁判所は、勤務成績不良という理由を持ち出すにしても、機構改革前の成績は、過員整理による解任を裏づける根拠とはなり得ないと述べ、次のように続けた。「過員整理を行うことは、機構改革手続の不正な利用となろう。これは、さもなければ当該解任に対して世銀の規律文書によって与えられるはずの保護……を避けるためのものであり、従って、裁判所による取消事由となる権力濫用（détournement de pouvoir）を構成するであろう。」この一説は、傍論で述べられているとはいえ、不正な目的または動機でなされた決定に対して、裁判所がそれを取消し得ることを明確に示したものであると思われる。[79] しかし、結局、裁判所は、権力濫用か否かを明言せず、当該行政決定が裁量の濫用に基づくものとして、申立てを認容した。

以上が、目的および動機の瑕疵についての国際裁判所の裁判例である。アメリカ人職員に関する同種の事件について、ＩＬＯ行政裁判所では、踏み込んだ判断が下され、申立人らは救済されたものの、国連行政裁判所においては、全件数のうち半数近くの請求が認められなかった。これらの請求が認められなかった事件においては、後述するように、申立人の側での立証の有無が問題となっているようである。ここで想起されるのは、たとえば、わが国の行政法で、処分を決定する者の目的および動機は主観的なものであり、裁量権の濫用は決定権者の動機や意図に遡って初めて確認されるので、その立証が極めて困難であると論じられることである。[80] 国際行政裁判所においては、このような目的および動機の瑕疵に対する挙証責任について明示的な規則はどこにも存在しない。しかし、ひとたび裁判所の前で不正な目的および動機による権力濫用の問題が持ち上がった場合、その挙証責任は、必ず申立人の側に負わされてきた。[81] さらに、国連行政裁判所で争われた前述のアメリカ人国連職員に関する一連の事件に目を移せば、臨時任用職員についての一〇件のうち、確かにクロフォード事件だけは目的および動機の瑕疵による権力濫用が認められたものの、カプラン（Kaplan）事件以下九件でいずれも裁判所は、結局、不正な動機を立証する証拠が存在しないことを述べて、申立人らの主張を斥けている。[82] 国連行政裁判所のその後の実行においても、機構側の処分に内在する不正な動機から権力濫用を主張する事件では、多少表現に差異はあるにせよ、申立人の挙証責任が問われている。[83] 従って、行政側の不正な目的および動機に基づく権力濫用を根拠に申立人が勝訴を勝ち取ることは、申立人が行政判断の主観にまで立ち入った立証をしなければならないという点で、困難がつきまとうといえよう。

ところで、目的および動機の瑕疵が存在したと推定される国連行政裁判所のロビンソン（Robinson）事件について触れておきたい。この事件では、期限付任用契約の不更新が問題となった。申立人ロビンソンの主張は、事務総長によってなされた契約不更新の決定が、申立人の職員組合での活動に基づいてなされたものであるということであった。彼は、着任当初から熱心に組合活動に従事し、数カ月の間に職員委員会の副議長に選出され、その後も職員委員会に報告者として再選された。さらに、その間、解任された多くの職員の一連の審理を行った合同訴願委員会での職員代表にも選ばれていた。職員を代表する機関において主要な地位に就いていた彼は、当然のことながらことあるごとに機構側と意見の対立することがあったのである。申立人の主張によると、自らの勤務成績が良好であることはすでに定期報告書によって明らかであり、従って、自分の所属する部局の長は、新規契約の要請を事務総長に提出していたのに、何らの対応も図られないまま現契約の期限がすでに過ぎてしまったということであった。以上の主張により、彼は、新規契約の与えられない理由が組合活動への参加にあるとしか考えられない、との結論に至ったのである。他方、事務総長は、申立人の専門職についての能力は否定しておらず、本契約不更新処分が彼の適性を考慮してのものであるという主張のみを行ったに過ぎなかった。そこで裁判所は、事務総長によってなされた主張の中の「適性」というものが特定の理由を十分に述べたものとは考えられないとし、契約不更新理由を事務総長が提示しなかったことは、申立人の結社の権利に反し、申立人は救済されることを判示した(84)。

このロビンソン事件は、一見したところ、事務総長が申立人の組合活動を阻止するという動機のために契約の更新を行わなかったようにも思えるが、実際にはそのような事実のあったことを裁判所は明確に述べておらず、その点で不正な動機による権力濫用を明言した前述のクロフォード事件とは異なる。つまり、ロビンソン事件では、事務総長による処分の目的および動機に瑕疵があったことは問題とされず、事務総長が解任理由を明示しなかったという、いわば手続上の違反を根拠に決定の取消しが問題とされたのである。ここでは以下の点に注目される。裁判所は、審理の中で、申立人の組合活動が契約不更新処分の根拠であったか否かという点に触れて、「この種の状況において、契約不更新の理由が職員組合での活動であるという積極的な証拠を職員が提出するということは、通常可能なことではない」と述べ、本件でなされたように、勤務成績が良好であることを記載した記録や上司によって自らの能力が認められていることを示す報告書などの、「決定の根拠とはならなかった」理由となる若干の証拠を示せばそれで足ることを明らかにしたのである。職員の身分保障という観点からは、行政決定の主観を立証するのは困難であるだけに、このような行政裁判所の試みは大いに評価されるものといえる。

世銀行政裁判所においても、行政決定の目的または動機の証明には困難がつきまとう。事実、この種の主張がなされたものの、原告側の挙証責任が問われ、立証不足によって主張が認められなかった例がいくつか見い出される。[85]しかし、これに対して、裁判所が決定権者である機構側の挙証責任を追求した例もある。バートランド（Bertrand）事件は、機構改革に伴う新たな選任から漏れ、結局解任された世銀職員が、自分の所属する局の長が偏見に基づいて評価を下していたことに対して不服を申立てた事件である。この背景には、当初から申立人と局長との間に強い意見対立があり、それぞれが互いに激しく批判しあっていたという事実が存在していた。審理の中で裁判所は、まず、この事実が考慮されたと思われる選任過程での協議の内容を機構側が提出していないことを指摘した後、ある要因に過度に依拠することによって決定過程が歪曲させられてしまうことにもなりかねないと憂慮した。結論として、裁判所は次のようにいう。「申立人の主張が正当に扱われるためには、世銀が不正に行為したことを証明する責任を申立人の側に課すよりも、むしろ、世銀の管理者側が申立人に対して公正に行為したことを証明するように、挙証責任が被告に移ったものとして扱われるべきである。[86]」この事件で、世銀行政裁判所は、申立人側の挙証責任の負担を軽減した国連行政裁判所のロビンソン事件よりもさらに進めて、挙証責任を申立人から被告である機構の側に移し、行政裁量が正しく用いられたことを立証させることによって、選任過程の不透明な部分を明らかにしようと試みている。通常申立人に課される挙証責任が、事情によっては機構に課され得ることに警告を発した点で、この事件は注目に値すると思われる。しかし、裁判所は、本件の行政処分に目的または動機の瑕疵が存在したとは述べておらず、最終的には、中立人を選任しない理由が明らかにされていないことから、手続上の違反に基いてこの問題を処理した。本件で中立人は勝訴したので、職員の保護という点から見れば、裁判所は貢献を果したわけである。しかし、裁判所は、わざわざ従来の姿勢から一歩進めて挙証責任を被告側に問うところまで踏み込んだのであるから、国際公務員法の発展ということから考えれば、裁判所が目的および動機に瑕疵があったか否か明言しなかったことに、若干物足りなさを覚えないわけではない。

三　手続・形式の審査

次に、国際行政裁判所による手続的側面における行政裁量の統制を見てみることにする。この手続的統制とは、あくまでも実体的内容の当否は機構側に委ねることを前提として、機構側が判断に至った過程または手続を審査することによってその裁量行使の手続的な公正さを保障するものである。

㈠　適正手続概観

国連行政裁判所において、事務総長の裁量権に対する手続上の統制の可能性を最初に明らかにしたのは、一九五一年に、臨時不定期任用職員の解任と契約不更新が争われたハウラニ他四名（Howrani and 4 others）事件であった。本件では次のように述べられている。すなわち、国連事務局はまだ若く、その設立以来、新しい問題や、高度の柔軟性と順応性が要求される計画に絶えず直面している。このような状況において、事務局を能率的かつ経済的に運営していくためには、事務総長に広範な権限が付与されることが不可欠である。このような事務総長の広範な裁量権に対する唯一の実効的な制約とは、その権限行使の方法を規制することである。十分な手続的保障のない広範な権限行使は、いかなる権限行使に対しても、必ず恣意的な制約を生み出すことになる。このように述べた後、国連行政裁判所は、行政側が決定の理由を述べることは、適正手続の不可欠の要素であることを明らかにしている。[87] また、ＩＬＯ行政裁判所においても、設立当初から、この国連行政裁判所の言葉を引いて、やはり適正手続の重要性が確認されている。[88]

適正手続がいかなる内容を指すのかについては、任用契約の更新が争われた国連行政裁判所の事件において、裁判所は、「申立人が自らの署名を済ませた定期報告書を認識していたか、また上司に対し書面や口頭で自らの見解を表明したか、最後に、職員規則および細則に規定された訴願手続に訴えることができたかを調査しなければならない」と述べて、行政決定が下される前の手続としての告知や聴聞、また決定がなされた後の手続としての訴願手続を適正な手続の内容としている。[89] また、世銀行政裁判所において、たとえば、世銀職員の解任を扱ったスカンデラ（Skandera）事件で、裁判所は、解任通告というものは、解任される職員に対し、世銀が行った決定の真の理由を伝えなければならないものであるとし、次のように述べている。「まさに世銀の利益において、能力ある職員の任用が不十分な事実または十分に根拠のない正当化に基づいて終了されてはならない。このことを確保する一つの方策は、解任の際、異議を唱え、かつ可能であれば、世銀の決定の変更を求めるための公平な機会を当事者に提供するような、明確でありかつ真の評価を職員に対して与えることである。また、解任理由の迅速な伝達は、世銀の紛争解決手続において供与される訴願および他の救済手段の準備や提訴を容易にする。[90]」また、ＩＭＦ行政裁判所は、ＩＬＯ行政裁判所判例[91]を引きながら、機構がその手続規則を遵守する必要性を国際行政裁判所が強調してきたことを説き、例として、機構の職員が空席ポストに申込むことのできるように空席の公表をすることを挙げている。[92]

適正手続保障の原則は、このように国際行政裁判所の設立当初から述べられてきた。適正な手続の保障に対する基本的な考え方自体はその後も変わらないが、とりわけ、国連行政裁判所においては、特にこの適正な手続の保証を厳格に審査することが一つの判例法として確立されている分野がある。それは、国連職員規則九・一(a)のもとでの勤務成績不良による恒久任用職員の解任の問題である。国連職員規則九・一(a)は、前節で述べたように、職員の勤務成績不良をはじめいくつかの解任事由が確認された場合には事務総長に解任権を与えている。ただし、勤務成績不良の職員の解任については、職員規則および細則にも詳細な手続規定が置かれていないので問題が生じることがある。この問題に対して従来より国連行政裁判所がとってきた姿勢を一つの原則として明らかにしたのが、一九六六年のギルマン（Gillman）事件である。申立人ギルマンを解任する事務総長の決定は、任用昇任委員会の補助パネルとして設けられた作業部会の判断を支持する同委員会の六二年一〇月の勧告に基づいて同年一一月になされた。この任用昇任委員会は、今日の中央審査機関の前身で、「恒久任用または普通任用にある職員が、任命を受けてから最初の五年を経過した時点で、国連憲章に定められた能率、能力および誠実の基準を維持しているかどうか決定するために」、それらの職員の任用の適性審査を行う機関である（旧国連職員細則一〇四・一四(f)(ii)(B)）。申立人の主張および合同訴願委員会の見解の中に、事務総長の決定に至るこれら一連の審査は、任用された年、すなわち五五年から五年後の六〇年に行われなければならなかったと述べられていた。しかしながら、この手続の遅延について裁判所は、「職員規則九・一(a)のもとで、事務総長は、恒久任用を終了する目的でいつでも手続を開始することができる」とし、さらに続けて、「任用昇任委員会の作業部会の構成および（事務総長に［著者注］）勧告を行うに至った手続に鑑みれば、作業部会による職員の審査は、原則として恒久任用終了前に行われなければならない完全、公正かつ合理的な手続を示している」と判断した。ところが、この事件では、審査の過程で、必要な事実（公務遂行中に自動車事故にあったという事実）が考慮されず、結局その点について裁判所は、「完全、公平かつ合理的な手続」がとられなかったとして事件を差し戻したのであった。[93]

ここで明らかにされた「完全、公平かつ合理的な手続」の原則――「任用終了前に行われなければならない完全、公正かつ合理的な手続によってなされた決定に基づいてのみ、恒久任用は終了され得る[94]」――は、その後のいくつかの恒久任用職員の解任の事件において確認されてきている。この原則の具体的な内容は、必ずしも明確にされていないが、手続上の違反によって事件が差し戻されたギルマン事件、ネルソン（Nelson）事件[95]およびミラ（Mila）事件[96]をもとにして考えると、補助パネルの構成に欠陥があった場合（ネルソン事件およびミラ事件）、勤務成績の記載された定期報告書やその報告書に対して申立人からなされた反証を根拠に終了されるべきか否かという問題が補助パネルで考慮されなかった場合（ネルソン事件）、不十分な情報または誤った情報に鑑みて任用昇任委員会の補助パネルから出された勧告に基づいて解任の決定がなされた場合（ギルマン事件およびミラ事件）、申立人の任用が勤務成績不良を根拠に終了されるべきか否かという問題が補助パネルで考慮されなかった場合（ネルソン事件）などの諸点が導き出される。つまり、補助パネルの公正とその手続および補助パネルへの委任事項の点から、全体としての手続が「完全、公正かつ合理的」か否かが裁判所によって判断されているといえよう。

以上のように、とりわけ国連行政裁判所において、行政決定が下される前の手続における適正な手続の保障は、特に恒久任用職員の成績不良による解任の場合には厳格に解されてきた。もっとも、冒頭に述べたように、適正手続保障の原則は、国際行政裁判所設立当初の事件から確認されてきたわけであり、これ以外の場合にも種々の事件で主張され、また認められてきた。そこで、以下に、国際行政裁判所において扱われてきた適正手続保障の原則を具体的に考察してみたい。

(二)　委員会の構成、適切な記録および警告

まず、機構側が職員に対して処分を決定する前に、審議に当たった委員会の構成が不当であった場合が考え

られる。中立人の会議での言動がもとで下された懲戒免職処分が問題とされたバン・ジェンセン（Bang-Jensen）事件では、その際の合同懲戒委員会での審議手続について中立人からいくつかの主張がなされた。その中に、合同懲戒委員会の構成についての主張があった。この処分の決定は、当初事務総長の設置する三名から成る委員会が中立人を継続して任用することはできない旨の判断を事務総長に勧告し、その後、合同懲戒委員会による審議が行われることとなったのである。中立人の主張は、その合同懲戒委員会の構成員の中に先の委員会の構成員が含まれていたというものであった。このように、合同懲戒委員会の構成に不備があれば、適正な手続とはいえない。このため合同懲戒委員会の委員長は、当事者のいずれかの側から要請があれば、委員会の構成委員からその資格を奪うことができるようになっている（国連職員細則一一〇・二(e)）[97]。

このように、委員会がその構成により公平な判断を下せない場合には、手続上の違反が問われ得る。この点につき、ある職員の勤務評定を審査するために構成された合同人事勧告委員会に、当該職員の上司（つまり、職員と対立する側の者）に近い者が委員となっていたことが問題とされた事件において、ＩＬＯ行政裁判所は、「自らの権限に服する他の者の、権利または義務に影響を与える決定を下すよう要請された者は、自らの公平性が合理的な根拠に基づいて問題とされ得る場合には、退かなければならない。これが法の一般原則である」ことを確認している[98]。

次に考えられるのは、機構側の判断の根拠となる勤務評定などの記録が適切か否かという問題である。行政側の判断の過程において、適切な記録が用いられなければ適正な手続とはいえない。勤務成績を記載した定期報告書の内容決定に関しては、すでに見たように行政裁量が認められている。しかし、このことは、行政裁判所の前で定期報告書についてまったく争うことができないということを意味しているのではなく、その「報告書が不正な動機によって記述されたことや根拠となったと思われる事実を誤って記載していることが立証された場合には争うことができる」[99]のである。実際に、職員の勤務状況を示す定期報告書のないまま行政側の決定が下されたことが手続違反であるとされた事件[100]、定期報告書に記載された虚偽の事実が報告官の偏見によるものであったことが明らかにされたことにより、その報告書の無効が認められた事件[101]、さらには、職員が自らの定期報告書に反証を行った後、部局の長によってなされるべき事実調査およびその反証に対する書面の評価が付されていない報告書を不完全な報告書であると裁判所が判断した事件[102]などからも、行政裁判所が定期報告書について一定の関与を行ってきたことが窺える。

最後に、警告について触れておく。処分の前に職員に対し警告を与えることは適正な手続からの当然の要請といえる。それによって職員は、自己の欠点を改善したり克服したりすることが可能となるのである。国連行政裁判所のミラ（Mila）事件では、解任の審査のため提出された記録には申立人が以前に最低七度の警告を受けたことになっていたが、裁判所の調べではそのような事実など存在せず、従って、裁判所は事務総長がその決定について「正当かつ正式な警告」を与え、またそれを記録に留めておくべきであったとして、裁判所は、これを手続上の重大な違反の一つと見なした[103]。

㈢　聴聞を受ける権利

適正手続の保障という点で、恐らく最も重要と思われるのは、聴聞権であろう。国連行政裁判所では早くから、申立人が事務総長の行った解任理由の陳述に対して直接答弁を行う機会を一度も与えられなかったことについて、「手続的デュープロセスの本質的要素が欠けている」とし、この聴聞権の適正手続における重要性を説いている[104]。また、ＩＬＯ行政裁判所でも、制度改革により新しい等級づけがなされた際に、申立人が不服とした等級づけを審査していた委員会の勧告が問題となり、裁判所は、同委員会が、「当該職員に聴聞を与えずに勧告を行ったという点において、法の一般原則の違反を犯した」と述べ、この聴聞権が、行政裁判所で用いられる法の一般原則であることを確認している。[105]この点につき、世銀行政裁判所も、第一に、申立人が自らの成績不良を知り得たか、第二に、申立人が解任されたとき、果たして実効的に自らを防禦できたか、という二点を指摘している。[106]

さて、聴聞権について争われた事件を概観してみれば、国際機構に勤務する者にとって最も厳しい措置である懲戒処分について、手続的統制の観点から特にこの問題が重視されてきたということが注目される。たとえば、国連行政裁判所のザング・アタンガナ（Zang-Atangana）事件を見てみることにする。申立人は、一九六五年六月二五日よりキンシャサのアフリカ経済委員会の地域事務所長として勤務する二年間の期限付任用職員であった。申立人は、約一年半の勤務を終了した後、六六年九月二一日に、アディスアベバにある委員会本部への転任を申し渡された。この転任に不服であった彼は、病気などの理由もあり、およそ二カ月もの間出発を遅らせたため、同年一二月五日、アフリカ経済委員会の委員長から「訓令に従わない際には契約終了を勧告することになる」旨の通知を受けた。二日後、それに対して彼は、「命令に従う準備はあるが、終始自分にことの本質が知らされることもなく決定された架空のポストのために、明示に採用された特定のポストを諦めることは、契約書およびその真意と矛盾する」と伝えた。また、ほぼそれと時を同じくして彼は、自分の意向を口頭で伝えるためアディスアベバへ行く準備があることも通知していた。これを受けた委員長は、「申立人の言葉からはアディスアベバへの転任を拒否しているとしか考えられない」と返答した。その後この問題が人事部まで持ち上がり、翌年一月四日、申立人が転任を拒否する根拠はないと解釈する人事部長は、結局、国連職員細則一一〇・四（「非行の告発が職員に対してなされ、かつ事務総長がそれを決定する場合、職員は、調査期間中有給又は無給で停職され得る。停職は、職員の権利を害することはない」）に基づく調査期間中の無給停職処分を申立人に通知した。申立人は、この間一貫して自らの意向が誤解されており、個人的に聴聞を受けることを求めたが、それも聞き入れられないまま、三月二日の電報で人事部長は、事務総長が申立人の任用終了を決定し、無給停職処分を正式に認めたことを申立人に通知した。

この事件で裁判所は、まず本件懲戒処分が合同懲戒委員会に付託することなくとられたことについて、「そのような付託が現地事務所に勤務する職員の場合に要請されないことは、国連職員細則一一〇・一（「合同懲戒委員会は、国連本部に勤務する職員に関連する懲戒事件において設立され、かつ事務総長の要請があった場合、それに助言を与えるよう利用される。同様の委員会は、ヨーロッパ事務所に設立される」［著者注］）および一一〇・三(b)（「即時免職の場合を除き、本部に勤務する職員は、問題が合同懲戒委員会へ助言を求めて付託されるまで懲戒処分に付されない。但し、合同懲戒委員会への付託は、関係職員と事務総長の相互の合意により放棄され得る」［著者注］）から明らかである」ことを確認した。ところが、裁判所は、「本件において、受信された命令に従うのを拒否することが、一九六七年三月二日に申立人に対してとられた懲戒処分を正当化するか否かは、当然のことながら本裁判所の決めることではない。しかし、防御権を尊重した手続がとられたか否かを確認する権利は、まさに裁判所の有するところである」として、手続の審査に入った。事務総長は、懲戒処分を行う三週間前に申立人から転任命令に従うことを知らされていたにもかかわらず、結局それを考慮しない形で処分がなされた事実などを検討した後、裁判所は、「この手続（合同懲戒委員会での手続［著者注］）を本部およびジュネーブの国連事務所に限定してきた歴史的根拠がいかなるものであれ、すべての職員に等しい保護が与えられるよう他の職員にも同等の手続を設定することが必要である」と述べ、結局、防御権を尊重した手続が尽くされていないことから申立人の主張を認め、賠償金を裁定した[107]。この事件は、それ以前に下されたロイ（Roy）判決[108]で明らかにされていた、明示規定のない場合にも聴聞権または防御権を尊重した適正な手続が保障されなければならないという原則を確認するのみならず、国連では恒久任用職員よりも下位に位置づけられる期限付任用の職員にまでこの原則が適用されなければならないことを示唆しており、二重の意味において重要である[109]。

世銀行政裁判所を見ると、ジャムフィ（Gyamfi）事件で、裁判所は、人事管理上の問題について、中立人に対し内部告発がなされていたことを機構が彼に適切に告知していなかったこと、また、彼に自己の主張を行わせる機会を適切に与えなかったことという告知・聴聞を受ける権利の侵害をまず述べている。これに加えて、懲戒処分の対象となる事実を調査した調査委員会において、中立人からの証人召喚要請があったにもかかわらず、それが無視されたこと、その調査委員会の構成に欠陥があったこと、さらには、中立人が裁判所への提訴の前に不服を申立てた訴願委員会において、被告側が行った証人の選出も適正手続の基本原則とは一致しないことなどを裁判所は指摘している[110]。ジャムフィ事件以降、懲戒処分を扱った事件に前述のキング事件がある。本件においても、世銀行政裁判所は、中立人の行為に対し告発がなされる場合、その告発の正確な形式、中立人への正確な告発の通達、告発された行為の細部にわたって反証する機会、および、すべての適切な要因を援用する機会を中立人に付与することが、「適正手続の不可欠の構成要素」であることを明示し、「被告のとった手続には、これらすべての要素が欠けている」と判断した[111]。

このように、懲戒処分が争われる事件においては、明示の法規定が存在しない場合にも、広く聴聞権または防御権を与えることの必要性が説かれてきた。いうまでもなく、懲戒処分が職員にとって重大かつ厳格な措置であることを考えれば、職員に対して聴聞権を保障するということは、当然のことであるといえよう。「当事者双方に聞け（*audi alteram partem*）」は、国際裁判所実行の中で主張されかつ認められてきた原則なのである。

最後に付言しておくと、職員が聴聞を受ける場合、懲戒処分の根拠となった重大な責任（grave charge）について、まず明白かつ正確な言葉で知らされなければならない[112]。また、聴聞は不十分であってはならない[113]。なお、職員が自らの意見を述べる方法については書面か口頭のいずれでも構わないと考えられる。[114]

㈣　処分理由の開示

中立人の聴聞権に関連して、処分理由が機構側から中立人も与えられるべきか否かということも従来問題とされてきた。つまり、聴聞権では中立人がその与えられた理由に対して自らの言い分を述べる機会を与えられるか否かが問題であったが、ここではその前段階として、中立人に対し処分理由を述べることが、機構側の義務であるか否かが問題となるのである。この問題は、たとえば国連行政裁判所においては、特に解任について事務総長の裁量の範囲が広いと考えられる臨時不定期任用職員や試用職員のような、恒久任用および期限付任用職員以外の職員について議論され始めた。たとえば、ハウラニ他四名（Howrani and 4 others）事件において、裁判所は、「訴訟手続および正当な法手続の一般原則からの非常に重大な逸脱は、事務総長が解任される職員に解任理由を与えないでおくことができるという趣旨の被告側代理人の主張に見られるようであるが、このことが、準備委員会や、その後職員規則が制定されかつ職員規則が事務総長に勧告された一九四六年および裁判所規則が承認された一九四九年の総会の意図したところであったとは想定できない」としている。つまり、国連行政裁判所は、設立当初から機構側の処分理由の開示義務を認めていたのである。[115]

ＵＮＥＳＣＯ職員が任用契約不更新の決定を争ったＩＬＯ行政裁判所のフェルナンデス・カバレロ（Fernandez-Caballero）事件においても、裁判所は、期限付任用が延長または不定期任用への変更に対するいかなる権利も含まないとする職員細則一〇四・六(b)に依拠しかつ事務局長の裁量を尊重する必要に触れながらも、概していかなる行政決定の理由も述べられなければならず、明らかに契約の不更新は職員に対して大きな効果を与える決定なのであり、事務局長は重大な事実に関して独自の評価を自由に行うものの、職員には事務局長の決定理由を知る資格があるとしている。[116]

世銀行政裁判所においても、既述のスカンデラ事件ですでに見たように、処分理由を開示することが、適正手続の保障にとって必要とされた。機構改革によって降任処分を受けた職員の申立てによるバーグ（Berg）事件は、さらにこの必要性を明確にしている。すなわち、世銀は、任用上の地位の変更について、とりわけそれが低いレベルへの降任であるときには、職員に告知する義務を負っており、「また、そのような通達は、その降任の理由を示していなければならない」[117]と述べている。このように、処分を職員に通告し、かつその際には、処分理由も開示しなければならないという機構側の義務は、「適正手続の基本的要件から要請される」[118]のである。

以上のように、職員の権利を手続上保障することに関し、行政側に課された処分理由の開示の義務も重要な原則であることがわかった。もっとも、例外的に、申立人が何らかの形で処分理由を知り得た場合には、行政側に当該処分理由の開示が求められないこともある[119]。

四　内容・効果の審査

機構が職員に対していかなる処分を選択し、その処分を行ったかというういわば最終過程に働く裁量の統制がここで扱う問題である。ここでは、なされるべき処分と意図された目的実現との間に合理的な比例関係があるか（比例原則）、とられた処分が不合理な不平等な取り扱いではないか（平等原則）という二点に注目して考察を行うことにする。

㈠　比例原則

国連行政裁判所は、その設立当初の臨時不定期任用職員が解任された事件において、判断の直接の根拠とはしていないものの、職員の勤務成績ならびに人事部がとってきた配属および昇給などの人事政策と解任処分との間に「著しい不均衡」の存在することを指摘している。[120] ＩＬＯ行政裁判所でも、制裁は過誤と釣り合っているべきであるという原則に従って、制裁は、一般原則として、任務遂行と両立しない行動をとった職員にのみ課されるべきであることが確認されている。[121]

世銀行政裁判所においては、グレゴリオ（Gregolio）事件が有益な示唆を与えてくれている。世銀の企画顧問の秘書であった申立人グレゴリオは、勤務成績不良を理由に解任処分を受けた。これに対して、彼女は、実体面および手続面双方からの主張により、不服を申立てた。彼女が行った実体面での主張として、当該解任処分は「比例性」の原則に違反するという主張が含まれていた。つまり、申立人が職務遂行を怠ったことと機構が決定した処分との間に合理的な関係がないというのである。このような主張に関して、裁判所は、「本裁判所は、職員に対して世銀の科した制裁が、職員の行った違反に著しく均衡を逸するものかどうかを決定する権限を有する」として、自ら比例原則違反か否かについて判断する権限を肯定している。[122] 世銀行政裁判所においては、一九九五年に、世銀を相手取ったカリュー（Carew）事件で初めて比例原則に関する請求が認められた。[123] 申立人は、一九九二年一一月から翌九三年四月までの半年間に、超過勤務時間を偽って申請（当該期間中一五回以上にわたり二九時間以上を、さらに、その期間以外に二度にわたり八時間以上をそれぞれ虚偽申請）し、その分の手当てを受け取っていたことが発覚したため、懲戒免職処分に付された。このことを不服として、彼は裁判所に提訴したのである。裁判所は、懲戒処分について詳細な検討を行った後、次のように述べた。すなわち、「……裁判所は、申立人が、一四年間という長期にわたり銀行の職員として勤務してきたこと、忠実に任務を遂行してきたこと、および、彼が受けた成績評価は良好であったことに留意する。さらにまた、裁判所は、主張された超過勤務時間に対して請求された金額が大きな額ではないこと、および、申立人の仕事が高度の管理責任を有すものではないことにも留意する」とのことであった。結局、裁判所は、当該懲戒免職処分が中立人の犯した行為と均衡を逸するとして、決定の取消しを命じた。この事件の後も、比例原則違反によって中立てが認められた例があり[124]、実際に、裁判所が同原則を用いて行政権をコントロールしてきたことが分かる。

処分が合理的かどうかを判断することが裁判所の権限にあることを明示した例として、国連行政裁判所のジュリアード（Julhiard）事件が挙げられる。本件は、フランスとアメリカの二重国籍を持つ申立人が、帰国休暇の付与をめぐって、自己の国籍について争った事件である。中立人は、帰国休暇についてアメリカ国民と見なされる旨の通知を人事部から受け取った。端的にいえば、アメリカ人職員であれば、アメリカの国連事務局で働く場合、当然帰国のための休暇とその費用は与えられないのである。職員規則によると、「職員規則および職員細則の適用において、国連は、各職員に対して複数の国籍を認め」ず（職員細則一〇四・八(a)）、また、「職員が複数の国家によって法的に国籍上の地位を与えられている場合、職員規則およびこの細則の目的にかなう職員の国籍は、その職員と最も密接に結びついていると事務総長が認める国の国籍でなければならない」（職員細則一〇四・八(b)）とされており、職員の国籍の決定については事務総長の広範な裁量が認められている。

裁判所は、この事務総長の裁量を念頭におきながらも、「事務総長の判断に裁判所の判断を代置することなしに、……中立人は、他方（フランス［著者注］）に比べ一方の国（アメリカ［著者注］）と最も密接に関連している、との事務総長の結論づけが合理的であったか否かを考えることはできる」とし、事務総長の裁量権に対する統制の基準として、合理的かどうかという、いわば合理性の基準を示した。もっとも、この裁判所の態度から、事務総長の判断が合理的でないならば、それを取消し得るようにも受け取ることができるが、結局、裁判所は、どの国家が中立人と最も密接に結びついているのかについては意見を求められておらず、事務総長が考慮に入れた諸事実が中立人とアメリカとの関係を構成していることは疑いないとして、その判断が合理的なものであると結論づけた[125]。

このように、比例原則を考える上で、要件と処分の均衡あるいはその処分の合理性がその基準となると思われる。この比例原則で最も問題となるのは、恐らく懲戒処分の場合であろう。懲戒処分自体が合理的か否か、すなわち、職員にとってその処分が過度に不利益な措置となってはいないかどうか、が重要な争点となるのである。アーキバルド（Archibald）事件では、郵便事務官である申立人が、国連の記念切手・絵葉書などを発行・販売する国連郵政部に送られてきた代金の入った封筒を盗んでいたという理由で、即時免職させられたことが問題となった。裁判所は、窃盗行為が一度に限らず一連のものであり、従って、放っておけば多額に至っていたことを考慮して、「申立人は、問題の額が少額であったこと、およびその金額はすでに返済されたことを主張するが、それによって罪の重さが軽減されることはない」とし、結局、「事務総長の……決定が恣意的または不合理であるとはいえない」と判断した[126]。

ＩＬＯ行政裁判所においても、スイラー（Souilah）事件で同様の傾向が見られる。ＷＭＯに勤務する申立人は、離婚の際に妻子に対して支払うべきとされた扶養手当てが未払いのままであり、さらに、差押えされた財産を濫用したかどで、ジュネーブ州裁判所より有罪判決を受けていた。ジュネーブ州当局は、申立人の妻子に手当てを支給し、申立人本人に支払いを求めたが申立人はそれに応じなかったので、スイス政府国際機構代表部を通じて、ＷＭＯに事情を説明した。その後事態が改善されないことを背景に、ＷＭＯ事務総長は、国際公務員としての義務を規定した職員規則一・一および一・五と、機構内外での職員の行動に関する一般原則を定めた職員規則四・二に触れて、国際公務員としての義務違反による懲戒処分を定めた職員細則一一〇一・一(a)などを根拠にして、申立人を懲戒免職処分に付した。とられた処分が原因行為に比して釣り合いがとれないほど重いとする申立人の主張に対して、ＩＬＯ行政裁判所は、「比例性の原則によれば、とりわけ懲戒を根拠とする職員の免職の場合には、罪と罰の間に何らかの合理的な関連がなければならない。ここでは、その原則の違反はなかった」とし、申立人の請求を棄却した[127]。

懲戒処分、特に、懲戒事由の判断については、事務総長の広範な裁量が認められており、従って、これらの事件に代表されるように、裁判所も関与はするものの、結局これを尊重してその処分の合理性を追認する形をとっているように思える。ただし、たとえば国連行政裁判所の場合、裁判所に事件が付託される前に合同訴願委員会で処分について討議され、その処分が事由との均衡を失していると判断された場合、当該処分の軽減を委員会が事務総長に勧告することがある。処分の選択を行う権限は当然事務総長にあるものの、ときに事務総長が委員会の勧告に応じて処分の軽減を行ったり[128]、あるいは処分自体の軽減には応じないものの補償を支払ったりするのである[129]。従って、事務総長の行う処分の選択に対しては、行政裁判所手続の前段階でのチェックによってしか処分の軽減その他の請求が実現され得ず、裁判所によるその実現の可能性を見出すことは難しいといえるのではなかろうか。もっとも、比例原則を厳格に適用することがどれだけ実りのあるものであるかは疑問である。というのも、この原則の厳格な適用によって、懲戒処分の選択に関する事務総長の裁量権の範囲が、著しく狭められてしまうことになりかねないからである。

(二)　平等原則

国連行政裁判所における平等原則の扱いについては、メンデス（Mendez）事件にその明示的基準を見出すことができる。これは、言語奨励制度の恩恵を受けることができなかった国連開発計画（以下、ＵＮＤＰ）職員がそれを求めて裁判所に提訴した事件である。一九六八年一二月二一日の総会決議二四八〇Ｂ(XXIII)では、国連憲章一〇一条三項にも謳われた、地理的配分が考慮される職員（staff subjected to geographical distribution）に対し、一九七二年一月一日より昇任について、第二言語の十分かつ認定された知識を条件とするということが決定された。一言でいえば、これは、第二言語を取得したものが早く昇任されるという制度である。機構側の判断は、一九七一年一二月二三日の行政訓令（ST/ AI/ 207）に示されたようにＵＮＤＰの職員をこの対象から除外するというものであった。従って、争点は、「地理的配分が考慮される職員」に、果たしてＵＮＤＰ職員が含まれるかどうかということであった。申立人は、その主張の中で、この言語奨励制度について、平等取扱いの一般原則の違反によってＵＮＤＰ職員が不利益を被ったということを根拠に、「正当化され得ない差別」を訴えたのであった。これに対し、事務総長側は、ＵＮＤＰ職員が、地理的配分の原則における と同様、任命書や職員規則の上からも、「通常の」国連職員とは区別されているので、この言語奨励制度から除外されてもそれは職員間平等の原則の違反には当たらないと述べた。

裁判所は、事務総長側のこの見解を受け入れ、さらに、ＩＬＯ行政裁判所の判例[130]を引いて、次のように述べた。「平等原則とは、類似の場合にあるものを類似に扱わなければならないということであり、かつ、類似の場合にない者を類似に扱ってはならないということを意味する」と。結局、本件申立ては棄却された[131]。

このように、メンデス事件において、国連行政裁判所は、平等原則の基準をはっきりと示した。ところが、平等原則違反によって事務総長の裁量が制限を受けるとまでは述べていない。それでは、この平等原則は機構側の裁量統制の道具として利用され得るのであろうか。従来から不平等取扱いについての主張が行われてきたということは、いくつかの事件において確認することができる。しかし、そのいずれの事件においても国連行政裁判所は、平等原則を用いて判断を下すということを行っていない[132]。つまり、これが裁量統制の道具として使われるかどうかということには裁判所は触れてはこなかったのである。ここから、裁判所が平等原則を用いて統制を行うことに消極的であるということが窺える。ただし、その裁判所による統制の可能性が示唆されたことで注目されるべき事件がある。それは、ムラン（Mullan）事件である。

この事件は、国連の女性職員である申立人が帰国休暇で自国アルゼンチンへ帰るために自分の夫の旅費を請求し、それが拒否されたことで裁判所に提訴した事件である。ところで、国連憲章八条では、「国際連合は、その主要機関及び補助機関に男女がいかなる地位にも平等の条件で参加する資格があることについて、いかなる制限も設けてはならない」と規定し、職員間の男女の平等を確認している。他方、旅費に関しては、まず職員規則で、「国連は、事務総長が定める条件及び定義に従い、職員及びその扶養家族の旅費を適宜支給する」（規則七・一）ことが定められており、これを受けて、職員細則で公務旅行について、「扶養家族（dependants）は、妻、扶養される夫（dependent husband）又は子供から成るものと考えられる」（細則一〇七・五(a)）と定められていた。申立人は、この憲章八条の原則および同じ時期に旅費の請求を行った男性職員にはその支給があったという事実を根拠に、決定の取消しおよび旅費の支給を請求した。また、職員規則七・一にいう「扶養家族」には、扶養されているか否かにかかわらず、すべての配偶者が含まれるという主張も行った。これに対し、事務総長側は、旅費の支給について、通常、妻は夫の扶養家族と見なされており、その逆は認められていないことから、差別はしないと主張した。つまり、ここでは、男性職員にはその妻の収入の有無にかかわらず、帰国休暇の旅費が支給されるのに対し、女性職員にはその夫が扶養家族である場合にのみ旅費が支払われる、という区別を差別と見るか否かが争われたということができる。

国連行政裁判所は、帰国休暇の旅費について、職員規則が性による区別を設けているとし、「この区別は、憲章八条に宣言された労働条件平等の原則に恐らく反すると思われる」と述べた。さらに、職員規則七・一のもとでの配偶者の旅費の支給について、この平等原則の実施が事務総長の責務であること、およびその支給について事務総長には広範な裁量があることに留意しながら、「事務総長の裁量は、憲章八条に従って行使されなければならない」ことを明らかにした。裁判所は、明らかにこの言葉から事務総長の裁量が平等原則によって制限され得ることを示している。従って、この判決は、平等原則が裁量統制の道具となることを明らかにしたという点で注目される。[133]

このように、平等原則は、機構側の裁量判断の過程に深く関わっている。他の職員と比べて昇任が遅れたことを不服とした欧州特許機関（ＥＰＯ）の職員らがＩＬＯ行政裁判所に申立てたブリメツリーデル、デンクおよびホフマン（Blimetsrieder, Denk and Hofmann）事件において、事務局長は、昇任を行わなかった理由として、職員の成績評価を記載した職員報告書以外の情報も考慮したとのことであった。これに対して、裁判所は、勤務規則の関連規定と、公正と不偏の確保された昇任手続が存在するのであるから、もし、昇任の決定が、昇任を審査する昇任委員会の勧告に反して行われたり、能力や勤務評定以外の他の考慮に基づいて行われたりすることがあれば、公正と不偏はもはや確保されないことになる。本件における申立人らを昇任しないという決定の理由は、勤務規則の該当規定によって確立された昇任手続にはかなっておらず、申立人らが資格を有している平等取扱いの否定につながることを指摘した。[134] また、注目すべきこととして、ＩＬＯ行政裁判所は、一つの機構のすべての職員が平等な扱いを受けなければならないという原則が、ＩＬＯ行政裁判所と国連行政裁判所で、時とともに確認されてきた原則であることを近年宣明している。[135]

世銀行政裁判所においても同様である。まず、他の職員との間における差別については、ピント（Pinto）事件が挙げられる。本件では、機構改革によって新しく等級づけが行われたことによって、減給を強いられた世銀職員が、当該機構改革で実施された等級計画自体の差別性を申立てたのであった。これに対し、裁判所は、最初に申立人の占めていた地位の等級づけが、申立人自身に対して個人的に向けられたものでないことを確認した後、かなりの数の職員が、申立人と同じように、機構改革によって低い等級に割当てられており、従って、申立人に与えられたのと同じ待遇が、それらの職員すべてに与えられている、として主張を退けた。[136] また、性による差別も考えられる。[137] セバスチャン（Sebastian）事件で、世銀の女性職員である申立人は、機構改革後の自己の等級に不満を持ち、当該等級づけが、性による差別に基づくものであると主張した。彼女によれば、同様の任務を遂行する男性職員が自分よりも上位にランクづけされたというのである。本件においても、裁判所は、差別的取扱いがなされたか否かについて慎重に審理している[138]。

近年、ＩＭＦ行政裁判所では、Ｒ（Mr. R）事件において、興味深い判決を下している。一九八一年よりＩＭＦで勤務し、セネガルのダカールで上級常駐代表職に就いていた申立人は、九九年七月より、コートジヴォアールのアビジャンにある合同アフリカ研究所所長として勤務することとなった。彼は、前職との関連で、今回の職は、当然に常駐代表職（Resident Representative）扱いをされるものと思っていた。常駐代表職は、海外事務所の局長職（Director）とは異なり優遇されることとされている。しかし、彼はそのような扱いを受けることができなかったのである。とりわけ、本件で問題とされたのは、常駐代表職に対してのみ付与される在外手当と住居手当における待遇の違いであった。申立人は、両者の職の相違に基づく不平等取扱いを主張したのであった。

ＩＭＦ行政裁判所によれば、まず、無差別原則が、国際機構の政策決定と行政機能の双方における裁量権行使に対して実質的な制約を課すということは、国際行政法のすでに確立された原則であると確認された。そこで、行政裁判所は、行政裁量の尊重と、その裁量が無差別原則と両立するやり方で行使されたことを確認する必要性との間の対立を解決することが求められているとし、そのために、無差別原則に関する先例を検討し、次のような原則を抽出した。第一に、本件で問題となった二つの職における待遇の違いが立証されなければならない。裁判所は、行政決定が正確に集められかつ適切に評価されるべき証拠に基づいてなされたかどうかを探るということである（アジア開発銀行行政裁判所のリンゼイ（Lindsey）事件判決[139]による）。第二に、裁判所は、ある者を異なる取扱いをして等級づけることと、その等級づけの目的との間に合理的な関係を認定しなければならない（世銀行政裁判所のムッド（Mould）事件判決[140]による）。最後に、海外事務局の局長と常駐代表との間の便益の違いが、海外局長が受ける不利益よりも大きいとされる常駐代表のそれと、合理的に関連するのみならず、釣り合っているかどうか、あるいは、二つの職の格差が、それぞれの間での他の何らかの有効な区別によって正当化されるかどうかを、裁判所は検討することになるとした（アジア開発銀行行政裁判所のデ・アルマス他（De Armas et al.）事件判決[141]による）。以上の検討から、裁判所は、結局、両者の職に差異を設けたことに関して、行政決定は合理的であったと判断した[142]。

差別的取扱いが申立てられた場合、本件で用いられた、①当該取扱いの正確な立証、②当該取扱いとその目的との関係および③当該取扱いによって得られる効果の合理性によって差別的取扱いか否かを判断するという基準は、他の行政裁判所判例の蓄積の中から析出された有用な基準といえる。ここには、種々の国際行政裁判所実行によって、裁量統制基準が発展してきたことがはっきりと看取されるのである。

（1）本書序章第二節四参照。

（2）League of Nations, *Official Journal*（*micro.*）, 6th Year, No. 10, Minutes of Thirty-fifth Session of the Council, p. 1443.

（3）231-300 *Judgements of the United Nations Administrative Tribunal* [hereinafter cited as "*JUNAT*"], Judgement No. 237（Powell v. Secretary General of the UN, 8/ Feb./ 1979）, p. 67, para. XIII.

（4）この憲章一〇一条を受けて、国連職員規則四・一では、「職員の任命権は、憲章一〇一条に規定するところに従い、事務総長にある」ことが確認されている。また、同規則一・二(c)は、「職員は、事務総長の権限に服し、事務総長によってなされる国際連合のいかなる活動又は部局への割当てにも従うものとする」と規定し、職員の配属に関する事務総長の裁量を認めている。

（5）167-230 *JUNAT*, Judgement No. 205（El-Naggar v. Secretary General of the UN, 9/ Oct./ 1975）, p. 354, para. IV.

（6）114-116 *JUNAT*, Judgement No. 134（Fürst v. Secretary General of the UN, 15/ Oct./ 1969）, p. 194, para. III.

（7）167-230 *JUNAT*, Judgement No. 199（Fracyon v. Secretary General of the UN, 24/ Apr./ 1975）, p. 290, para. I.

（8）167-230 *JUNAT*, Judgement No. 168（Mariaffy v. Secretary General of the UN, 26/ Mar./ 1973）, p. 12, para. V.

（9）わが国の公務員法において「離職」は、およそ職員が官職を離れる場合（死亡の場合は除く）を指すものと捉えられている。つまり、失職、懲戒免職および退職（分限免職、辞職、定年、任期満了等を含む）すべてを包含する概念であると考えられている。他方、国連では、職員規則九条が「離職（separation）」の語を用い、同規則一〇条で懲戒免職（dismissal）を含む「懲戒処分（disciplinary measures）」の語を分けて規定しているため、明らかにわが国での意味よりもこの「離職」の指す意味の方が狭い。従って、本書で「離職」の語を用いるときは、「懲戒免職」の意味を含まないものとして用いることにする。

（10）1-70 *JUNAT*, Judgement No. 29（Gordon v. Secretary General of the UN, 21/ Aug./ 1953）, p. 123, para. 2.

（11）この規定のもとで罰せられ得る非行とは、職員としての専門的な職務を遂行するにおいて犯された非行であるか、または専門的活動の範囲外ではあるが、職員の一般的義務を設定する規定によって禁じられた行為である。また、この「重大な非行」の概念は、事務総長が懲戒手続なしに即時免職を行うことができるという概念で、継続せる職員としての資格と明らかに両立し得ない行為を罰するために職員規則に挿入された。*Ibid.*, pp. 125-126, para. 7.

(12) 懲戒事項について審査および勧告を行うこの行政機関は、「合同懲戒委員会（Joint Disciplinary Committee）と呼ばれる（国連職員細則一一〇・五）。

(13) United Nations Preparatory Commission, Summary Record of the Twenty-forth Meeting of Committee 6, 21 Dec. 1945, p. 54 cited at Amerasinghe, C. F., *The Law of the International Civil Service: As Applied by International Administrative Tribunals*, 2nd ed., Vol. I（Oxford U. P., 1994）, p. 268.

(14) 1-70 *JUNAT*, Judgement No. 17（De Pojidaeff v. Secretary General of the UN, 16/ Dec./ 1952）, p. 63, para. 9.

(15) *Ibid.*, p. 64, para. 18.

(16) 1-70 *JUNAT*, Judgement No. 14（Vanhove v. Secretary General of the UN, 26/ Jan./ 1952）, p. 41, para. VII. また、この原則は、翌年のレヴィンソン（Levinson）事件（*ibid.*, Judgement No. 43（Levinson v. Secretary General of the UN, 11/ Dec./ 1953）, p. 213, para. 6）およびモハン（Mohan）事件（1-70 *JUNAT*, Judgement No. 45（Mohan v. Secretary General of the UN, 11/ Dec./ 1953）, p. 223, para. 6）でも確認されている。

(17) 1-70 *JUNAT*, Judgement No. 69（Coutsis v. Secretary General of the UN, 22/ Aug./ 1957）, p. 418, para. 4.

(18) 1-70 *JUNAT*, Judgement No. 54（Mauch v. Secretary General of the UN, 2/ Jun./ 1954）, p. 273, para. 7.

(19) 114-166 *JUNAT*, Judgement No. 117（van der Valk v. Secretary General of the UN, 26/ Apr./ 1968）, p. 40, para. IV.

(20) 1-70 *JUNAT*, Judgement No. 56（Aglion v. Secretary General of the UN, 14/ Dec./ 1954）, p. 296, para. 22 and 87-113 *JUNAT*, Judgement No. 107（Miss B v. Secretary General of the UN, 21/ Apr./ 1967）, p. 221, para. IV.

(21) 114-166 *JUNAT*, Judgement No. 122（Ho v. Secretary General of the UN, 30/ Oct./ 1968）, p. 87, para. II.

(22) 167-230 *JUNAT*, Judgement No. 223（Ibañez v. Secretary General of the UN, 26/ Apr./ 1977）, p. 533, para. XII.

(23)　1-70 *JUNAT*, Judgement No. 43 (Levinson v. Secretary General of the UN, 11/ Dec./ 1953), pp. 210-214, *ibid.*, Judgement No. 44 (Bergh v. Secretary General of the UN, 11/ Dec./ 1953), pp. 214-219, *ibid.*, Judgement No. 45 (Mohan v. Secretary General of the UN, 11/ Dec./ 1953), pp. 219-223, *ibid.*, Judgement No. 46 (White v. Secretary General of the UN, 11/ Dec./ 1953), pp. 224-228, *ibid.*, Judgement No. 47 (Carter v. Secretary General of the UN, 11/ Dec./ 1953), pp. 229-233, *ibid.*, Judgement No. 49 (Carruthers v. Secretary General of the UN, 11/ Dec./ 1953), pp. 238-242.

(24)　A/ 986, para. 7.

(25)　A/ 1127, para. 9.

(26)　リーク（Leak）事件で、申立人は、懲戒免職処分を受けたのであるが、申立人の「重大な非行」の明確な証拠のないことが判明し、その処分が二年以上も後に漸く事務総長によって取消されることになった。申立人は、現状回復を求め国連行政裁判所に訴を提起したが、事務総長側の主張は、懲戒処分から生じた損害に対する責任問題は裁判所の権限にあらず、とのことであった。裁判所は、「事務総長によって職員に関して下された決定およびそこから生じる義務は、本裁判所が国連行政裁判所規程二条一項に従って判決を下す権限を有する任用条件に該当する」として、自らの管轄権を確認している。87-113 *JUNAT*, Judgement No. 97 (Leak v. Secretary General of the UN, 4/ Oct./ 1965), p. 97, para. V.

(27)　たとえば、ザング・アタンガナ（Zang-Atangana）事件で、裁判所は、懲戒処分の是非を判断することはできないが、防禦権（rights of the defence）を尊重した手続がとられたか否かを確認する権利は有している、としている。114-166 *JUNAT*, Judgement No. 130 (Zang-Atangana v. Secretary General of the UN, 23/ May/ 1969), p. 162, para. IV. 同様に、リンドブラッド（Lindblad）事件でも、職員は、処分がなされる前に聴聞権（right to be heard）が与えられなければならないことを確認している。167-230 *JUNAT*, Judgement No. 183

(Lidblad v. Secretary General of the UN, 23/ Apr./ 1974), p. 132, para. VII.

(28) 167–230 *JUNAT*, Judgement No. 210 (Reid v. Secretary General of the UN, 26/ Apr./ 1976), p. 407, para. III.

(29) たとえば、国連職員の懲戒処分（国連職員規則一〇および国連職員細則一一〇・三）について見てみると、事務総長は、職員の勤務成績が不良の場合に（事実・要件）、（国際連合の利益のために）（目的・動機）、合同懲戒委員会の手続を経て（手続・形式）、懲戒処分を、下すことができる（内容・効果）という構造になっていると考えられる。

(30) 参考までに、今日わが国の行政法における裁量論を例にとれば、行政行為における裁量の問題とは、裁判所が行政行為を審査するに当たり、どこまで審査することができるかの問題であり、行政行為をするに当たっての行政庁の判断過程のどこに裁量があるかを探求するのが裁量論の意義だと論じられる。塩野宏『行政法Ⅰ（第三版）』（有斐閣、二〇〇三年）一〇八頁。ここで行為の過程とは、およそ次のような要素、すなわち、どんな場合に（要件）、どんな目的で（目的）、どんな手続形式で（手続）、どんな処分を（内容、処分の選択、比例原則）、するかしないか（発動決定、行為・不行為、効果）、にそれぞれ分けて考えることができる。阿部泰隆『行政裁量と行政救済』（三省堂、一九八七年）七頁。従って、裁量の有無を判定するに当たって、これらの行為の諸要素につき、それぞれ具体的に検討を加えることが必要とされる。その結果、これらの行為の諸要素に含まれる裁量に対して、司法的統制の及ぶ範囲が明らかにされると考えられるのである。

(31) アメリカの裁判所において、高度の専門的知識経験を要する行政分野について、慎重な準司法的手続のもとに、専門的スタッフから成る行政委員会が行った事実の認定は、裁判所もこれを尊重するのが合理的であると考えられるため、行政庁が公正な手続に従って収集した証拠に基づいて合理的な推論を下していると認められる限りは、裁判所はその行政庁の事実認定の結果を是認するべきであるとする、いわゆる実質的証拠法則（substantial evidence rule）に国連行政裁判所もその実行上従っていることが指摘される。Friedman, W. and

Fatouros, A., A., "The United Nations Administrative Tribunal," *International Organization*, Vol. 11（1957）, p. 28. なお、実質的証拠法則については、原田尚彦『行政法要論（全訂第四版）』（学陽書房、一九九八年）三六四―三六五頁参照。

（32）231-300 *JUNAT*, Judgement No. 247（Dhawan v. Secretary General of the UN, 4/ Oct./ 1979）, pp. 172-193. なお、本件と対照されるのが、イェンガー（Iyengar）事件である。この事件では、インド政府からＩＣＡＯに一九五五年に派遣された申立人の年金加入の権利は認められなかった。114-166 *JUNAT*, Judgement No. 151（Iyengar v. Secretary General of the ICAO, 14/ Oct./ 1971）, pp. 303-316.

（33）ILOAT Judgment No. 342（Price v. Pan-American Health Organization, 8/ May/ 1978）.

（34）*World Bank Administrative Tribunal Report* [hereinafter cited as "*WBAT Reports*"]（1993）Decision No. 131（King v. IBRD, 10/ Dec./ 1993）.

（35）87-113 *JUNAT*, Judgement No. 98（Gillman v. Secretary General of the UN, 11/ Mar./ 1966）, pp. 98-109.

（36）ILOAT Judgment No. 541（Florio v. FAO, 18/ Nov./ 1982）.

（37）*International Manetary Fund Administrative Tribunal Reports* [hereinafter cited as "*IMFAT Reports*"], Vol. 1（1994-1999）, Judgment No. 1997-1（Ms. "C" v. IMF, 22/ Aug./ 1997）, p. 86, para. 42.

（38）*WBAT Reports*（1988）, Decision No. 70（Chakra v. IBRD, 7/ Nov./ 1988）.

（39）ILOAT Judgment No. 39（Cardena v. ITU, 29/ Sep./ 1958）, para. 11.

（40）ILOAT Judgment No. 397（Arnold v. ITU, 24/ Apr./ 1980）, para. 5.

（41）167-230 *JUNAT*, Judgement No. 184（Mila v. Secretary General of the UN, 24/ Apr./ 1974）, pp. 133-145.

（42）301-370 *JUNAT*, Judgement No. 310（Estabial v. Secretary General of the UN, 10/ Jun./ 1983）, pp. 71-78.

（43）給与体系の変更の際に、行政側の判断の誤りにより不十分な給与支払いがなされた例として、ILOAT

Judgment No. 323（Connolly-Battisti v. FAO, 21/ Nov./ 1977）。また、帰国休暇手当ての支給に関する例として、71-86 *JUNAT*, Judgement No. 72（Radspieler v. Secretary General of the UN, 3/ Dec./ 1958）, pp. 6-12.

（44） ILOAT Judgment No. 946（Fernandez-Caballero v. UNESCO, 8/ Dec./ 1988）.

（45） 1-70 *JUNAT*, Judgement No. 46（White v. Secretary General of the UN, 11/ Dec./ 1953）, p. 227, para. 3.

（46） 1-70 *JUNAT*, Judgement No. 52（Zimmet v. Secretary General of the UN, 29/ May/ 1954）, p. 259, para. 11.

（47） このような事件の例として以下参照。114-166 *JUNAT*, Judgement No. 132（Dale v. Secretary General of the ICAO, 10/ Oct./ 1969）, pp. 172-182 and *ibid.*, Judgement No. 139（Rajappan v. Secretary General of the UN, 6/ Apr./ 1971）, pp. 236-240.

（48） 87-113 *JUNAT*, Judgement No. 95（Sikand v. Secretary General of the UN, 29/ Sep./ 1965）, p. 79, para. III.

（49） 114-166 *JUNAT*, Judgement No. 142（Bhattacharyya v. Secretary General of the UN, 14/ Apr./ 1971）, pp. 248-257.

（50） 申立人が六年以上も継続して良好な成績を収めてきており、その間一二度も任用契約を更新してきたことに鑑み、裁判所は、先例（231-266 *JUNAT*, Judgement No. 233（Teixeira v. Secretary General of the UN, 13/ Oct./ 1978）, p. 19, para. XII）に従って、申立人に任用契約更新の合理的な期待があったとしている。634-687 *JUNAT*, Judgement No. 647（Pereyra v. Secretary General of the UN, 15/ Jul./ 1994）, pp. 106-110.

（51） ILOAT Judgment No. 17（Duberg v. UNESCO, 26/ Apr./ 1955）, para. A, ILOAT Judgment No. 18（Leff v. UNESCO, 26/ Apr./ 1955）, para. A, ILOAT Judgment No. 19（Wilcox v. UNESCO, 26/ Oct./ 1955）, para. A and ILOAT Judgment No. 21（Bernstein v. UNESCO, 29/ Oct./ 1955）, para. A.

（52） Jugements du Tribunal administratif de l'Organisation internationale du Travail sur requêtes contre l'Organisation des Nations Unies pour l'éducation, la science et la culture（Avis consultatif du 23 octobre 1956）,

C. I. J. Recueil 1956, pp. 77–101.

（53）ILOAT Judgment No. 56（Robert v. WHO, 6/ Oct./ 1961）, para. 1.

（54）ILOAT Judgment No. 191（Ballo v. UNESCO, 15/ May/ 1972）.

（55）ILOAT Judgment No. 448（Troncoso v. Pan-American Health Organization, 14/ May/ 1981）, para. 8.

（56）Akehurst, M. B., *The Law Governing Employment in International Organizations*（Cambridge U. P., 1967）, pp. 149–150. これに対し、アメラシンゲは、この権力濫用の法理が必ずしも厳格な国内法のアナロジーによって発達してきたのではなく、国際行政法の現実の必要性と裁判所の経験により発達してきたものであることを指摘している。*Supra* note 13, Vol. I, p. 282.

（57）職員規則一・四は、次のように定める。「事務局の職員は、いかなる時でも、国際公務員としての地位にふさわしい態度で行動しなければならない。職員は、国際連合での任務の適正な遂行と両立しないいかなる活動にも従事してはならない。職員は、その地位又はその地位に対して要求される誠実さ、独立及び不偏性を損なう虞のある行動及び特にいかなる類の公的な意見の表明も行ってはならない。職員は、自己の国民感情又は政治的及び宗教的な信念を捨て去ることを期待されてはいないが、その国際的地位から自らに課される自制心と洞察力に常に留意しなければならない。」

（58）太寿堂鼎「国際公務員の身分保障と行政裁判所」『法学論叢』七一巻四号（一九六二年）一三―一四頁。

（59）以下に示す二二件である。Judgement No. 18（Crawford v. Secretary General of the UN, 21/ Aug./ 1953）, Judgement No. 19（Kaplan v. Secretary General of the UN, 21/ Aug./ 1953）, Judgement No. 20（Middleton v. Secretary General of the UN, 21/ Aug./ 1953）, Judgement No. 21（Rubin v. Secretary General of the UN, 21/ Aug./ 1953）, Judgement No. 22（Kagen-Pozner v. Secretary General of the UN, 21/ Aug./ 1953）, Judgement No. 23（Sokolow v. Secretary General of the UN, 21/ Aug./ 1953）, Judgement No. 24（Saperstein v. Secretary General of the UN, 21/ Aug./ 1953), Judgement No. 25（Van Tassel v. Secretary General of the UN, 21/ Aug./ 1953), Judgement No. 26（Zap, Marjorie v. Secretary General of the UN, 21/ Aug./ 1953), Judgement No. 27（Zap, Herman v. Secretary General of the UN, 21/ Aug./ 1953), Judgement No. 28（Wallach v. Secretary General of the UN, 21/ Aug./ 1953), Judgement No. 29（Gordon v. Secretary General of the UN, 21/ Aug./ 1953), Judgement No. 30（Svenchansky v. Secretary General of the UN, 21/ Aug./ 1953), Judgement No. 31（Harris v. Secretary General of the UN, 21/ Aug./ 1953), Judgement No. 32（Eldridge v. Secretary General of the UN, 21/ Aug./ 1953), Judgement No. 33（Glassman v. Secretary General of the UN, 21/ Aug./ 1953), Judgement No. 34（Older v. Secretary General of the UN, 21/ Aug./ 1953), Judgement No. 35（Bancroft v. Secretary General of the UN, 21/ Aug./ 1953), Judgement No. 36（Elveson v. Secretary General of the UN, 21/ Aug./ 1953), Judgement No. 37（Reed v. Secretary General of the UN, 21/ Aug./ 1953) and Judgement No. 38（Glaser v. Secretary General of the UN, 21/ Aug./ 1953).

(60) 恒久任用職員に関する一〇件は、Judgement No. 29（Gordon）から Judgement No. 38（Glaser）までの一〇件であり、臨時任用職員の一件は、Judgement No. 18（Crawford）である。

(61) Judgement No. 19（Kaplan）から Judgement No. 27（Zap, Herman）の九件。

(62) Judgement No. 28（Wallach）で当該差戻が命じられ、当該申立ては、翌年再度行政裁判所の前で争われた（五月二九日の Judgement No. 53（Wallach））が、結局、原告は敗訴した。懲戒免職処分に付された申立人ワラチ（Wallach）は、連邦大陪審での尋問や彼の過去における政治的団体への所属が懲戒の理由であり、それは職業上の義務と無関係であることを主張したが、裁判所は、そもそも彼が国連に勤務する際に提出した申込書の記入に関して、彼が正確な回答をしなかったことが原因であるとして、請求を退けた。1-70 *JUNAT*, Judgement No. 53（Wallach v. Secretary General of the UN, 29/ May/ 1954), pp. 260-266.

(63) もっとも、恒久任用職員の申立が認容された一〇件のうち、九件（Judgement No. 29（Gordon）からJudgement No. 37（Reed）まで）はここでとり上げたゴードン事件と主要部分がほぼ同じ判決文であるあるのに対し、残すグレイサー（Glaser）事件（Judgement No. 38）だけは、趣旨は他と同一であるもののその内容をやや異にする。

(64) 1–70 *JUNAT*, Judgement No. 29（Gordon v. Secretary General of the UN, 21/ Aug./ 1953）, pp. 120–127.

(65) *Ibid.*, pp. 120–123.

(66) いずれの規定も、本章第一節一参照。

(67) *Ibid.*, pp. 123–125, paras. 3–6.

(68) *Ibid.*, pp. 125–126, paras. 7–10.

(69) 先述したように、趣旨は他と同一であるもののその内容をやや異にするグレイサー事件では、たとえば、「勤務」の意味について、英文の“service”のみならず、仏文の“employ”も挙げながら、仔細に検討している。また、解任理由の一つであった職員規則九・一について、職員規則によって規定された職員の行動に関する義務を無視した者は国連での勤務に不適当であると仮に考えられるとしても、そのことから、その者の勤務成績が不良ということにはならず、また、その任用が職員規則九・一(a)に基づいて終了させられることもないとし、この点についても、他の判決より詳細な検討を付した。1–70 *JUNAT*, Judgement No. 38（Glaser v. Secretary General of the UN, 21/ Aug./ 1953）, p. 196, para. 5.

(70) 1–70 *JUNAT*, Judgement No. 18（Crawford v. Secretary General of the UN, 21/ Aug./ 1953）, pp. 65–70.

(71) このことは、行政裁判所が、恒久任用は、「国際公務員制度の安定を確保し、事務総長によって自由に選ばれた真の国際公務員の一団を形成するために、事務局開設の当初から用いられてきたものである。総会が確立した規則によれば、勤務の終了を律する理由と要件を明確に掲げる職員規則による以外には、恒久任用は終了させられてはならない」と述べていることからも推察される。*supra* note 64, p. 123, para. 2.

(72) 従来の暫定職員規則では、職員の離職について任用形態別に差違は設けられていなかった（規則二二）が、一九五二年二月二日の総会決議五九〇(VI)で国連職員規則が採択され、前述職員規則九・一における差違が設けられるようになった。従って、これら臨時任用職員が敗訴した一連の事件で、申立人らは、規則改正後、保障の程度が低い任用形態に属しているとはいえ、規則改正前の既得権は侵害されないと主張した。しかし、結局、裁判所は、処分理由の開示もせず国連の利益を考慮した事務総長の決定を認めたのである。

(73) 1–70 *JUNAT*, Judgement No. 19 (Kaplan v. Secretary General of the UN, 21/ Aug./ 1953), pp. 71–75, *ibid.*, Judgement No. 20 (Middleton v. Secretary General of the UN, 21/ Aug./ 1953), pp. 76–80, *ibid.*, Judgement No. 21 (Rubin v. Secretary General of the UN, 21/ Aug./ 1953), pp. 80–85, *ibid.*, Judgement No.22 (Kagen-Pozner v. Secretary General of the UN, 21/ Aug./ 1953), pp. 86–90, *ibid.*, Judgement No. 23 (Sokolow v. Secretary General of the UN, 21/ Aug./ 1953), pp. 91–95, *ibid.*, Judgement No. 24 (Saperstein v. Secretary General of the UN, 21/ Aug./ 1953), pp. 95–100, *ibid.*, Judgement No. 25 (Van Tassel v. Secretary General of the UN, 21/ Aug./ 1953), pp. 101–105, *ibid.*, Judgement No. 26 (Zap, Marjorie v. Secretary General of the UN, 21/ Aug./ 1953), pp. 106–109 and *ibid.*, Judgement No. 27 (Zap, Herman v. Secretary General of the UN, 21/ Aug./ 1953), pp. 110–114.

(74) 臨時任用職員の事件で唯一勝訴したクロフォード事件とそれ以外の敗訴した一連の事件との決定的な違いは、事務総長の判断過程において不当な考慮が働いたことの立証に、原告が成功したか否かという点にあると思われる。あいにく、行政裁判所判決からだけではいかなる証拠が提示されたのか定かではないが、クロフォード事件において、裁判所は、「適切な事実を注意深く検討し、かつ、とりわけ申立人の個人調書に含まれた文書を丹念に調べた。申立人解任の決定が、一九五二年一〇月一五日の小委員会での申立人の証人尋問に関する事情のみを理由としてなされたことを確信した」としていることから、この事件では、原告の立証が成功したと推定される。1-70 *JUNAT*, Judgement No. 18（Crawford）, p. 68, para. 4.

(75)　ここで取り上げるＵＮＥＳＣＯ以外にも、ＩＣＡＯやＦＡＯにも影響があった。しかし、ＷＨＯはアメリカからの圧力に強く抵抗したとされる。Langrod, G., *The International Civil Service: Its Origins, Its Nature, Its Evolution*（A. W. Sythoff, 1963）, p. 225. アメリカ政府からの影響を受けて解任されたＦＡＯ職員も、ＵＮＥＳＣＯ職員同様、ＩＬＯ行政裁判所に提訴した（ILOAT Judgment No. 13（McIntire v. FAO, 3/ Sep./ 1953））とされる（Beigbeder, Y., *Threats to the Internatinal Civil Service*（Pinter, 1988）, pp. 54-55）が、判決本文からそのことが必ずしも明確ではないので、ここでは考察の対象から省くことにする。

(76)　ILOAT Judgment No. 17（Duberg v. UNESCO, 26/ Apr./ 1955）, ILOAT Judgment No. 18（Leff v. UNESCO, 26/ Apr./ 1955）, ILOAT Judgment No. 19（Wilcox v. UNESCO, 26/ Apr./ 1955）, ILOAT Judgment No. 21（Bernstein v. UNESCO, 29/ Oct./ 1955）, ILOAT Judgment No. 22（Froma v. UNESCO, 29/ Oct./ 1955）, ILOAT Judgment No. 23（Pankey v. UNESCO, 29/ Oct./ 1955）and ILOAT Judgment No. 24（van Gerder v. UNESCO, 29/ Oct./ 1955）.

(77)　Judgment No. 17, *esp*. paras. E and “on Prejudice”.

(78)　これら七件の事件のうち、期限付任用職員の提訴に基づくデュバーグ（Duberg）事件、レフ（Leff）事件、ウィルコックス（Wilcox）事件およびバーンスタイン（Bernstein）事件については、機構側が行政裁判所判決を不服として、ＩＬＯ行政裁判所規程一二条に基づいて、国際司法裁判所に判決の再審査を要請した。Jugements du Tribunal administratif de l’Organisation internationale du Travail sur requêtes contre l’Organisation des Nations Unies pour l’éducation, la science et la culture（Avis consultatif du 23 octobre 1956）, *C. I. J. Recueil* 1956, pp. 77-168. 本件では、ＩＬＯ行政裁判所の管轄権の有無に異議が唱えられたが、結局、国際司法裁判所は、行政裁判所で争われた一連の事件が、ＵＮＥＳＣＯの職員規則および細則の解釈および適用に関する紛争の問題であるため、行政裁判所に管轄権があるものとして機構側の異議を退け、結局、ＩＬＯ行政裁判所判決を支持した。

（79）*WBAT Reports* (1991), Decision No. 100 (Jassal v. IBRD, 20/ Jun./ 1991). 本件で裁判所は、他の事件と異なり、「裁量の濫用」というだけで、行政判断のどのプロセスに濫用があったかはっきりと述べていない。私見であるが、本件は、権力濫用を認めているのではなく、選任手続における決定権者の構成、意見採択の仕方等の瑕疵に着目して、手続上の違反によって申立てが認容されたものと見なすのが穏当であろう。

（80）阿部『前掲書』注（30）一六五頁、田村悦一「行政裁量の司法審査」杉原敏正編『行政救済』（有斐閣、一九九〇年）一七七頁、宮田三郎「行政裁量」雄川一郎・塩野宏・園部逸夫編『現代行政法大系第二巻』（有斐閣、一九八四年）四一頁など。フランス行政法における権力濫用の証明の困難さについては、阿部泰隆『フランス行政訴訟論』（有斐閣、一九七一年）一四一―一五〇頁およびＪ・リヴェロ（兼子仁＝磯部力＝小早川光郎編訳）『フランス行政法』（東京大学出版会、一九八二年）二七八頁参照。

（81）たとえば、国連行政裁判所設立当初の事件まで遡れば、この権力濫用の挙証責任を申立人側が負うという実行は、過員整理により解任された職員ら一五名が申立てた事件にすでに見られる。もっとも本件では、申立人側で十分な立証がなされなかった。1-70 *JUNAT*, Judgement No. 2 (Aubert and 14 others v. Secretary General of the UN, 30/ Jun./ 1950), p. 4.

（82）1-70 *JUNAT*, Judgement No. 19 (Kaplan), p. 75, para. 9, *ibid.*, Judgement No. 20 (Middleton), p. 79, para. 9, *ibid.*, Judgement No. 21 (Rubin), pp. 84-85, para. 4, *ibid.*, Judgement No.22 (Kagen-Pozner), pp. 89-90, para. 9, *ibid.*, Judgement No. 23 (Sokolow), p. 94, para. 9, *ibid.*, Judgement No. 24 (Saperstein), pp. 99-100, para. 4, *ibid.*, Judgement No. 25 (Van Tassel), p. 105, para. 9, *ibid.*, Judgement No. 26 (Zap, Marjorie), p. 109, para. 7, *ibid.*, Judgement No. 27 (Zap, Herman), p.113, para. 9.

（83）　実際に、十分な証明がなされていないがゆえに、決定に不正な動機や偏見があったとする申立人の主張が退けられた例は無数にある。しかし、これらの例の中で何をもって十分な証明と見なすかは必ずしも明確にされていない。その一つの基準としては、参考までに、次のような例がある。ボール（Ball）事件で、国連行政裁判所は、上司である主任が自分に対して悪意を抱いていたことによって解任されたという申立人の主張に対して、たとえ主任側に悪意があったとしても、そのような悪意が解任を動機づけ得たことを示すために何らの証拠も提出されていないとし、不正な動機と決定との間の因果関係を証明する必要を説いている。1–70 *JUNAT*, Judgement No. 60（Ball v. Secretary General of the UN, 9/ Sep./ 1955）, pp. 321–330.

（84）　1–70 *JUNAT*, Judgement No. 15（Robinson v. Secretary General of the UN, 11/ Aug./ 1952）, pp. 43–53.

（85）　スンタラリンガム（Suntharalingam）事件（*WBAT Reports*（1982）, Decision No. 6（Suntharalingam v. IBRD, 27/ Nov./ 1981））、ブレムザー（Broemser）事件（*WBAT Reports*（1985）, Decision No. 27（Broemser v. IBRD, 25/ Oct./ 1985））、リンゼイ（Lindsay）事件（*WBAT Reports*（1990）, Decision No. 92（Lindsay v. IBRD, 25/ May/ 1990））など参照。

（86）　*WBAT Reports*（1989）, Decision No. 81（Bertrand v. IBRD, 22/ Sep./ 1989）.

（87）　1–70 *JUNAT*, Judgement No. 4（Howrani and 4 others v. Secretary General of the UN, 25/ Aug./ 1951）, pp. 8–22.

（88）　ILOAT Judgment No. 13（McIntire v. FAO, 3/ Sep./ 1953）.

（89）　1–70 *JUNAT*, Judgement No. 17（De Pojidaeff v. Secretary General of the UN, 16/ Dec./ 1952）, p. 64, para. 15.

（90）　*WBAT Reports*（1981）, Decision No. 2（Skandera v. World Bank, 5/ Jun./ 1981）, p. 11, para. 28.

（91）　ILOAT Judgment No. 1272（Diotallevi and Tedjini v. World Tourism Organization, 14/ Jul./ 1993）.

(92) *IMFAT Reports*, Vol. 1 (1994-1999), Judgment No. 1996-1 (Mr. M. D'Aoust v. IMF, 2/ Apr./ 1996), pp. 65-66, para. 23.

(93) 87-113 *JUNAT*, Judgement No. 98 (Gillman v. Secretary General of the UN, 11/ Mar./ 1966), pp. 98-109.

(94) *Ibid.*, p. 107, para. II.

(95) 114-166 *JUNAT*, Judgement No. 157 (Nelson v. Secretary General of the UN, 26/ Apr./ 1972), pp. 348-355.

(96) 167-230 *JUNAT*, Judgement No. 184 (Mila v. Secretary General of the UN, 24/ Apr./ 1974), pp. 133-145.

(97) 71-86 *JUNAT*, Judgement No. 74 (Bang-Jensen v. Secretary General of the UN, 5/ Dec./ 1958), pp. 15-28. もっとも、この事件で裁判所は、この問題が合同懲戒委員会の審議中には取り上げられず、委員会の報告書が事務総長に提出された後初めて主張されたことに注目し、この主張が適切な時期になされなかったので申立人は裁判所の前でこの主張を行い得ないと判断した。

(98) ILOAT Judgment No. 179 (Varnet v. UNESCO, 8/ Nov./ 1971).

(99) 114-166 *JUNAT*, Judgement No. 122 (Ho v. Secretary General of the UN, 30/ Oct./ 1968), p. 87, para. II.

(100) ILOAT Judgment No. 32 (Garcin v. UNESCO, 23/ Sep./ 1958).

(101) 114-166 *JUNAT*, Judgement No. 158 (Fasla v. Secretary General of the UN, 28/ Apr./ 1972), pp. 355-373.

(102) 114-166 *JUNAT*, Judgement No. 138 (Peynado v. Secretary General of the UN, 30/ Oct./ 1970), pp. 221-236.

(103) 167-230 *JUNAT*, Judgement No. 184 (Mila v. Secretary General of the UN, 24/ Apr./ 1974), pp. 133-145.

(104) 1-70 *JUNAT*, Judgement No. 6 (Keeney v. Secretary General of the UN, 4/ Sep./ 1951), p. 25.

(105) ILOAT Judgment No. 333 (Cuvillier v. ILO, 8/ May/ 1978), para. 4.

(106) *WBAT Reports* (1981), Decision No. 6 (Suntharalingam v. IBRD, 27/ Nov./ 1982), p. 12, para. 35.

(107) 114-166 *JUNAT*, Judgement No. 130 (Zang-Atangana v. Secretary General of the UN, 23/ May/ 1969), pp.

155-164.

(108) 114-166 *JUNAT*, Judgement No. 123（Roy v. Secretary General of the ICAO, 31/ Oct./ 1968）, p. 100, para. V.

(109) なお、ここで示された裁判所の判断は、その後のパレスチナ国連停戦監視機関（ＵＮＴＳＯ）現地職員の懲戒処分が争われたリンドブラッド（Lindblad）事件でも確認されるに至った。167-230 *JUNAT*, Judgement No. 183（Lindblad v. Secretary General of the UN, 23/ Apr./ 1974）, pp. 126-133.

(110) *WBAT Reports*（1986）, Decision No. 28（Gyamfi v. IBRD, 22/ Apr./ 1986）, pp. 24-26, paras. 42-46.

(111) *WBAT Reports*（1993）, Decision No. 131（King v. IBRD, 10/ Dec./ 1993）, p. 20, para. 53. このように、世銀行政裁判所では、申立てを行う職員に対して、適正な手続上の保護が与えられてきたといえる。ただし、ここでいう適正な手続とは、必ずしも一つの欠陥もないことを意味するのではないと思われる。事実、たとえ手続上の欠陥があっても、その発見後速やかに是正された場合（*WBAT Reports*（1990）, Decision No. 97（Kassab v. IBRD, 28/ Sep./ 1990）, p. 15, para. 50）や、手続上若干の遅延があっても、それが申立人の主張を裏づけるほどの不利益を生じていない場合（*WBAT Reports*（1987, Part I）, Decision No. 31（Rossini v. IBRD, 21/ May/ 1987）, pp. 9-10, para. 30）などには、裁判所も手続上の瑕疵を認めていない。

(112) ILOAT Judgment No. 5（Hickel v. International Institute of Intellectual Co-operation, 27/ Feb./ 1947）.

(113) ＩＬＯ行政裁判所のフラッド（Flad）事件では、申立人が売店での窃盗の罪を問われ懲戒免職処分を受けた。この処分決定に際しては、店主と三名の店員の証言が根拠とされたが、実際には証人であったのはそのうちの一人のみであった。行政側は、真相の究明を行うことをせず、店員やフラッド本人が真実を述べているかも確かめずに処分を決定・追認していたため、裁判所は、本件処分の根拠となった調査は不十分であるとした。ILOAT Judgment No. 172（Flad v. WHO, 3/ May/ 1971）.

(114) ＩＬＯ行政裁判所は、スコフィールド（Schofield）事件で、懲戒処分が書面のみによってなされ得ることを認めている。ILOAT Judgment No. 410（Schofield v. WHO, 24/ Apr./ 1980）, para. 6.

(115) 1–70 *JUNAT*, Judgment No. 4（Howrani and 4 others v. Secretary General of the UN, 25/ Aug./ 1951）, pp. 8–23. 翌年のロビンソン（Robinson）事件でも、裁判所は、「中立人の契約上の結社の権利が実効的に保護されるべきであるのなら、行政側が契約不更新の理由を与えなければならないということは、その権利に固有のものとして認められなければならない」と、若干の条件を付しているとはいえ、中立人の契約を更新しない理由を行政側が与えなければならないとしている。1–70 *JUNAT*, Judgement No. 15（Robinson v. Secretary General of the UN, 11/ Aug./ 1952）, pp. 50–51, para. 22. もっとも、一連のアメリカ人職員が集団で解任された事件で、中立人の請求が認められなかったカプラン（Kaplan）事件において、事務総長は、そのいくつかの主張の中、中立人の解任について国連職員規則九・一(c)を援用したこと、従ってそれにより、「国連の利益」のもとにある決定をその理由を述べることなく行ったこと、さらに自らの考える「国連の利益」は、裁判所の審査に付されないことなどを述べた。結局、この主張は裁判所にも認められ、これによって先のハウラニ他四名事件での原則は、全面的に覆されることになった。*ibid.*, Judgement No. 19（Kaplan v. Secretary General of the UN, 21/ Aug./ 1953）, pp. 71–75. その後のマウチ（Mauch）事件でも、職員規則九・一(c)による解任については理由の開示が不要であることを裁判所は明確に示している。*Ibid.*, Judgement No. 54（Mauch v. Secretary General of the UN, 2/ Jun./ 1954）, p. 272, para. 5. 他方、恒久任用職員の解任および期限付任用職員の契約期限満了前の解任に関しては、事務総長はその解任処分の根拠を示さねばならないとの判断を裁判所は早くから明示してきた。恒久任用職員については、たとえば以下参照。71–86 *JUNAT*, Judgement No. 85（Carson v. Secretary General of the UN, 14/ Sep./ 1962）, p. 117, para. 3. また、期限付任用職員については、以下参照。167–225 *JUNAT*, Judgement No. 169（Senghor v. Secretary General of the UN, 26/ Mar./ 1973）, pp. 17–18, para. VI.

(116) ILOAT Judgment No. 946（Fernandez–Caballero v. UNESCO, 8/ Dec./ 1988）, paras. 3 and 6.

（117）*WBAT Reports*（1988, Part II）, Decision No. 73（Berg v. IBRD, 7/ Nov./ 1988）, p. 11, para. 38.

（118）*Ibid.*

（119）114-166 *JUNAT*, Judgement No. 131（Restrepo v. Secretary General of the UN, 10/ Oct./ 1969）, pp. 165–171 and ILOAT Judgment No. 477（Shaffter v. Central Office for International Railway Transport, 28/ Jan./ 1982）.

（120）1–70 *JUNAT*, Judgement No. 5（Howrani v. Secretary General of the UN, 4/ Sep./ 1951）, pp. 23–24.

（121）ILOAT Judgment No. 203（Ferrecchia v. International Centre for Advanced Technical and Vocational Training, 14/ May/ 1973）, para. 2.

（122）*WBAT Reports*（1983, Part II）, Decision No. 14（Gregorio v. IBRD, 6/ Sep./ 1983）. 本件で確認した審査権限を用いて、その後の実行においても、裁判所は、いくつかの事件で比例原則について審査を行っている。たとえば、勤務成績不良によって解任された世銀の普通任用職員が申立てたブイテン（Buyten）事件（*WBAT Reports*（1988, Part II）, Decision No. 72（Buyten v. IBRD, 7/ Nov./ 1988）, p. 20, para. 64）、および試用期間中の成績不良のため、任用されなかった世銀職員の申立てによるゲオルギエフ（Georgiev）事件（*WBAT Reports*（1990）, Decision No. 96（Georgiev v. IBRD, 28/ Sep./ 1990）, pp. 16–17, para. 40）では、いずれも処分とその理由との不均衡はなかったとされている。

（123）*WBAT Reports*（1995）, Decision No. 142（Carew v. IBRD, 19/ May/ 1995）, pp. 1–9, paras. 1–15. もっとも、当該処分とその理由との不均衡について明示しないものの、手続上の違反を審査する中で、裁判所が処分の重さについて考慮したと思われる例はある。前述のジャムフィ事件において、申立人が停職処分を受けた際、それと併せて、現職にある者および過去において職員であった者との接触と機構の構内への立入りとを禁じられた。本件処分は、申立人が、他の職員に対し身体的な危害を加える危険性を有している旨の、部局内部からの告発があったことに起因していた。これに関して、裁判所は、当該処分の厳格さは、身体に対する危険性の告発について申立人に通知した書簡のみをもって正当化され得ないと述べている。ここでは、告知の必要性という適正な手続からの要請以外に、処分の重さの程度も考慮されているように思われる。*WBAT Reports*（1986）, Decision No. 28（Gyamfi v. IBRD, 22/ Apr./ 1986）, pp. 23–24, para. 41.

(124) この事件の後も、比例原則違反によって申立てが認められた例があり、実際に、裁判所が同原則を用いて行政権をコントロールできることを示していることが分かる。カリュー事件同様、虚偽の超過勤務時間申請が原因で懲戒免職処分を受けた世銀職員が申立てたプランタラ（Planthara）事件（*WBAT Reports*（1995）, Decision No. 143（Planthara v. IBRD, 19/ May/ 1995））と、自国から徴収された納税額を偽って税返還の申請を行い、本来給付される額よりも多額の返還を受けていたことが原因で懲戒免職処分に付された世銀職員の申立てたスミス（Smith）事件（*WBAT Reports*（1997）, Decision No. 158（Smith v. IBRD, 11/ Apr./ 1997））参照。なお、注目すべきは、後者のスミス事件において、世銀裁判所は、懲戒処分に関する職員規則に触れた後、「……比例性の概念は、本裁判所および他の行政裁判所において十分に確立されている（*ibid.*, p.15, para. 37）」と述べ、比例原則が他の裁判所を含め、統一された基準であることを確認している点である。

(125) 1–70 *JUNAT*, Judgement No. 62（Julhiard v. Secretary General of the UN, 3/ Dec./ 1955）, pp. 340–350.

(126) 167–230 *JUNAT*, Judgement No. 222（Archibald v. Secretary General of the UN, 25/ Apr./ 1977）, pp. 522–527.

(127) ILOAT Judgment No. 1584（Souilah v. WMO, 30/ Jan./ 1997）.

(128) 231–300 *JUNAT*, Judgement No. 300（Sheye v. Secretary General of the UN, 15/ Oct./ 1982）, pp. 665–666, para. VI.

(129) 167–230 *JUNAT*, Judgement No. 210（Reid v. Secretary General of the UN, 26/ Apr./ 1976）, p. 410, paras. X–XI.

(130)　ILOAT Judgment No. 391（de Los Cobos v. ILO, 24/ Apr./ 1980）, para. 9. 本件は、職員のある一定期間の給与から一定額を控除するという事務局長の決定がなされたが、当該決定がすべての職員に一律に適用されず、一部のカテゴリーの職員には適用されなかったため、不平等取扱いが主張された事件である。

(131)　231–300 *JUNAT*, Judgement No. 268（Mendez v. Secretary General of the UN, 8/ May/ 1981）, pp. 381–392.

(132)　裁判所設立後、平等な取扱いを求める主張がなされ始めた比較的初期の例から順次見てみると、たとえば、①人事調整（職員の再区分（reclassification））に関して、ジュネーヴにある国連欧州事務所の職員と国連本部の職員との不平等取扱いが主張されたシャンプリー（Champoury）事件他それと関連する四件（71–86 *JUNAT*, Judgement No. 76（Champoury v. Secretary General of the UN, 17/ Aug./ 1959）, pp. 35–50, *ibid.*, Judgement No. 77（Coffinet v. Secretary General of the UN, 17/ Aug./ 1959）, pp. 50–54, *ibid.*, Judgement No. 78（Ducret v. Secretary General of the UN, 17/ Aug./ 1959）, pp. 55–58, *ibid.*, Judgement No. 79（Fath v. Secretary General of the UN, 17/ Aug./ 1959）, pp. 59–62, *ibid.*, Judgement No. 80(Snape v. Secretary General of the UN, 17/ Aug./ 1959）, pp. 63–66）、自国内で課された国内税の返還請求の際に、国連職員間の平等が主張された②デイヴィッドソン（Davidson）事件（87–113 *JUNAT*, Judgement No. 88（Davidson v. Secretary General of the UN, 3/ Oct./ 1963）, pp. 5–13）および③パウエル（Powell）事件（231–300 *JUNAT*, Judgement No. 237（Powell v. Secretary General of the UN, 8/ Feb./ 1979）, pp. 56–75）、④給与のみならず、年金にも地域間格差をなくすための調整がなされることの請求において、退職後国連からの年金を受給する者（pensioner）と現職にある者（active staff members）との平等および年金受給者間の平等が主張されたハーピニーズ（Harpignies）事件（167–230 *JUNAT*, Judgement No. 182（Harpignies v. Secretary General of the UN, 19/ Apr./ 1974）, pp. 114–126）、⑤現地採用職員の日割生活手当て請求の際に同種の職員間の平等が主張されたマハムード（Mahmoud）事件（231–300 *JUNAT*, Judgement No. 279（Mahmoud v. Secretary General of the UN, 8/ Oct./ 1981）, pp. 487–499）、⑥財政上

の理由から契約が更新されずに解任された職員間での不平等取扱いが主張されたデラノ・デ・ストゥヴェン（Délano de Stuven）事件（231-300 *JUNAT*, Judgement No. 298（Délano de Stuven v. Secretary General of the UN, 12/ Oct./ 1982), pp. 640-648）などがある。このうち、特に①、④および⑥の事件について裁判所は、申立人の請求を認めたにもかかわらず、平等原則違反ということには触れていない。

（133） 114-166 *JUNAT*, Judgement No. 162（Mullan v. Secretary General of the UN, 10/ Oct./ 1972), pp. 387-394. しかしながら、裁判所の判断は、まだこれで終わったわけではない。以上の言葉に続けて、「本件において……女子職員に、その夫が『扶養される夫』である場合にのみその旅費支給の資格を与える一〇七・五(a)の箇所は、……職員規則七・一とは矛盾せず、同規定のもう一方の箇所が、職員にその妻が扶養家族であるか否かに関わらず旅費の支給を可能にしているという事実によっても影響されない」と裁判所は述べ、結局、申立てを棄却したのである。私見では、この結論づけは決して満足なものとはいえない。裁判所は、既述のように、自ら明らかにした平等原則には一切触れることをせず、そのため決定の根拠がないに等しいからである。このような結論づけを行ったことによって、前で明らかにした平等原則による裁量の統制の持つ意味が薄められたようにもとれるが、前述したように、やはり、それだけこの統制手段に対して裁判所が消極的であるということの現われとも捉えることができよう。なお、この判決については、本書第四章第一節も参照のこと。

（134） ILOAT Judgment No. 1600（Blimetsrieder, Denk and Hofmann v. European Patent Organisation, 30/ Jan./ 1997).

（135） ILOAT Judgment No. 1182（Mirrmand v. European Organization for Nuclear Research, 15/ Jul./ 1992), para. 8.

（136） *WBAT Reports*（1988), Decision No. 56（Pinto v. IBRD, 26/ May/ 1988).

（137） 性による差別については、同僚から受けた性差別およびセクシャル・ハラスメントについて申立てられたメンダロ（Mendaro）事件がある。裁判所は、職員任用原則の規定などに触れ、このような差別について裁判所が管轄権を有することを確認した。*WBAT Reports*（1985）, Decision No. 26（Mendaro v. IBRD, 4/ Sep./ 1985）, p. 9, para. 20. セクシャル・ハラスメントに関する申立ては近年顕著な請求の一つといえるが、ＩＭＦ行政裁判所が国連行政裁判所判例（UNAT Judgement No. 707（Belas-Gianou v. Secretary General of the UN, 28/ Jul./ 1995））を引いていうように、ハラスメントの告発を誠実に行っていたからといって、当該告発に対して行政側が仕返しをしたことの認定の前提にはならないとされ（*IMFAT Reports*, Vol. 1（1994-1999）, Judgment No. 1997-1（Ms. "C" v. IMF, 22/ Aug./ 1997）, p. 81, para. 22）、行政行為の根拠としてハラスメントがあったことの立証には、困難が伴うと思われる。

(138)　*WBAT Reports*（1988）, Decision No. 57（Sebastian v. IBRD, 26/ May/ 1988）. もっとも、裁判所は、申立人の勤務成績などの記録を考慮して、彼女が当該上位の地位には不適当であるとし、彼女が証拠として提示する一般的な統計のみから、性による差別があったとはいえないと判断して申立てを棄却した。

(139)　*Asian Development Bank Administrative Tribunal Reports* [hereinafter cited as "*ADBAT Reports*"], Vol. 1（1997）, Decision No. 1（Lindsey v. Asian Development Bank, 18/ Dec./ 1992）, p. 5, para. 12.

(140)　WBAT, Decision No. 210（Mould v. IBRD, 14/ May/ 1999）, para. 26.

(141)　*ADBAT Reports*, Vol. IV（1998）, Decision No. 39（De Armas et al. v. Asian Development Bank, 5/ Aug./ 1998）, pp. 9-39. 本件は、フィリピン人専門職員が、それ以外の国籍を持つ職員との間に存在する諸手当の差別的取扱いを申立てた事件である。裁判所は、勤務地フィリピンにおいて、フィリピンを母国としない職員が、フィリピン人職員に比べて明らかに不利であることをまず指摘している。*Ibid.*, p. 19, para. 33.

(142)　IMFAT, Judgment No. 2002-1（Mr. "R" v. IMF, 5/ Mar./ 2001）.

第四章　国際公務員法の法源

すでに見たように、国際機構においては、国際機構と国際公務員との関係を規律する特別な法があり、それが国家権力の介入を排除した法状況を創設している。この国際公務員を規律する法は、いかなるものであり、また、いかにして国際行政裁判所において用いられてきたのであろうか。本章では、国際機構の設立文書とそれに基づいて機構が定める制定法、機構と職員とが締結する任用契約、法の一般原則およびその他の裁判基準について、主な国際行政裁判所――具体的には、普遍的国際機構に設けられた国連行政裁判所、ＩＬＯ行政裁判所、世銀行政裁判所およびＩＭＦ行政裁判所――の実行に沿って整理しておくことにする。

第一節　設立文書と機構の制定法

まず、国連行政裁判所規程二条一項は、「裁判所は、国際連合の事務局の職員の任用契約又は任用条件の不履行を主張する申立てに基づいて、これを審理し、かつ判決を行う権限を有する。『契約』及び『任用条件』には、主張された不履行があったときに有効であった、職員年金規則を含むすべての関連規則及び細則を含む」と定める。ＩＬＯ行政裁判所規程二条一項も、「裁判所は、国際労働事務局の職員の任用条件及び当該主張に適用可能な職員規則の規定の、実体又は手続における不履行を主張する不服申立てを審理する権限を有する」と定める。同様に、世銀行政裁判所規程二条一項も、「裁判所は、世銀グループの職員がその任用契約又は任用条件の不履行を主張するいかなる申立てに基づいても、これを審理し、かつ判決を行う。『任用契約』及び『任用条件』には、主張された不履行があったときに有効であった、職員退職計画の規定を含むすべての関連規則及び細則を含む」とする。これらには、任用契約や任用条件、職員規則のような語が散見されるものの、国際司法裁判所規程三八条（「一　裁判所は、付託される紛争を国際法に従って裁判することを任務とし、次のものを適用する。(a)一般又は特別の国際条約で係争国が明らかに認めた規則を確立しているもの　(b)法として認められた一般慣行の証拠としての国際慣習　(c)文明国が認めた法の一般原則　(d)法則決定の補助手段としての裁判上の判決及び諸国の最も優秀な国際法学者の学説。但し、第五九条の規定に従うことを条件とする。二　この規定は、当事者の合意があるときは、裁判所が衡平及び善に基いて裁判をする権限を害するものではない」）のように、具体的に裁判所が適用する基準に触れた規定は見受けられない。注目すべきは、ＩＭＦ行政裁判所規程である。同規程は、その二条一項で、「裁判所は、次のいかなる申立てに基づいても、判決を行う。(a)職員が、自己に不利益をもたらす行政行為の合法性を争う申立て。(b)任用者たる基金の実施する退職その他の給付計画への入会者又はその下での受給者が、自己に不利益をもたらすそれらの計画に関するか又はその計画の下で生じる行政行為の合法性を争う申立て」と、他の行政裁判所と類似の規定を置いている。しかし、同三条は次のように規定する。「裁判所は本規程の下で付与された以外のいかなる権限も有さない。裁判所は、申立てに基づいて判断を行うに際して、行政行為の司法審査に関して一般に認められた国際行政法の原則を含む、基金の内部法（internal law）を適用する。本規程のいかなるものも、基金の機関が基金の任用条件を設定又は改正するような個別的又は規則制定的な決定を行う際の、その裁量の合法な行使を含む協定の下での権限を、制限又は変更するものではない。裁判所は、基金協定二九条に従って総務会が行う審査に従って、理事会が決定する当該協定のいかなる解釈にも拘束される。」

この規定には、裁判所が用いる基準として「基金の内部法」との文言がある。これは何を意味するのか。ＩＭＦ行政裁判所規程のコメンタリーによれば、基金の内部法には、正規の成文による法源と不文の法源とが含まれるとされている。前者には、ＩＭＦ協定、内規（By-Laws）、規則および細則、一般行政命令（General Administrative Order）が含まれる。後者には、一定の状況下において法的権利義務を生じる機構の行政実行と、国際行政法の一般原則（general principles of international administrative law）の二種類が存在する。この国際行政法の一般原則とは、告知・聴聞の権利（*audi alteram partem*——当事者双方に聞け——の原則）のように、さまざまな法制度において実に広く受け入れられかつ確立されており、基金を含む国際機構によってなされたすべての決定に対しても一般に適用可能なものと見なされる原則のことを指す(1)。

このように、行政裁判所が用いる法については、ＩＭＦ行政裁判所以外の裁判所において、さほど明確にはされていない。しかし、裁判所の実行においては、やはり明確な叙述が見られる。たとえば、国連行政裁判所は、「職員の権利、便益および報酬は、憲章、総会が採択した規則、事務総長が発行する職員細則ならびに行政裁判所の規程および規則から成る国連の一体としての法（Integral Law）によって規定される(2)」と述べる。また、訴訟の被告である事務総長自身の権限も、国連憲章、総会決議、職員規則、職員細則その他事務局職員の権利義務を定める文書によって制約されることが行政裁判所設立初期の事件において明らかにされていた(3)。裁判所によるこれらの言葉から、国連行政裁判所で用いられる基準として、設立文書たる国連憲章、職員規則および細則ならびに行政裁判所規則その他総会決議などが用いられ得ることがわかる。この点については、世銀行政裁判所において、より明確に述べられている。同裁判所設立後最初の、世銀職員の提訴した事件では、当時職員諸規則も制定されていなかったことに鑑み、裁判所は、設立文書であるＩＢＲＤ協定や内規に拠らなければならず、その内容に依拠しつつ、世銀の管理部が発行する若干の手引書（manuals）、回書（circulars）、覚書（notes）および声明（statements）その他の法源にも拠らなければならないとしている。(4) ＩＬＯ行政裁判所においては、通常、関係する諸規則が判決の冒頭で列挙されるのが常であり、やはり、機構の設立文書や職員関係諸規則、機構の決議その他の規則が並べられることが多い。

では、これらの法規則はいかなる秩序をもって構築されているのか。ここで、機構の設立文書について今一度詳しく見てみよう。たとえば、国連憲章の事務局職員に関する規定を見てみると、九七条は次のように規定する。「事務局は、一人の事務総長及びこの機構が必要とする職員からなる。事務総長は、安全保障理事会の勧告に基いて総会が任命する。事務総長は、この機構の行政職員の長である」。また、国連憲章一〇〇条一項は、「事務総長及び職員は、その任務の遂行に当って、いかなる政府からも又はこの機構外のいかなる他の当局からも指示を求め、又は受けてはならない。事務総長及び職員は、この機構に対してのみ責任を負う国際的職員としての地位を損ずる虞のあるいかなる行動も慎まなければならない」とし、同条二項は、「各国際連合加盟国は、事務総長及び職員の責任のもっぱら国際的な性質を尊重すること並びにこれらの者が責任を果すに当ってこれらの者を左右しようとしないことを約束する」と規定する。さらに、職員の任用については、国連憲章一〇一条一項が、「職員は、総会が設ける規則に従って事務総長が任命する」こととし、国連憲章一〇一条三項が、「職員の雇用及び勤務条件の決定に当って最も考慮すべきことは、最高水準の能率、能力及び誠実を確保しなければならないことである。職員をなるべく広い地理的基礎に基いて採用することの重要性については、妥当な考慮を払わなければならない」とする。

さて、これらを一見してわかるように、憲章規定は法秩序に関して詳細な規定を置いていない。では、職員に関する諸規則はいかなる秩序をもって形成され得るか。端的にいえば、それらの規則はいかにして生じるのであろうか。この点に関し、職員諸規則を制定（改正）する権限は、たとえば、国連行政裁判所によれば、憲章一〇一条に拠るものとされる。「憲章一〇一条が職員の任用のための規則制定権を総会に付与し、その結果、それを変更する権利を付与している(5)」のである。従って、憲章規定によって権限を付与された総会の定める職員関係の諸規則が実際には詳細を定めることになっているのである。また、各法源の秩序について、先述のＩＭＦ行政裁判所規程のコメンタリーも、「理事会がＩＭＦ協定から権限を付与されている限りにおいて、理事会の決定は、より高次の権威を有する法としての同協定に合致しなければならない(6)」としており、設立文書たるＩＭＦ協定を頂点とした法秩序が念頭に置かれていることが看取される。

ところが、このような諸規則の秩序づけに関して触れておかなければならないのは、かつて、国連行政裁判所のムラン（Mullan）事件判決で、憲章と関連規則の関係につき、やや異なる解釈がなされたことである。この事件は、すでに前章で見た通り、国連の女性職員であった申立人が、帰国休暇で自国アルゼンチンへ帰るために自分の夫の旅費を請求し、それが拒否されたために、裁判所に提訴した事件である。国連憲章八条では、「国際連合は、その主要機関及び補助機関に男女がいかなる地位にも平等の条件で参加する資格があることについて、いかなる制限も設けてはならない」と規定している。他方、旅費に関しては、まず職員規則で「国連は、事務総長が定める条件及び定義に従い、職員及びその扶養家族の旅費を適宜支給する」（職員規則七・一）ことが定められており、これを受けて、職員細則で公務旅行について、「扶養家族（dependants）は、妻、扶養される夫（dependent husband）又は子供から成るものと見なされる」（職員細則一〇七・五(a)）と定められていた。申立人は、この憲章八条の原則と、同じ時期に旅費の請求を行った男性職員にはその支給があったという事実を根拠に決定の取消しおよび旅費の支給を請求したのである。また、職員規則七・一にいう「扶養家族」には、扶養されているか否かにかかわらず、すべての配偶者が含まれるという主張も行った。これに対し、事務総長側は、旅費の支給について、通常、妻は夫の扶養家族と見なされており、その逆は認められていないことから、差別はないと主張した。

さて、国連行政裁判所は、憲章八条を実施する責任は、憲章一〇一条一項のもとで、職員規則を制定する責任を負う国連総会にあることを確認した後、帰国休暇の旅費について、職員規則が性による区別を設けているとし、「この区別は、恐らく憲章八条に宣言された任用条件平等の原則に反するように思われる」とした。しかし、それに続けて、裁判所は、職員規則実施の責任が事務総長にありかつ事務総長には広範な裁量が認められていることを確認し、「本件において、……女性職員に、その夫が『扶養される夫』である場合にのみその旅費支給の資格を与える職員細則一〇七・五(a)の箇所は、……職員規則七・一とは矛盾せず、同職員細則のもう一方の箇所が、職員に、その妻が扶養家族であるか否かにかかわらず旅費の支給を可能にしているという事実によっても影響されない」と述べ、結局、申立てを棄却したのである。(7)

この判決は、憲章規定とそれに反する職員規則の規定との効力関係が問題になっている点で重要である。この点に関し、結局、国連行政裁判所は、憲章規定に反する職員規則の規定の効力を認めたといえるわけであり、この判決には、行政裁判所が国連総会の立法行為の合法性判断に踏み込むことができなかったとして、批判も寄せられている。(8)もっとも、その後は、このような裁判所の判断はなされておらず、また、今日、職員細則にもこのような規定は置かれていない。

なお、設立文書規定に続く職員関係諸規則の秩序について付言すると、以上に見た国連では、国連憲章を頂点に、職員規則が制定されそれに続いて職員細則が制定されているように、たとえば、ＩＬＯ行政裁判所が、汎米保健機関（Pan-American Health Organization）に関する訴訟で述べたように、職員細則は、職員規則を補足するものであるため、職員規則を逸脱できず、職員手引書（Staff Manual）は、職員細則に基づいて制定されているがゆえ、職員細則を逸脱できないなど[9]、機構ごとに名称や取扱いに違いがあるものの、機構の職員関係諸規則には一定の秩序が形成されているといえる。

第二節　任用契約

以上に見た機構の設立文書とそれに従って制定される諸規則は、機構から一方的に定められるものであった。これとは別に、機構と職員との双方行為によって成立するものもある。これが、任用契約である[10]。たとえば、国連の場合、職員規則によれば、事務総長が、国連憲章第一〇一条に規定するところに従い、職員を任用する。各職員（政府からの派遣に基づく職員も含む）は、事務総長または事務総長の名において職員が署名した任命書（letter of appointment）を受領する（職員規則四・二）。職員規則の附属書Ⅱ(a)によれば、任命書には、「(i)任用が、当該任用形態に適用可能な職員規則及び細則の諸規定並びに時折時宜に適うようなされ得る変更に従うこと、(ii)任用の性質、(iii)職員が任務に就くことを要請される日、(iv)必要に応じ、任用期間、任用及び試用期間の終了を要請するための告知、(v)任用の形態、レベル、初任給、給与の増額が認められる場合はその増額率及び給与の到達可能な最高額、(vi)適用可能なある特別な条件」が記載されていなければならない。さらに、同附属書(b)によれば、「職員規則及び職員細則の写しは、任命書と共に、職員に交付されなければならない。任命を承諾するに際し、職員は、職員規則及び職員細則に定められた条件についてすでに知らされており、かつ、それを承諾する旨述べなければならない」こととされている。また、一国の政府から派遣されて国連の任務に就く職員に関しては、すでに第一章で詳しく見た通り、同附属書(c)に、「職員及び事務総長又は事務総長代理によって署名された政府からの派遣に基く職員の任命書並びに加盟国と職員によって合意された派遣の任期及び条件を裏づける関連文書が、任命書に記載された期間中、政府から機構への派遣の存在及び有効性の証拠とされる」と規定されている。以上の諸規定から、国連職員の勤務関係には、機構からの任命のための申込（offer）とそれに対する職員の承諾（acceptance）が存在していると考えられよう。

国連職員に代表されるように、一般に国際公務員の勤務関係の成立は任用契約に基づく。この任用契約の法的性質についてはいかにして捉えるべきであろうか。国連行政裁判所は、次のように述べる。「国連職員の法的地位は、当該職員と機構を代表して行為する権限を持つ者によって締結される契約によって定められる。当該契約の規定は、当事者を拘束し、かつ、双方の合意によってのみ改正することができる。『任命書』と題する当該契約は、両当事者によって署名される。裁判所は、国連が、職員に対する追加的な義務を、契約締結の時またはその後の約束により課すことができるものと認識してきた[11]」と。

世銀行政裁判所においても、任命書には、最初に配属される地位、給与、扶養手当、任用開始の日、諸手当およびビザ等の情報が記入されており、この任命書が、世銀職員への任命の正式な申込となり、この申込を受けた者は、承諾書によりその任命を受けることになるとされる[12]。もっとも、形式的な任命書のやりとりがない場合であっても、任用契約の存在の有無は、契約法の一般原則に依拠して、両当事者が契約の意思表示を行いかつすべての不可欠な条件に折り合いがつけば、双方に拘束力ある契約は成立することになると考えられる[13]。

この機構と職員との間で交わされる契約に根拠を持つ職員の任用条件は、ＩＬＯ行政裁判所によれば、任用契約において厳密に個別的な性格を有する規定と、任用契約がその中で言及する職員規則および細則の両方に由来するとされている[14]。ただし、たとえ口頭による契約があったとしても、任用されていることを示す証拠を提示しない限り、職員は機構に対して何らの権利も主張することはできない[15]。ＩＭＦ行政裁判所もまた、職員の等級や給与の記載された任命書に関して、それらの条件を承諾した職員に対して、当該条件は拘束力を有す

ることを認めている。(16)

以上のように、職員は、任用契約により、権利を付与され義務を課される。この任用契約も、機構の設立文書や機構が定める制定法と同様に、国際行政裁判所が職員の身分保障において用いる基準であることが明らかになった。

ところで、機構と職員との間の勤務関係の性質については、裁判所によってやや異なる理解がなされることがある。ここでは、その違いが顕著である国連行政裁判所と世銀行政裁判所との比較を取り上げてみる。

国連における職員の任用の法的性質について、国連行政裁判所が初めて明確な見解を表したのは、一九五三年八月二一日のカプラン（Kaplan）事件であった。本件は、第二次大戦後の米ソ冷戦の深化に伴って、一九五〇年代初頭からアメリカ国内においてとられた反共政策、いわゆる「マッカーシー旋風」のあおりを受けて解任されたアメリカ人職員に関する一連の事件のうちの一つである。(17) 本件において、臨時任用職員（この任用形態は当時のものであり、今日ではこの形態は存在しない）の申立人カプランの主張によれば、職員規則は、何ら理由を開示することなく事務総長が職員の解任を行うことを許容してはいないとのことであった。さらに、彼は、国連とその職員との関係に触れ、その関係は、契約的性質を有しており、両当事者は契約によって拘束されるため、いずれの当事者も、相手方の同意なく契約の諸規定を変更することなどできないと主張したのである。(18)

これに対し、国連行政裁判所は、まず、「職員と国連の関係はさまざまな要素を含むため、単に契約的性質のみとはいえない」とする。さらに続けて、裁判所は、「職員の法的地位を決定するに際し、契約上の要素（contractual elements）と制定法上の要素（statutory element）が区別されなければならない」というのである。

では、これらそれぞれの要素が何を意味しているのか。前者については、「契約上のすべての事項とは、職員各々の個人的地位に影響を与えるもの――たとえば、契約の性質、給与、等級――」であり、後者については、「制定法上のすべての事項とは、国際公務員制度一般およびその適正な機能上の必要性に影響を与えるもの――たとえば、個人的な言及がなされない一般規則――」ということであった。このような任用の性質の二分を行った後、裁判所は、結論として次のように述べた。「契約上の要素は、両当事者の合意なく変更され得ないが、他方、制定法上の要素は、いかなる場合においても、総会によって制定される規則を通じて、常に変更され得るし、このような変更は職員を拘束する」と。[19]

それでは、世銀行政裁判所における理解はどうか。この点に関し、裁判所設立後最初の事件である一九八〇年九月二九日のド・メロード他（de Merode et al.）事件[20]が回答を与えてくれている。本件で問題となったのは、世銀理事会の採択した税返還（tax reimbursement）および給与調整（salary adjustment）に関する一九七九年五月二五日決議の実施が申立人らの任用契約または任用条件の不履行に当たるか否かということであった。[21]前者は、自国から所得税を徴収される職員に対して税を返還する制度である。[22]この制度が一九四六年に設けられて以来、経済事情が徐々に変化し、従来の制度で算出した場合、実際に支払った税額以上の額を返還される者が生じるという不合理が生じてきた。そこで、カフカ委員会[23]がその不合理を是正するための新制度導入を勧告し、これを受けて同年五月に、理事会が翌年一月からの新制度の実施を決定したのである。後者は、ワシントンD.C.の首都圏における消費者物価指数（Consumer Price Index, C.P.I.）に合わせて給与額を自動的に調整するという一九六八年から慣行として確立されてきた施策に代わり、七九年三月から一律に純給の九・五％、さらに、八〇年三月からは純給の八・五％を昇給させるというものであった。[24]これらの税返還および給与調整に関する制度を実施した結果、前者については、従来と比べて二三％の減額、後者についても、従来と比べ、各年それぞれ一一％および二九％の減額が生じたのである。こうした事情を背景に、申立人ら六人（正確には、給与調整については六人全員が、また税返還についてはそのうちの四人）が、当該決定、具体的には、これらの新規施策のため発行された文書、すなわち、給与調整に関しては行政回書（Administrative Circulars）二三／七九および一三／八〇、また、税返還については人事手引回書（Personnel Manual Circular）一／八〇の取消しをそれぞれ求め、訴を提起したのである。(25)

さて、裁判所は、当該決定を一方的に行う機構側の権限を審理する前に、まず、機構と職員との関係について、「銀行による任用は、承諾を伴う申込、すなわち、契約に由来し、……行政による一方的な任命行為によるのではない(26)」とする。このように、国連行政裁判所同様、世銀行政裁判所も、職員の勤務関係の成立を、申込と承諾に基づく契約関係と捉えていることは間違いない。しかし、この関係の性質については、やや異なるアプローチをとる。すなわち、職員が書簡を交換して職務に就くとはいえ、このようにとり交わされる契約文書が、関連するすべての権利および義務を網羅的に記載しているわけではなく、「契約は、機構と職員との関係の必須条件（*sine qua non*）であり得るが、銀行とその職員との間に影響を及ぼす任用条件全体を集合的に構成する多くの要素の一つでしかない(27)」と裁判所は考える。さらに、裁判所は、任用条件の多くのさまざまな条件を検討した後、「若干の要素は、職員の権利および義務のバランスにおいて、基本的かつ不可欠（fundamental and essential）であるため、影響を受ける職員の同意なしにいかなる変更も受けない。その他の要素は、このバランスにおいて、より基本的でもなく不可欠でもない（less fundamental and less essential）ため、……銀行によって一方的に変更され得る(28)」というのである。

このように、任用の性質として、そこに含まれている諸要素、換言すれば、職員の有する諸権利に含まれる要素には、それぞれの裁判所の解釈において若干の差異が見受けられた。世銀行政裁判所は、国連行政裁判所の行うような「契約上――制定法上」という区別に対して、次のように述べている。「本裁判所（世銀行政裁判所〔著者注〕）は、『契約上の権利』とそれに対する『制定法上の権利』という語を用いることは好まない。『契約』、すなわち、任命書および受諾書に含まれる条件であってもそのいくつかは、基本的でもなく不可欠でもないことがあり得るし、『契約』以外の、つまり、『制定法上』の条件であってもそのいくつかは基本的かつ不可欠であり得る[29]」からである。さらに「基本的・不可欠な要素」と「基本的・不可欠でない要素」の区別につき、世銀行政裁判所は、「不可欠な要素と不可欠でない要素との区別は……不可能である。それぞれの区別は、特定の事件の諸状況に拠る[30]」と述べる。たとえば、任用条件の原則自体が不可欠の性質を有している場合もあれば、その原則の実施が不可欠の性質を有していない場合もある。また、職員の法的地位における各要素が、原則に関するものであれ実施に関するものであれ、不可欠なものもあれば不可欠でないものもある。さらに、不可欠な性質かどうかを、量的な判断に拠らなければならないこともあれば、質的な考慮に委ねなければならないこともある。あるいは、任用の際に取り交わす書面において、不可欠な性質を有す特別な約束がなされている場合もある、というのである[31]。

以上のような職員の任用に含まれる要素に関する国連行政裁判所の「契約上の要素――制定法上の要素」アプローチと世銀行政裁判所の「基本的・不可欠な要素―基本的・不可欠でない要素」アプローチの相違を比較する前に、まず、これらのアプローチの持つ意義は何かを検討しなければならない。思うに、これらの裁判所のアプローチは、機構側の行政権の行使に対して、裁判所側の裁量判断の余地を残したものと考えられるのではないか。つまり、国連行政裁判所の場合の「契約上の要素」、あるいは世銀行政裁判所の場合の「基本的・不可欠な要素」に該当する事項があれば、機構は、それを一方的に変更することができない。他方、ある事項が、国連行政裁判所のいう職員規則および細則などの「制定法上の要素」、あるいは世銀行政裁判所の示す

「基本的・不可欠でない要素」であると判断される場合には、機構側が一方的にそれを改廃することができることになる。この判断は、すべて裁判所に委ねられているのである。従って、このような裁判所の裁量判断の余地は、職員の身分保障にとって重要な意味を持っているといえよう。そのように考えるならば、国連行政裁判所と世銀行政裁判所のアプローチの相違には、裁判所の裁量判断の範囲について差異が存在しているのではないか。つまり、国連行政裁判所の場合、右に見たように、機構側が一方的に改廃できない契約上の要素として、個人的地位に影響を与える契約の性質、給与、等級等を挙げているが、実際にこのような契約上特定個人にのみ定められている権利は限られているであろうし、たとえそのような権利と見なされ得るような場合でも、実質は、制定法上の権利に包含されることも考えられるであろう。たとえば、二重国籍を有する申立人が帰国休暇手当の給付を争った事件で、申立人の任用契約に定められた二つの国籍から一方の国を申立人と密接な関係を有する国であるとして機構側が一方的に選択したことに対して、裁判所は、当該個人の国籍の選択については個人の契約上の権利と見なさず、職員規則上、すなわち制定法上の「密接な関係を有する国」の解釈として処理し、結局請求が棄却された例がある。(32)

それでは、世銀行政裁判所のいう「基本的・不可欠な要素――基本的・不可欠でない要素」とは、何を指すのか。給与調整方法の大幅な見直しが行われたことに対する不服が一つの大きな問題となった上述のド・メロード他事件において、世銀行政裁判所は、長年の実行により、給与を消費者物価その他の関連要因に併せて定期的に調整する義務が機構の側にはある、と確認した後、「そのような義務は申立人の任用条件における基本的要素であり、銀行はそれを一方的に変更する権利など有していない」とした。(33)従って、ここでは、給与を定期的に調整される職員の権利が基本的要素であるとされている。さらに、後のピント（Pinto）事件においては、機構改革の一環として行われた職務等級計画（Job Grading Program）により、職員の地位の再評価、配置換、等級づけの見直しなどが行われた際、中立人は以前の地位よりも低い等級に格づけされてしまい、給与も減らされるという不利益を被った。本件においても、先のド・メロード他事件同様、裁判所は、給与調整を受ける職員の権利は機構により一方的に変更されない基本的な権利であることを確認している。[34]

具体的かつ網羅的に何が「基本的（本質的）」権利かは特定できないものの、ここで少なくともいえることは、国連行政裁判所のいうように制定法上、すなわち、職員諸規則上の職員の権利であったとしても、世銀行政裁判所は、機構によって一方的に変更を加えられ得ない「基本的・不可欠」な職員の権利だと判断できる余地を残しているということである。先述のピント事件のように、機構の制度改革によって給与調整制度が変更される場合、「給与調整を受ける権利」も、個人の個別的な給与が問題ではなく、制度上の変更であるがゆえ変更可能であるといえなくもない。しかし、世銀行政裁判所は、上のアプローチを用い、機構によって一方的に変更され得ない職員の権利を認めるための、一定の裁量判断の余地をとどめているのである。従って、国連行政裁判所に比して、世銀行政裁判所は機構と職員との間の関係の性質から導かれる職員の諸権利について、自らの裁量判断の余地をより広く残していると解される。[35]

これらのアプローチと関連して特に問題になると思われるのが、機構側の規則制定（改正）権と、それに対する職員の従前有していた権利（いわゆる既得権）[36]保護の問題である。機構の運営上、職員に対する規則を制定（改正）する権限が、機構に付与されていると一般には理解される[37]が、たとえば、機構側が新制度の導入といった形でこの権限を行使するようなことになると、職員が従前より有していた権利が侵害される場合が生じ得る。従って、機構の利益と職員の利益のバランスを図る必要があり、その任務を行政裁判所が負っているということになろう。

さて、世銀行政裁判所の場合、右に見たようなアプローチによって、裁判所は自己の裁量判断の余地をとどめており、従って、機構側の規則制定（改正）権に対して、職員の同意を要する基本的・不可欠な権利の入り込む余地を残した。さらに世銀行政裁判所は、たとえ機構が一方的に変更を加え得るとされる職員の基本的・不可欠でない権利が問題になる場合であっても、裁判所が統制を加えることのできる可能性を残している。すなわち、先のド・メロード他事件において、世銀行政裁判所は、「基本的でも不可欠でもない要素は、一方的に改正される。この（一方的改正という［著者注］）権能は裁量的であるので、銀行の権限ある諸機関がこの権能を行使して行った判断を、本裁判所は自己の判断に代置することはできない。しかし、不可欠でない条件を改正する銀行の権能は若干の制限の下で、……行使され得る。裁量的権能は、絶対的権能ではない(38)」とする。では、このような機構の裁量に委ねられた規則制定（改正）権に対して、どのような制限が加えられ得るのか。第一に、裁判所は不遡及原則（principle of non-retroactivity）を挙げる。すなわち、「既に遂行された任務に対して確立された権利（accrued rights）を機構が一方的に奪うことはできない(39)」のである。第二に、裁判所は、世銀が規則制定（改正）権として有している裁量が濫用される可能性に触れながら、具体的に裁量濫用を構成する要件を列挙する。すなわち、そのような任用条件の変更は、第一に、適切な事実の適切な考慮に基づかなければならないこと、第二に、意図された目的に合理的に関連していなければならないこと、第三に、誠実になされ、かつ不当な動機によってなされてはならないこと、第四に、職員間において正当化されないやり方で、差別的になされてはならないこと、最後に、職員に対し、過度に不必要な害悪を与えないように合理的なやり方でなされなければならないこと、とされ、これらの要件を満たしていなければ機構がその裁量を濫用したものと見なされるのである(40)。現に、このド・メロード他事件において明らかにされた司法審査の方法は、後の世銀行政裁判所の実行においても踏襲されており、機構が職員の権利に対して行う一方的変更に対して、職員の権利保護のための一貫した審査基準が確立されてきているといってよいであろう(41)。ここで、世銀行政裁判所の行う審査のプロセスをまとめれば、職員の権利がまず①基本的か否か、次に、②基本的でない（つまり、機構による一方的変更がなされ得る）ならば、不遡及原則または裁量濫用審査による行政権に対する制限は可能か、というアプローチがとられていると解される。

他方、国連行政裁判所においては、既得権とは、規則の改正が効力を有する以前に遂行された任務に対して確立された利益や特権であり、その権利を保護すべきことを確認してきているので[42]、不遡及原則は世銀行政裁判所同様認められてきていると解される。従って、機構の規則制定（改正）権に対する国連行政裁判所の審査は、職員の権利が①契約上の要素か制定法上の要素か、②制定法上の要素（つまり、機構によって一方的に変更され得る）ならば、不遡及原則によって統制は可能か、ということになろう[43]。

以上の考察により、職員の勤務関係は、国連および世銀のいずれの行政裁判所においても、機構からの申込と職員の承諾という双方行為によって成立することを確認するとともに、任用の性質としてそこに含まれる職員の権利に関する国連行政裁判所と世銀行政裁判所の理解には、若干の差異が存在することが確認された。さらに、この差異は、それぞれの裁判所が有している裁量判断の範囲にも関連しており、それぞれの実行から、世銀行政裁判所の方がより広範な裁量をとどめ、機構による規則制定（改正）という問題に対処していることが明らかになった。

世銀行政裁判所は、国連行政裁判所の先例を踏まえた上で、職員の身分保障のためにより効果的な審査を模索し、実行を積み重ねている。このように、国際行政裁判所は、それぞれ別の行政裁判所の判断を参考にしつつ、必要があればそれに修正を施し、それぞれのやり方で機構の規則制定（改正）権に統制を加え、職員の権利救済のための貢献を行っているということに、われわれは注意しなければならないのである。

第三節　法の一般原則

国際行政裁判所においては、法の一般原則も判断基準として用いられる。ＩＬＯ行政裁判所は、申立人から国内法の適用を求められた際、国内法の適用はないとした後、次のように述べている。「ＩＬＯ行政裁判所規程二条に従い、本裁判所は、任用条件または職員規則の不履行を主張する不服申立てを審理する。判決を下すに際しては、広く受け入れられた法解釈方法により、それらの文書を解釈する。また、本裁判所は、国際公務員制度に適用され得る限りにおいて、法の一般原則を引用する。しかし、本裁判所は国内法は考慮しない。ただし、その国内法がそれら法の一般原則を具現している場合は、その限りではない。[44]」世銀行政裁判所もまた、世銀職員の権利および義務の淵源が法の一般原則から成り、その適用可能性は、世銀によってその書面および口頭手続において認められてきたという。[45] さらに、国連行政裁判所でも、任用契約の解釈に関して、「法の一般規則（general rule of law）」に拠らねばならないことや、[46] 職員の年金に対する権利の保障について、機構側の行為が法の一般原則に反していれば、機構側が責任を負うことが明示されている。[47]

具体的には、たとえば、ＩＬＯ行政裁判所は、エストッペルの原則に触れ、エストッペルを主張した被告に対して、当該原則を主張する側には挙証責任があることを示して、被告の説明が不十分であることを導いている。[48] また、以前に主張の根拠が不十分であるとの理由により棄却された判決の後に新たな証拠が見つかったため、同じ申立人が再度提訴した事件において、ＩＬＯ行政裁判所は、従来同裁判所の判決は、既判事項（*res judicata*）として扱われてきたことに言及し、請求を棄却している。[49] この他にも、平等原則――同等の場合にある者を同等に扱うべきであり、かつ、同等の場合にない者を同等に扱うべきではない[50]――や不当利得

（unjust enrichment）[51]について審理されることもある。

注目すべきは、先述したように、ＩＭＦ行政裁判所規程のコメンタリーにおいて、さまざまな法制度において広く受け入れられかつ確立された原則である、告知・聴聞の権利を保障するための原則 *audi alteram partem* ――当事者双方に聞け――が、一般に、国際機構が行うすべての決定に対して、適用可能なものと見なされていることである。とりわけ職員が自己に不利益な処分を受ける際に、この告知・聴聞の権利が与えられていなければ、適正な手続が保障されたことにはならない。その意味において、この告知・聴聞に関する原則も、職員の身分保障にとっては、基本的な権利を保障するための重要な法の一般原則であるといえよう。

以上に、設立文書と機構の制定法、任用契約および法の一般原則について概観した。では、これらの法源間に効力の順位や適用の順位はあるのであろうか。この点に関しては、国際行政裁判所においても議論がないものの、国際機構においては、右に見てきたように、機構の設立文書の規定に基づいて、職員諸規則が制定され、かつ、機構と職員が任用契約を結ぶのであるから、設立文書がいかなる規則や契約よりも優位することは疑いのないことである。法の一般原則もまた、機構と職員の勤務関係の第一の基礎を定める設立文書規定には優位し得ないであろう。従って、問題は、設立文書を除く法源間に、効力や適用の順位があるか否かということになる。この点に関しては、何らかの順位を正当化する根拠がない以上、基本的にはそのような順位はないと考えられる[52]。もっとも、法源間において、「特別法は一般法を破る（*Lex specialis derogat lege generali*）」や、「後法は前法を破る（*Lex posterior derogat priori*）」のような原則は妥当することになろう。

第四節　その他の裁判基準

以上に見てきた設立文書と機構の制定法、任用契約、法の一般原則は、いずれも法の成立形態たる形式的法源であった。これ以外に、裁判所が規則の内容を特定する際に参照するいわゆる実質的法源は存在するか。

たとえば、ＵＮＥＳＣＯ職員が任期不更新を争ったＩＬＯ行政裁判所判決の再審査に際して、国際司法裁判所は、その勧告的意見において、期限付任用職員が、恒久任用職員や不定期任用職員とは異なるものの、機構の必要性と一般的利益とを両立させる条件に従って、継続任用の権利を有しているとしばしば取扱われてきた実行（pratique）があるとした後、「この実行が、当該契約の解釈に関連する要素である」と述べ、任用契約の解釈における実行の重要性を説いている。(53) このような実行の法解釈における有用性は、国際行政裁判所においても、実に多く認められてきている。たとえば、世銀行政裁判所は、機構の実行が任用条件の一部を成すと明示的に述べている。もっとも、この実行をどの程度まで考慮するかについては、同じく世銀行政裁判所の次の言葉が参考になる。「明らかに、機構はその職員に有益な措置を講じる際、もし、そのような措置を講じたそれぞれの時に、機構が将来自身を法的に拘束することになり得る実行を開始する危険を冒さなければならないならば、機構は当該措置を講じることを任意に思いとどまるであろう。従って、実行を任用条件に加味する場合には、当該実行が法的義務を反映しているものという認識のもとで、機構が当該実行を実施しているという証拠のあるものに限られるのである。(54)」

実行以外にも、たとえば、かつて国連行政裁判所において、任用前の職員の地位について、戦時中に捕虜の地位にあった者が中立国へ逃れた場合の法的地位が問題とされた際、裁判所は、ローターパクト（H.

Lauterpacht）編『オッペンハイム国際法（Oppenheim's International Law）第二巻第七版』（一九五一年）にその解釈根拠を求めた。[55]このように、学説が国際行政裁判所において法解釈に用いられることもあり得る。

さらに、国際行政裁判所判例も重要な判断材料となる。行政裁判所においては、通常、先例拘束性はない。[56]しかし、全体的に見て、実行上、実に多くの事件において、類似した事例については、先例に基づき判断がなされてきているのもまた確かである。さらに注目すべきは、ある行政裁判所が他の行政裁判所の判例を引照するようになってきているということである。[57]異なる行政裁判所間で、類似した事件において類似した判断を行いながら、それぞれの国際行政裁判所は、統一的な判例法を形成してきているのである。

（1）"Report of the Executive Board to the Board of Governors on the Establishment of an Administrative Tribunal for the International Monetary Fund," in *International Monetary Fund Administrative Tribunal Reports* [hereinafter cited as "*IMFAT Reports*"], Vol. 1（1994–1999）, Appendix, pp. 16–18.

（2）1–70 *Judgements of the United Nations Administrative Tribunal* [hereinafter cited as "*JUNAT*"], Judgement No. 56（Aglion v. Secretary General of the UN, 14/ Dec./ 1954）, pp. 293–294, para. 14.

（3）1–70 *JUNAT*, Judgement No. 4（Howrani and 4 others v. Secretary General of the UN, 25/ Aug./ 1951）, p. 21.

（4）*World Bank Administrative Tribunal Reports* [hereinafter cited as "*WBAT Reports*"]（1981）, Decision No. 1（de Merode et al. v. World Bank, 5/ Jun./ 1981）, p. 9, para. 18.

（5）1–70 *JUNAT*, Judgement No. 19（Kaplan v. Secretary General of the UN, 21/ Aug./ 1953）, p. 73, para. 3. 総会が憲章二二条に基づいて設置した補助機関に勤務する職員のための総会による規則制定権も同様、憲章一〇一条一項に拠る。1–70 *JUNAT*, Judgement No. 70（Radicopoulos v. United Nations Relief and Works Agency for Palestine Refugees in the Near East, 23/ Aug./ 1957）, p. 425, para. 2.

（6） *Supra* note 1, p. 18.

（7） 114–166 *JUNAT*, Judgement No. 162（Mullan v. Secretary General of the UN, 10/ Oct./ 1972）, pp. 387–394. なお、この判決については、本書第三章第二節四（二）も参照のこと。

（8） Amerasinghe, C. F., "The Future of International Administrative Law," *I. C. L. Q.*, Vol. 45（1996）, p. 786.

（9） ILOAT Judgment No. 470（Perrone v. Pan American Health Organization, 28/ Jan./ 1982）, para. 3.

（10） 国際機構と職員との間の勤務関係はいかにして成立するのであろうか。この点に関しては、大別して恐らく次の二通り、すなわち、機構による一方的な行政行為によるか、あるいは機構と職員との双方行為によるかのいずれかが考えられよう。因みに、わが国公務員法上、公務員関係の成立に関し、任用行為の法的性質については、次の四通りの学説、すなわち、①絶対的一方的行政行為説、②受諾に基づく行政行為説、③双方的行政行為説および④公法上の契約説に分けて説明される（鵜飼信成『公務員法（新版）』（有斐閣、一九八〇年）七四―七七頁）。しかし、①と②はいずれも行政側の一方行為によることに違いなく、また、③と④は、国内において訴訟を行う際には、抗告訴訟の対象となるか否かという問題があるので区別する意味もある（藤田宙靖『行政組織法（新版）』（良書普及会、二〇〇一年）三一二頁）と思われるが、国際行政裁判所の場合このような問題はないことから、③と④の区別に特段の意味があるとは思えない。従って、一方行為か双方行為かの区別で十分であると思われる。さて、前者は、機構がもっぱらその利益のためだけに特定個人を任務に就かせるという場合であるとか、そうでないにしても、職員による承諾は、少なくとも勤務関係が成立するための条件とは見なされない場合が想定される。他方、後者においては、機構と職員との間に、私法上の契約関係に類する関係、すなわち、機構からの任命のための申込とそれに対する職員の承諾が存在していると考えられる。本文中に見るように、国際機構においては、一般に、後者の双方行為によって勤務関係が成立しているといえる。ただし、このような関係とは異なり、たとえば、ＥＣやＯＥＣＤにおいては、契約に基づかない例があることも指摘されている。Amerasinghe, C. F., *The Law of the International Civil Service: As Applied by International Administrative Tribunals*, 2nd ed., Vol. I（Oxford U. P., 1994）, pp. 88-91.

(11) 231-300 *JUNAT*, Judgement No. 273（Mortished v. Secretary General of the UN, 15/ May/ 1981）, p. 431, para. II.

(12) *WBAT Reports*（1981）, Decision No. 1（de Merode et al. v. World Bank, 5/ Jun./ 1981）, p. 8, para. 16.

(13) *WBAT Reports*（1984）, Decision No. 15（Justin v. World Bank, 5/ Jun./ 1984）, p. 11, para. 27.

(14) ILOAT Judgment No. 61（Lindsey v. ITU, 4/ Sep./ 1962）, para. 12.

(15) ILOAT Judgment No. 68（Pellestier v. UNESCO, 11/ Sep./ 1964）, paras. 2-4.

(16) *IMFAT Reports*, Vol. 1（1994-1999）, Judgment No. 1996-1（D' Aoust v. IMF, 2/ Apr./ 1996）, p. 61, para. 11.

(17) これら一連の事件については、本書第三章第二節二を参照のこと。

(18) 1-70 *JUNAT*, Judgement No. 19（Kaplan v. Secretary General of the UN, 21/ Aug./ 1953）, p. 73, para. 2.

(19) *Ibid.* pp. 73-74, para. 3.

(20) 本件を詳細に検討したものとして、Amerasinghe, C. F., "The Implication of the de Merode Case for International Administrative Law," *Z. a. ö. R. V.*, Vol. 43（1983）, pp. 1-48も参照のこと。

(21) *WBAT Reports*（1981）, Decision No. 1（de Merode et al. v. World Bank, 5/ Jun./ 1981）, p. 2, para. 3.

(22) この制度は、主として、専門機関特権免除条約の当事国でないアメリカ人職員に対して設けられた制度であり、一九四六年秋の総務会で採択された内規一四(b)で定められた。当時、一五〇〇人以上ものアメリカ人職員が自国の連邦、州および地方からの所得税徴収に服していたといわれる。*Ibid.*, pp. 23-24, paras. 50-51.

(23) この委員会は、世銀とＩＭＦの理事会が合同して構成する職員補償問題に関する合同委員会であり、当時のＩＭＦ理事で、同委員会の議長を務めたカフカ（A. Kafka）の名を取り、「カフカ委員会」と呼ばれた。また、ここで扱うド・メロード他事件も、事件の発端となった勧告を同委員会が出したことから、カフカ・ケースと呼ばれるようになった。Jiménez de Aréchaga, E., "The World Bank Administrative Tribunal," *N. Y. U. J. Int'l L. & Pol.*, Vol. 14（1982）, p. 899.

（24） *WBAT Reports*（1981）, Decision No. 1（de Merode et al. v. World Bank, 5/ Jun./ 1981）pp. 4–6, paras. 7–9.

（25） *Ibid.*, pp. 4–7, paras. 7–15.

（26） *Ibid.*, p. 9, para. 17.

（27） *Ibid.*, p. 9, para. 18.

（28） *Ibid.*, p. 19, para. 42.

（29） *Ibid.*, p. 20, para. 44.

（30） *Ibid.*, p. 20, para. 43.

（31） *Ibid.*

（32） 1–70 *JUNAT*, Judgement No. 62（Julhiard v. Secretary General of the UN, 3/ Dec./ 1955）, pp. 340–350.

（33） *WBAT Reports*（1981）, Decision No. 1（de Merode et al. v. World Bank, 5/ Jun./ 1981）, p. 56, para. 112.

（34） *WBAT Reports*（1988）, Decision No. 56（Pinto v. IBRD, 26/ May/ 1988）, pp. 15–16, para. 40. 本件以外にも、類似の事件において、同様のことが確認されている。*Ibid.*, Decision No. 66（Gavidia v. IFC, 26/ May/ 1988）, pp. 7–8, paras. 25–26, *ibid.*, Decision No. 70（Chakra v. IBRD, 7/ Nov./ 1988）, pp. 9–11, paras. 29–30 and *ibid.*, Decision No. 71（Cardenas v. IBRD, 7/ Nov./ 1988）, pp. 8 –10, paras. 30–31.

（35） また、国連行政裁判所のような「契約上の要素――制定法上の要素」という二分自体に対する批判もいくつかある。たとえば、本文中に述べた通り、国連の場合、任用の際にとり交わす任命書には、「任用が、当該任用形態に適用可能な職員規則および細則の諸規定および時折時宜に適うようなされ得る変更に従うこと」、と記載されるが、このような規定が契約に挿入されることにより、結局、職員の契約上の権利はいつでも機構による変更に従わねばならないことになるため、そのような契約上の権利は本質的に既得権とはならないとの批判（Baade, H. W., "The Acquired Rights of International Public Servants," *A. J. Comp. L.*, Vol. 15（1966-1967）, p. 298）や、そもそも契約中に職員規則および細則上の権利に言及がなされることにより、国連行政裁判所のいうような二分を行うならば、すべての契約上の権利が制定法上の権利に含まれ、また逆にすべての制定法上の権利が契約上の権利になるという一種の循環論法に陥ることになるとの批判（Lemoine, J., "Tribunal administratif de l'O.I.T," *A. F. D. I.*, Vol. 8（1962）, p. 416）がある。

（36）「既得権」の概念は、必ずしも明確ではなく、たとえば、フランス行政法においては、過去に獲得された権利のみを指すことがあるため、その場合遡及的な法改正のみを排除するという効果があるのに対し、通常は、将来にわたって獲得された権利も含むため、あらゆる望ましくない法改正を排除する効果を持つと説明される。Akehurst, M. B., *The Law Governing Employment in International Organizations*（Cambridge U. P., 1967）, p. 208. 私見では、本文中に後述する通り、国連行政裁判所においては、主として過去に獲得した職員の権利を保護するために「既得権」という語が用いられているように思われる。他方、世銀行政裁判所は、「既得権」の語を用いる際に、非常に慎重な態度をとっており、たとえば本文中に示した、機構の一方的変更を受けない「基本的・不可欠な」権利を「既得権」の語を用いて表現しようとはしない。つまり、世銀行政裁判所において、機構によって一方的に変更を受けない職員の権利を正当化するためには、その権利が「既得権」なのではなく、あくまでもそれが任用条件のうちの「基本的・不可欠」な権利であると強調される。また、そのように正当化された一方的変更がなされ得ない性格を表すために、「既得権」の語は便利な表現であるに過ぎない、とされる。*WBAT Reports*（1981）Decision No. 1（de Merode et al. v. World Bank, 5/ Jun./ 1981）, pp. 20-21, para. 44. もっとも、本文中に後述するように、世銀行政裁判所も「既得権」という語は用いないものの、国連行政裁判所同様、過去に獲得した職員の権利を保護する必要を認め、変更が遡及して職員の権利に影響を及ぼさないことを定式化している。

(37) 国連職員の関係を規律する諸規則を制定する総会の権能は国際司法裁判所においても確認されている。Effect of Awards of Compensation made by the United Nations Administrative Tribunal (Advisory Opinion of 13 July 1954), *ICJ Reports* 1954, p. 61. また、職員に関する諸規則を採択する機構の権能にはすでに制定された規則を改正する権利が含まれることを確認した行政裁判所判例として、以下を参照。71-86 *JUNAT*, Judgement No. 82 (Puvrez v. Secretary General of the ICAO, 4/ Dec./ 1961), p. 85, para. V and *WBAT Reports* (1981), Decision No. 1 (de Merode et al. v. World Bank, 5/ Jun./ 1981), p. 15, para. 31.

(38) *WBAT Reports* (1981), Decision No. 1 (de Merode et al. v. World Bank, 5/ Jun./ 1981), p. 21, para. 45.

(39) *Ibid.*, p. 21, para. 46.

(40) *Ibid.*, pp. 21-22, para. 47.

(41) 職員が定期的に給与調整を受ける権利が、まず基本的か否かを判断し、結局それが基本的な権利であると決定して職員の権利を保護した例として、以下参照。*WBAT Reports* (1988), Decision No. 56 (Pinto v. IBRD, 26/ May/ 1988), pp. 15-16, para. 40, *ibid.*, Decision No. 66 (Gavidia v. IFC, 26/ May/ 1988), pp. 7-8, paras. 25-26, *ibid.*, Decision No. 70 (Chakra v. IBRD, 7/ Nov./ 1988), pp. 9-11, paras. 29-30 and *ibid.*, Decision No. 71 (Cardenas v. IBRD, 7/ Nov./ 1988), pp. 9-10, paras. 30-31. さらに、請求は認められなかったものの、機構側による給与調整の「方法」の変更の決定につき、裁量の濫用があったか否かの審査が行われた例として、以下を参照。*WBAT Reports* (1987, Part I) Decision No. 38 (von Stauffenberg et al. v. World Bank, 27/ Oct./ 1987), pp. 75-77, para. 124.

(42) 231-300 *JUNAT*, Judgement No. 237 (Powell v. Secretary General of the UN, 8/ Feb./ 1979), p. 68, para. XVI

and 301-370 *JUNAT*, Judgement No. 370（Molinier v. Secretary General of the UN, 6/ Jun./ 1986）, p. 625, para. XLIII.

(43)　しかし、国連行政裁判所の場合、世銀行政裁判所とは異なり、①と②のプロセスが連動しているわけではなく、世銀行政裁判所のような裁量濫用審査も行われない。たとえば、ＩＣＡＯ職員の提訴した事件では、申立人が、その扶養手当および地域調整給に関して制度の変更を受けたため、既得権を主張して新制度適用の除外を求めたが、国連行政裁判所は、これらの事項は申立人の契約に記載がなかったため、契約上の権利ではない（従って、機構による一方的変更を受ける）ことを確認した後、同新制度導入について事務局長はその権限内において行動した旨簡単に述べただけで、詳細な裁量濫用の審査に立ち入ることはしていない。71-86 *JUNAT*, Judgement No. 82（Puvrez v. Secretary General of the ICAO, 4/ Dec./ 1961）pp. 78-89.

(44)　ILOAT Judgment No. 493（Volz v. European Organization for the Safety of Air Navigation, 3/ Jun./ 1982）, para. 5.

(45)　*WBAT Reports*（1981）, Decision No. 1（de Merode et al. v. World Bank, 5/ Jun./ 1981）, p. 12, para. 25.

(46)　1-70 *JUNAT*, Judgement No. 4（Howrani and 4 others v. Secretary General of the UN, 25/ Aug./ 1951）, p. 13.

(47)　167-230 *JUNAT*, Judgement No. 182（Harpignies v. Secretary General of the UN, 19/ Apr./ 1974）, p. 123, para. XI.

(48)　ILOAT Judgment No. 790（Repond v. WIPO, 12/ Dec./ 1986）, para. 13. エストッペルの原則については、以下にも言及がある。231-300 *JUNAT*, Judgement No. 249（Smith v. Secretary General of the UN, 8/ Oct./ 1979）, pp. 215-216, paras. VIII-IX, 301-370 *JUNAT*, Judgement No. 353（El-Bolkany v. Secretary General of the UN, 1/ Nov./ 1985）, p. 453, para. IX and *WBAT Reports*（1987）, Decision No. 35（Gamble v. IBRD, 21/ May/ 1987）, p. 6, para. 20.

(49) ILOAT Judgment No. 37 (Tranter v. FAO, 29/ Sep./ 1958), para. 6.

(50) ILOAT Judgment No. 391 (de Los Cobos and Wenger v. ILO, 24/ Apr./ 1980), para. 9, 231-300 *JUNAT*, Judgement No. 268 (Mendez v. Secretary General of the UN, 8/ May/ 1981), p. 391, para. XXI, WBAT Decision No. 212 (Brebion v. IBRD, 1/ Oct./ 1999), para. 8 and *IMFAT Reports*, Vol. 1 (1994-1999), Judgment No. 1996-1 (D'Aoust v. IMF, 2/ Apr./ 1996), p. 67, para. 29.

(51) ILOAT Judgment No. 906 (Parkinson v. Intergovernmental Council of Copper Exporting Countries, 30/ Jun./ 1988), para. 9, *WBAT Reports* (1989), Decision No. 84 (Sukkar v. IBRD, 22/ Sep./ 1989), pp. 18-19, para. 47 and WBAT Decision No. 200 (Chhabra v. IBRD, 19/ Oct./ 1998), para. 18.

(52) この点に関し、法の一般原則のうちでも、非差別・平等取扱いの原則、告知・聴聞権の原則、既得権保護の原則のような基本的な性質を有するものは、国際公務員制度に関する最高の法源であるため、成文の制定法に優位するとの見方もある。Amerasinghe, *supra* note 10, p. 157.

(53) Jugements du Tribunal administratif de l'Organisation internationale du Travail sur requêtes contre l'Organisation des Nations Unies pour l'éducation, la science et la culture (Avis consultatif du 23 octobre 1956), *C. I. J. Recueil* 1956, pp. 91-92.

(54) *WBAT Reports* (1981), Decision No. 1 (de Merode et al. v. World Bank, 5/ Jun./ 1981), pp. 11-12, para. 23.

(55) 1-70 *JUNAT*, Judgement No. 64 (Stepczynski v. Secretary General of the UN, 1/ Sep./ 1956), p. 372, para. 20.

(56) これを明言したものとして、たとえば以下参照。231-300 *JUNAT*, Judgement No. 295 (Sue-Ting-Len v. Secretary General of the UN, 6/ Oct./ 1982), p. 608, para. VII.

(57) あらゆる裁判所実行を見れば枚挙に暇がない。たとえば、最近設立されたＩＭＦ行政裁判所だけでも、最初の判例集に収録された一九九四年の設立時から一九九九年までの六年間に下されたわずか八件の事件において、アジア開発銀行行政裁判所判決が三件、ＩＬＯ行政裁判所判決が一〇件、ＯＡＳ行政裁判所判決が三件、国連行政裁判所判決が九件および世銀行政裁判所判決が一〇件も引用されている。さしあたり右判例集索引（*IMFAT Reports*, Vol. 1（1994-1999）, pp. 225-249）を参照のこと。

終章　国際公務員法の体系について

本書の序章では次のように述べた。「国際公務員の研究は、国際機構および国際事務局の研究と不可分であり、国際機構や国際事務局の発展を見る中でこそ、初めて国際公務員の理解が可能になるのではなかろうか。また、国際公務員をとりまく国際公務員法なる法の体系があるとすれば、それは、国際機構法の体系の中での明確な位置づけを試みなければならないのではなかろうか。本書の関心の出発点はまさにここにある。」

この出発点で掲げた課題を念頭に置きつつ、本書では、まず、国際機構の発展に伴う国際事務局の成立と発展および国際公務員制度の必要性を考察した（序章）。次に、国際公務員制度の発展の過程において確立されてきた国際公務員の法的地位——独立した地位と任務の国際的な性質——を明らかにした（第一章）。今日の国際機構には、この国際公務員の特殊な法的地位を確保するために特別な司法的機関、すなわち国際行政裁判所が設けられている。そこで、主な国際行政裁判所の制度を概観するとともに（第二章）、国際行政裁判所における身分保障の実際について判例研究を行った（第三章）。また、このような行政裁判所の実行の分析により、裁判所で解釈・適用されてきた種々の基準——国際公務員法の法源——も明らかになった（第四章）。

以上の研究を踏まえ、われわれに残された最後の課題は、この国際公務員法と呼ぶべき法の体系が国際機構法の体系においていかなる位置づけを与えられるのか、という点である。以下に検討していくことにする。

第一節　国際公務員法研究概観

一　従来の国際公務員法研究

本書に見てきたように、国際公務員の身分保障に関する法は、国際行政裁判所の実行によって大いに発展してきたといえる。では、このような法実行の集積に対して、いかなる研究がなされてきたのであろうか。

国際公務員一般に関する最初の体系的研究は、一九三一年のバドヴァン（S. Basdevant）の手による『国際公務員（Les fonctionnaires internationaux）』[(1)]であろう。ここでは、国際公務員の定義、勤務条件、法的地位といった制度上の諸点について多くの説明がなされている。しかし、国際公務員の身分保障を行う行政裁判所については、当時存在した国際連盟行政裁判所について概要が記されているに過ぎない。また、国際公務員の享有する特権免除の問題にも言及されている。このバドヴァンの研究は、今日と比べ国際機構が少なく、行政裁判所もほとんど成立していない中で、当時知り得た知識を駆使してまとめ上げた偉大な研究ではあるものの、概して、国際公務員法たる法の体系化を目指すものではなく、国際公務員に関わる制度や法を紹介したものとの印象が強い。

この研究を受け継ぐ形で、一九五八年には、ベジャウイ（M. Bedjaoui）が『国際公務員と国家の影響力（Fonction publique internationale et influences nationales）[(2)]』を著した。この書物は、その表題にも現れているように、米ソの対立が深化していく中で書かれたものであるがゆえ、国際公務員をめぐるさまざまな場面における国家の介入と、国家から独立した国際公務員の地位との関係を念頭に置いている。この書物は、右のバドヴァンの書物が著された頃と比べ、国連の設立をはじめ国際機構が著しい発展を遂げている頃に書かれたものであるので、豊富に事例を盛り込んだ著述となっている。もっとも、このベジャウイの研究は、すでに第一章で検討したように、国際公務員の定義についてバドヴァンの定義を踏襲しているのをはじめとして、全体として、やはりバドヴァンが行ったように、国際公務員、とりわけ、国連や専門機関の職員に関する制度や法、また、当時存在した国際行政裁判所である国連行政裁判所とＩＬＯ行政裁判所の裁判制度を紹介したものであり、国際公務員法の体系化を試みたものではなかった。

むしろ法の体系化という意味では、ジェンクス（C. W. Jenks）による研究が注目される。ジェンクスは、発展を続ける国際機構が日々直面する現実の法的諸問題を明らかにするため、一九五〇年代後半から六〇年代前半にかけて、『人類共通の法（Common Law of Mankind）』[3]、『国際免除（International Immunities）』[4]および『国際機構特有の法（Proper Law of International Organisations）』[5]という三部作を刊行した。これらは、それぞれ、国際機構の法的能力、免除ならびに国際機構その他国際団体の法関係および取引に適用可能な法を扱ったものである。中でも三番目の書物は、国際機構その他の国際団体が行う法的営みについて、行政法的側面と抵触法的側面という独自の分析枠組みにより検討を試みている。特に、前者において取り上げられるのが国際機構の任務に従事する職員の勤務関係であり、そこでの研究が主として当時存在した国連行政裁判所、ＩＬＯ行政裁判所（前身である国際連盟行政裁判所も含む）およびＥＣ裁判所の判例分析に基づく点で興味深い。ジェンクスは、国際機構とその職員との関係を律する法の法源、国際機構内の法（domestic law of international organisations）と国内法との関係、法の一般原則、勤務条件の制定法上または契約法上の性質、適正手続、行政裁量の司法的統制、衡平および自然的正義ならびに手続、救済および損害賠償といった問題について、国際行政裁判所判例を用いて分析し、国際機構とその職員に関わる法の一般化を目指しているのである。注目すべき点として、ジェンクスは、それぞれの国際行政裁判所が他の行政裁判所で用いられた原則を援用し判断を下している点に鑑み、「国連およびＩＬＯ行政裁判所ならびにＥＣ裁判所はまったく独立して活動し、その理由づけや判決において強調される点は著しく異なるものの、それらの裁判所判決から一団の共通原則が徐々に現れてきている」[6]と指摘している。ただし、注意すべきは、ジェンクスが視野に入れていたのは、国際公務員法の体系化ではなく、国際行政法の確立であったという点である。彼によれば、国際機構が発展するにつれて、抵触法よりも国際行政法によって規律される事項が増していくとされる。国際機構とその職員との法関係は、この国際行政法による規律が完成されている分野であり、他方で、国際機構と第三者との関係においては、依然として大部分が抵触法によって規律されると考えられる。そこで、初期の段階においては、国際機構からの特別な必要性や問題に照らして抵触法の通常の規則が何らかの変更を求められることに広い認識が得られ始め、ひいては、国際機構と第三者との間の法関係や取引のいくつかが、国際行政法に規律されるようになり得るというのである[7]。このように、国際行政裁判所の判例法の分析に基づき、法原則の体系化を図った点で、ジェンクスの研究は高く評価される。しかし、その目的は、抵触法との融合に基づいて国際行政法の確立を目指すものであった[8]。われわれが検討すべき国際公務員法体系の構築は、次のエイクハースト（M. B. Akehurst）の研究を待たねばならない。

エイクハーストによって一九六七年に刊行された『国際機構における任用を律する法（The Law Governing Employment in International Organizations）』[9]は、国際公務員の勤務関係を律する法を国際行政裁判所判例の緻密な分析により体系化を目指した画期的な研究である。まず第一部では、国際公務員を規律する法の法源を明らかにし、第二部で、行政裁判所の前で争われた行政決定、とりわけ行政裁量に対する司法的統制の問題を扱い、第三部では、行政側が行う勤務条件の一方的変更に関わる諸問題を、機構の規則制定権や職員の既得権といった点に焦点を当てながら検討している。この研究により、エイクハーストは、国際公務員の特別な法的地位に鑑み、彼らがいかなる国内法体系にも服さないことから、国際公務員を律する国際機構の内部法（internal law）の存在を認めている。この国際機構の内部法と国際法との関係においては、容易に回答することのできない困難な問題であるとしたうえで、エイクハーストは、個人は国際法主体ではないから内部法は国際法ではない、とか、国内法以外の法はすべて国際法であるから内部法も国際法でなければならないというのは教条的である。いかなる法体系も必ずしも国家と関係している必要はないのであるから、国際法や国内法とは異なり、国際機構によって創設される自律的な内部法の「可能性」を否定する論理的な根拠はない、と慎重ない回しで、内部法が国際法体系に含まれるか否かの言明を避けている[10]。この内部法の議論は必ずしも明確とはいえないものの、この議論に見られるように、エイクハーストの関心は、国内法とは異なる新たな法現象を、国際法体系との関連で論じることであった。ただし、国際公務員法の発展は、すでに述べたように、国際機構の発展と不可分なのであり、国際機構に関わるいわゆる国際機構法体系との関連についても多少の説明があればより国際公務員法の位置づけを明確にできたのではなかろうか。とはいえ、今日ほどの国際行政裁判所判例の蓄積のない中で、国際社会に現れた国際公務員を律する法という新たな現象に着目し体系化を目指したエイクハーストの足跡は大きい。

このエイクハーストの研究をもとにさらにこの分野の研究を発展させたと思われるのが、アメラシンゲ（C. F. Amerasinghe）の大著『国際公務員法（The Law of the International Civil Service）』[11]である。この二巻から成る書物は、第一部の総論（第一巻）と第二部の各論（第二巻）で構成される。このアメラシンゲの研究は、この分野において今日通用する最も権威あるものであることは間違いない。少し詳しく見ておこう。

まず、総論部分の「序論」（第一章—第四章）において、アメラシンゲは、国際機構内における任用関係を律する法制度の必要性につき、以下の三点を挙げている。第一に、国際公務員は種々の国籍を有しかつさまざまな国家で任務に就くことを求められているため、特定国家の法制度に関係なくすべての職員が共通な規則に服すことが望ましいこと、第二に、彼らがいかなる国家からも干渉されない独立した地位を保有することが必要であること、第三に、より現実的な観点から、国際機構の越権行為から職員を保護するためには、いかなる国内法制度も馴染まないことが挙げられている。そのため、機構には拘束力ある判断を下す独自の行政裁判所を設置する必要性があるとされる。[12] 次に、「国際行政法の法源」（第五章—一五章）において、機構と職員との関係を律する法として、職員規則および細則、任用契約、機構の設立文書、法の一般原則、機構の実行、国際法、国内法、衡平、裁判所判例を検討し、とりわけ、前三者の関係については、行政裁判所でそれらの優劣についてさほど議論されてきてはいないことに留意しながらも、機構の設立文書が任用契約に優位し、かつ、任用契約の明示規定は少なくとも職員規則、細則および同種の規則の規定よりも上位にあると示唆している。さらに、法の階層について注目されるのは、法の一般原則である。ここで述べられる法の一般原則とは、国内の行政法や公務員法の一般原則であり、中でも、差別的取扱い禁止の原則や懲戒処分の際の事前に聴聞を受ける権利、あるいは既得権保護の原則といった基本的性質を有する法の一般原則は、国際公務員制度に関する法のうちでも、最高の法源とされている。[13]

国際公務員法を解釈・適用し、行政決定に対して司法的統制を加え、職員の身分保障に当たるのが国際行政裁判所である。国際機構の機能遂行上、人事その他の行政事項については機構側に一定の裁量が与えられているため、行政裁判所がそのような行政裁量に対していかなる統制を加えていくのかが焦点となる。アメラシンゲは、まず行政裁判所の審査制度として、「管轄権」（第一六章—第一九章）の問題を、受理可能性と既判力に関わる側面から詳説した上で、[14] 次の「行政決定の司法的統制——一般原則——」（第二〇章—第二五章）において、国際行政裁判所判例を駆使してこの課題に挑んでいる。ここでは、行政裁量の本質が素描された後、機構側の越権行為を統制する行政裁判所の根拠づけが次の三つのカテゴリーに大きく分けて分析されている。具体的には、第一に、機構側が決定を下す際の目的に瑕疵のある場合に当該決定の取消事由となり得る権力濫用（détournement de pouvoir）、第二に、機構側の無権限や義務不履行といった法の過誤と事実誤認とから成る実体法上の違反、最後に、機構側が処分を決定する際の手続上の瑕疵から構成される手続上の違反である。これと関連して、機構による職員の不平等取扱いや職員の既得権を根拠にした行政裁量の統制の可能性も論じられる。[15]行政裁判所による行政裁量の統制は、機構側の恣意的な行動から職員を保護する反面、国際機構の機能遂行上、不当に機構の権限を妨げることがあってはならない。従って、行政裁判所はその機能上、機構側の下した判断に自己の評価や判断を代置させることはないという消極的な側面と、右に挙げたいくつかの根拠によって機構側の裁量行使にコントロールを及ぼすという積極的な側面との二面性を併せ持っているということになる。最後に、「救済」（第二六章―三二章）[16]と「手続」（第三三章）[17]において、このような行政裁判所の判断による具体的な救済手段や訴訟費用および手続上の諸問題が論じられ、第一巻が締めくくられている。

以上のような総論に加え、第二巻の各論部分においては、まず、各国際機構で勤務する職員の「任用の諸形態」（第一章）が概説され、[18]次に、「勤務成績不良による任用の終了」（第二章）と「勤務成績不良以外の理由による任用の終了」（第三章）で、主に恒久任用、普通任用および不定期任用の職員といった任用期限のない職員の問題が扱われ、続いて、「期限付契約」（第四章）および「試用任用」（第五章）の問題が論じられている。[19]このような職員の任用形態別の諸問題が検討された後、職員の地位の終了および変動に関する「懲戒処分」（第六章）、「職の階級および等級」（第七章）、「転任および再任」（第八章）、「昇任」（第九章）のような個別の行政処分について考察がなされている。[20]最後に、職員の経済的権利と密接に関わる「構造調整給および俸給率」

（第一〇章）[21]と、その権利実現のための「結社の権利」（第一一章）[22]が検討され、第二部が閉じられている。

この書物は、膨大な国際行政裁判所判例をもとにまとめられた画期的なものであり、今日この分野においては類書がない。もっとも、アメラシンゲは、右の書物を執筆した時期に世銀行政裁判所の書記局長（Executive Secretary）の職に就いていたこともあり、とりわけ、第一部で分析された行政裁量の司法的統制の枠組みを用いて、第二部で任用形態別および処分内容別に再度判例が整理されていることから推すに、この書物は、研究書ではあるものの、実務的にも通用することを念頭に置いて執筆されているように思われる。ただし、この研究書においては、全般を通じて、国際機構の発展とそれに伴う国際公務員の成り立ちやその法的地位、あるいは、国際機構の法体系とそれに関連づけられる国際公務員法の位置づけといった問題には触れられていない。このことから、著者の関心は国際機構法にはなく、国際行政裁判所の判例法そのものの詳述にあるように思われる。

二　国際公務員法と国際行政法

ところで、ここで研究の対象としている「国際公務員法（Law of International Civil Service）」という語は、アメラシンゲの著書に代表されるように、近年になって、顕著に用いられるようになってきたように思われる。[23]従来、機構と職員との間の勤務関係における職員の身分保障に関する法は、すでに述べたジェンクスにも見られたように、しばしば「国際行政法（International Administrative Law）」とも呼ばれてきた。[24]しかし、かつて、同分野の研究を行ったエイクハーストは、将来的には国際機構がその職員以外の個人にも広範な行政権を及ぼし得ることを示唆しながらも、「現時点において、国際行政法という用語は幾分仰々しいように思える」[25]として、その著書で同用語の使用を避けているし、ジェニングス（R. Y. Jennings）は、「国際法上、（国際行政法という〔筆者注〕）用語は、『行政裁判所』が扱う比較的些細な（trivial）問題に掠め取られ（purloined）てきた」という皮肉的な見方をしている[(26)]。

そもそも国際行政法の概念に関する研究は、国際公務員に関する法の研究とは異なる流れをもって発展を遂げたものである。内外の先行研究を丹念に検討し、わが国でこの分野での研究を大成した山本草二によると、国際行政法の概念を歴史的に見れば、まず、一九世紀の八〇年代から二〇世紀初頭にかけての学説に見られたように、国際行政法を広義の国際私法（抵触法）に含め、行政法規の地域的妥当範囲を画する規範の総体――「各国の国内行政法の適用範囲の限界またはその国際的抵触関係を処理する法」――と解する立場が普通であった。これに対して、一九三〇年代以降、国際法の一分野としての国際行政法を新たに構成する試みがなされてきた。すなわち、特定事項に関し普遍的または部分的な国際社会において一元的な行政を規律するための国際法規範を総称する、いわゆる「国際法上の行政法」の新たな構築であった。

この「国際法上の行政法」が存立し得るためには、その実体を成す国際的公共事務と、これを履行し処理するための国際行政行為とが、国際共同体に固有のものとして存在しなければならない。つまり、「国際行政法とは、それぞれの国際的社会関係に固有の国際的公共事務を処理するため、多数国間条約に基き管轄の国際行政機構を創設し運営管理し改組し、これに伴う加盟国の権利義務関係を配分すること、ならびにこれらの機構が執行する国際行政行為に関する法規の総体」とされるのである。国際行政法の要素の一つである「国際的公共事務」は、行政事項に関し既存の法規範を修正しまたは新たに法規範を設定する個別の条約によってその存在が確定される。この条約こそが国際行政法の法源である。この条約は、具体的には、国際行政連合に代表されるような国際的な関係を持つ国内行政を系統化し調和させることを目的とした「調整行政」を行うものと、国際河川委員会に象徴されるように、国家が個別に処理したのでは実現不可能か不完全にしか充足できない利益を満たすための「給付行政」を行うものとに分類される。また、国際行政法のもう一つの要素である「国際行政行為」は、国際行政機構の常設的執行機関が加盟国との関係で行う行政事務のことである。具体的には、まず、調整行政を通じて行われる国内行政事務に対する政策および規制の基準の標準化が挙げられる。これは、かつての国際行政連合や今日の国連およびその専門機関の活動に代表されるものである。次に、国際行政機構の常設機関が行う、資料情報の公開・審査・査察に代表されるような国内行政事務の修正を目指すものが挙げられる。たとえば、国際行政連合の事務局が行う関係国内行政事務の資料・情報の蒐集と公開や、一九三一年の麻薬取締条約に基づく常設機関が加盟国に対して行ったような国際的機関の常設機関による国内行政事務の修正である。最後に、国際的機関が特定の行政事務の直接的実現を行う場合も考えられる。具体的には、まず、国内行政事務の国際的効力を認定または付与する例として、いくつかの国際行政連合事務局に見られたような締約国間に生ずる紛争に関し裁定を下したり意見を述べたりする行為が考えられる。また、国内行政事務に代替しまたはこれを排除する例として、生産国の供給を規制し価格の安定を図る国際商品協定に基づく行為、一定の給付事業を直接行う国際金融機関による融資あるいは国際共同企業（多数国の政府、政府関係企業または私企業が共同で出資して業務を執行する国際会社）の活動も挙げられる。[27]

国際行政法は、抵触法法規と国際法規から成る概念である。両者の関係としては、行政事項を一元的に処理するための国際法規――「国際法上の行政法」――が整備されれば、その範囲内でこれと矛盾し対立する国内行政法の適用は排除される。他方、この「国際法上の行政法」が成立しない場合とか、これを受諾しない国との関係では、抵触法規範としての国際行政法が依然として有効に妥当することになる。また、このことと関連して、国際行政法の主体としては、国家のみならず、国際機構と、多数国間条約を継続的に実施するための定期会議――後二者を併せて「多辺的国際制度（multilateral international institution）」とされる――が重要である。

このような多辺的国際制度が整備され各国に受容されれば、それに応じて伝統的な抵触法規範としての国際行政法（国家が主体）の妥当範囲が狭まるのである。このように考えれば、国際行政法の対象も、たとえば、大陸棚以遠の深海底の鉱物資源開発をめぐる国際管理と各国の権限との区分、国際犯罪の防止・処罰に関する条約義務と国内刑法によるその受容、宇宙空間・大陸棚の利用・開発に関する国家の国際的責任とその事業主体の方式、貿易自由化・市場開放の原則の実現と国内産業構造、公正取引競争（独占禁止）に関する国内法の域外適用の効力というように多岐にわたるようになってくる。[28]

以上のように、国際行政法の概念とは、抵触法規範と国際法規範の二元構造から成る国内法と国際法双方に跨る広大な概念であり、明らかに本書で対象としている国際公務員に関する法現象のみを指すものではない。

今日、欧米の学者の間や国際行政裁判所においては、未だに国際公務員に関する法について国際行政法の語が広く用いられるものの、右に述べたように、論者によっては消極的な見方や異なった用いられ方もあり、また何よりも、国際行政法概念に関する研究は異なる潮流をもって発展してきた以上、やはり、ここでは、国際行政法の語を用いない方が賢明であろう。国際公務員は、国際機構および国際事務局の成立に伴って現れ、国家から独立しかつ国際的性質を持つ任務を遂行するための独自の法的地位が与えられてきたのである。この国際公務員の身分保障を通じて、その独自の法的地位を確保するために、彼らをめぐる法が国際機構および国際行政裁判所において生成されてきたのであり、この法は、まさに国際公務員の法たる「国際公務員法」と呼ぶにふさわしいものなのである。

第二節　国際機構法体系における国際公務員法

では、この国際公務員法は、国際機構に関わる法体系であるいわゆる国際機構法において、那辺に位置づけられるのであろうか。まず、国際機構法の体系を概観し、次に、国際機構法体系における国際公務員法の位置づけについて検討していくことにする。

一　国際機構法の体系について

国際機構法の体系に関する研究は、従来の学説を緻密に分析・整理した植木俊哉の研究[29]が注目に値する。詳細な検討は右研究がすでに網羅しているので、ここでは、右研究を参考にしながら、ごく大まかに国際機構法体系の研究について一瞥しておくにとどめる。

さて、これまでの国際機構法研究は、大きく、個別具体的な国際機構の組織構造、権限、加盟資格などの法的論点を実証的に検討する「各論」と、すべての国際機構に共通して存在する法的諸問題に関する一般的な原則または規範を探求する「総論」とに分かれる。ケルゼン（H. Kelsen）[30]やグッドリッチ、ハンブロとサイモンズ（L. M. Goodrich, E. Hambro and A. P. Simons）[31]、ジンマ（B. Simma）[32]らに代表されるように、とりわけ国連の成立を機に今日まで展開されてきた国連を中心とした研究[33]は各論研究の最たるものである。これらを別としても、各論に比重を置いた体系的研究が、従来のこの分野において重要な役割を果たしてきた。たとえば、バウエット（D. W. Bowett）の『国際組織法（The Law of International Institutions）第四版[34]』は、国際機構の史的展開について述べた導入部に続き、第一部「世界的機構」、第二部「地域的機構」、第三部「司法的機構」および第四部

「共通の組織的問題」という四つの部分から構成されている。このうちの第一部から第三部までは各論部分であり、第四部のみが総論に当たる。この第四部では、「国際法人格」と「国家の主権平等原則に対する国際機構の影響」に関わる諸問題が取り上げられている。わが国の先駆的業績である高野雄一『国際組織法』[35]も、基本的にはこれに類する体裁をとる[36]。

もっとも、最近のサンズとクラン（P. Sands and P. Klein）の手による『バウエット国際組織法（Bowett's Law of International Institutions）第五版』[37]によれば、第四版の構成が少なからず改められており、歴史や定義などに触れた導入部に続けて、第一部は、「既存の国際組織概観」とされ、第四版の第一部と第二部で扱われた世界的国際機構や地域的国際機構の説明は、ここにすべて収められている。目新しいのは第二部であり、ここでは、新たに国際機構の機能と題し、立法的および規範的機能、執行および行政的機能ならびに司法的および準司法的機能という構成をとる。第四版に見られたように、「司法的組織」が「世界的組織」および「地域的組織」と並ぶ国際機構として取り上げられることはなく、ここでは、国際機構の機能に着目し、司法的機能が、立法や行政的機能と併せて扱われているのである。この第二部は、複数の国際機構の考察により、共通性が導き出されており、第四版の第二部とは異なって極めて総論的色彩が強いように思われる。また、第三部は、従来通り共通の組織的問題を扱う。しかし、ここでは、法人格、加盟資格または加盟国の代表制、財政的側面といった第四版で扱われた問題点に加え、冒頭に、「国際機構の活動を律する法」という節が新たに加えられ、設立文書や決議に代表される国際機構の内部法、国際機構が服する国際条約および国内法に関する法的諸問題が検討されている。

他方で、国際機構法の体系を総論的にまとめ上げたと評価され得るのが、スヘルメルスとブロッカーの『国際組織法（International Institutional Law）改訂第四版』[38]である。これは、スヘルメルスの単著であった一九七二年の初版と一九八〇年の第二版を、一九九五年にスヘルメルスとブロッカーの手で全面的に書き改め、さらに二〇〇三年に改訂した大著である。この著書の特徴は、副題の「多様性の中の統一性（Unity within Diversity）」に表されているように、種々の国際機構の抱える個別の諸問題を検討する中から各機構に共通して妥当する一般原則および一般理論を導き出し体系化を試みた点にある。アメラシンゲの体系書『国際機構の組織法の諸原則（Principles of the Institutional Law of International Organizations）』[39]も、その表題に示されている通り、国際機構に共通の諸原則を導き出したものといえる。

これ以外にも、総論的な国際機構法の体系化の試みは、ホワイト（N. D. White）の『国際機構法（The Law of International Organisations）』[40]にも見られる。この著書は、国際機構の法人格、国際機構の組織構造、意思決定能力、国際機構の権能および法的規制といった一般的な問題が扱われる中で、最大の特徴として、第一章において国際機構の理論について触れられていることにある。そこでは、国際機構の機能主義、合理主義および実証主義、現実主義および政策志向アプローチ、マルクス主義に代表される革新主義的アプローチならびに批判主義的アプローチを紹介し、国際機構の活動を分析する枠組みを提供している。その上で、著者自身は機能主義的アプローチから国際機構に関する諸問題を読み解いている。このように、国際機構の総論的体系化を目指す中で、それを理論的に色づけしながらまとめるという傾向は、批判法学の立場から分析を試みたクラッバース（J. Klabbers）による最近の体系書『国際組織法入門（An Introduction to International Institutional Law）』[41]にも顕著である。

さて、以上の考察を前提として考えるに、国際機構法の体系を構築するには、「各論」における実証的検討と、「総論」における多くの国際機構に見られる共通の法原則の探究とを相互にうまく縫い合わせていくことが重要な課題となるといえる。概して、各論では、具体的な国際機構において、個別の沿革、目的、任務、権限、構成員資格、組織構造、財政などの諸点について、国際機構ごとに検討されている。従って、この国際機構法の各論部分において理論上問題となるのは、現実に存在する国際機構を分類・整理し、これをいかに類型化して諸問題を検討すべきかという分類論・類型論であると指摘される(42)。

次に、国際機構の総論について見ると、先述のスヘルメルスとブロッカーによる著書においては、定義や分類に触れた導入部ののち、参加者、国際的機関を律する規則、政策決定的および行政的機関、勧告的および監督的機関、意思決定過程、財政、法秩序、解釈および紛争解決、監督および制裁、法的地位、対外関係といった問題が取り上げられる。また、アメラシンゲの著書においては、条文の解釈、法人格、構成員資格および代表制、機構の機関、機関の行為その一――権限踰越――、機関の行為その二――その法的効果――、国際機構に対する責任および国際機構の責任、第三者に対する加盟国の賠償責任、財政、内部法――任用関係――、特権および免除、設立文書の改正、紛争の平和的解決、解散および承継となっている。また、バウエットの著書の総論部分においても、「国際法人格」と「国家の主権平等原則に対する国際機構の影響」という大きな主題のもとで、前者においては、国際機構の条約締結権、特権免除、責任、機構の活動を規律する法、機構の解散および承継といった問題が扱われる。また、後者においては、国際機構の構成員資格、構成員資格の特権の停止、構成員資格の終了（脱退、除名等）、構成員の代表制、非国家利益の代表制（準構成員資格、オブザーバー等）、真の国家利益の代表制、改正手続、予算といった問題が取り上げられている。サンズとクランの手によるバウエット書の改訂版においては、先に述べた通り、これらに加えて、国際機構の機能と題した、立法的および規範的機能、執行および行政的機能ならびに司法的および準司法的機能に関する検討が付け加えられている。ホワイトの著書においても、普遍主義、地域主義および分権化、集団安全保障と国連、地域主義と集団安全保障、人権の伸長と保護、環境問題といった個別のテーマを扱う後半部分を除けば、前半は、国際機構の理論、国際機構の法人格、国際機構の組織構造、国際機構の意思決定能力、国際機構の権能と法的規制といった問題が扱われている。

以上の考察から、論者によって多少の差異はあるものの、国際機構法の総論として検討されるべき論点も学説上大まかな共通点があるといえる。従って、問題は、これらをどのように整序するかということになる。この点について、植木は、国家秩序の妥当範囲によって構築されたケルゼンの国際法体系を参考にして、時間的妥当範囲、人的妥当範囲、事項的（物的）妥当範囲および空間的（領域的）妥当範囲の四つに着目し、国際機構法体系も、この四つの観点から整理することを提唱する。より具体的には、第一の国際機構の時間的管轄の問題に関して、国際機構の成立・変更・消滅を扱い、また、第二の人的管轄に関する諸問題においては、国際機構の構成員である加盟国および職員に関する内部的な法的諸問題が扱われ、これと対比して、第三の事項的（物的）管轄に関する諸問題においては、国際機構の対外関係に関する諸問題が扱われる。また、第四の国際機構の空間的（領域的）管轄に関する諸問題においては、国際機構が、たとえば本部所在地や施政地に対して及ぼす一定の領域管轄権が問題とされる[43]。このような四つの観点からの国際機構法の体系化は斬新なものとして学ぶところが多い。この植木の提唱による枠組みに見られるように、法の妥当範囲に関して、内部的および対外的な二つの側面が存在し得ることが指摘されていることは実に興味深い。しかし、今日まで国際機構に関する法関係について、多くの論者によって内部関係と対外関係という基準を用いて説明がなされてきてはいるが、実際に、この内と外の区分が明確にされてきたかは疑問である。この点に関連して、本書での問題関心である国際公務員法は、従来いわゆる国際機構の内部法という主題の中で議論されてきた。従って、もし国際公務員法が国際機構法の内部関係に生起する法現象であるとするならば、ここで、国際機構に関する法関係の内と外との境界を明確にし、その上で、当該法を位置づけておく必要があるように思われる。そこで、以下に従来の国際機構内部法の議論を簡単に見ておくことにしよう。

二　国際機構内部法と国際公務員法

国際機構の発展とともに、多くの論者が国際機構の行う法的営みあるいは国際機構の法的構造を解明するために、いわゆる国際機構内部法の議論を行ってきた。内部法という法秩序の存在自体を否定するバラドール・パリエリ（G. Balladore Pallieri）[44]のような論者を別とすれば、この国際機構内部法の議論においては、主として、その範囲と法的性質が問題とされてきたように思われる。前者は、主に内部法の規律事項に関わる具体的内容について、何から何までを内部法と認めるかという問題であり、また、後者は、法的性質がいかなる法体系に属するか、換言すれば、内部法が、国内法体系か、国際法体系かあるいは国内法でも国際法でもない機構固有の法体系のいずれに属するかという問題である。

国際機構内部法の範囲の問題については、いくつかの論者の見解[45]を整理すると、その広狭が現れる。たとえば、スクビシェフスキ（K. Skubiszewski）がいうように、内部法を、国際機構が制定する規則のうち、機構の構造、機能または手続に関するもので、かつ、加盟国に対してではなく、機関、各国代表または職員に向けられたものと限定的に捉える考え方が挙げられる。この考えによれば、加盟国に対する権利および義務を定めるECが制定する法のように、直接加盟国に対して向けられ、その行動を規律するようなものは含まれない。他方で、内部法の範囲を広く解するカイエ（P. Cahier）は、内部法を、機関、職員および機関の設置に関する規則のような、国際機構の構造と機能に関する規則と、国際機構の目的達成のため加盟国の行動を決定する規則から成るものと捉える。これらの範囲の広狭は、わが国においても、田中穂積[46]や酒井啓亘[47]の指摘にも見られる通り、要は、国際機構の組織構造または組織運営に関する規則以外に、ＥＣ法に代表されるように、国家や私人を名宛人とするような規則を内部法に含めるか否かに由来する。思うに、わが国では内部法を狭義に捉えるのが一般的であるようであるが、これは、内部法が、必ずしも対外関係と内部関係それぞれに妥当する法秩序の違いの中で議論されてこなかったことに由来するように思われる。つまり、内部法を論じる場合には、一般的なコンセンサスのある部分だけをとりあえず内部法として議論し（田中）、他方、対外関係を規律する法について論じる場合には、条約や国際慣習法によって規律される法制度のみを対外関係として（酒井）きたといえる。端的にいうと、国家や私人を名宛人とするような規則については、明確な位置づけがなされずにきたわけである。(48)

ここで、しばし国際機構「内部」法という場合の、国際機構の「内部」関係とそれに対応する「対外」関係について考えてみよう。国際機構をとりまく規範の構造を見てみると、大きく異なる二つの関係が存在することに気づく。すなわち、ここでは一見して、通常の国家間関係を規律するのと同様の法が妥当する関係と、設立文書に基づく諸規則が妥当する関係が存在しているように見える。この点に関連して、スヘルメルスとブロッカーは、国際機構と加盟国との関係において、国際機構が加盟国と対等の立場（counterparts）である場合を対外（external）関係とし、他方、加盟国が国際機構の構成要素（elements）となる場合には、内部（internal）関係と説明した。(49)そこで、この区分を参考にすれば、国際機構が他の国際法主体と対等の立場で行動する場合に見られるように、条約や国際慣習法のような通常の国家間関係を規律する法が妥当する関係——通常の国家間関係を律する法秩序が妥当する関係——を対外関係とし、(50)他方、国際機構の構成要素たる機関（またはそれを構成する加盟国）や職員に関して、機構の組織構造または組織運営上必要とされる法が妥当する関係——設立文書を頂点とし階層性を有する法秩序が妥当する関係——を内部関係とすることができよう。(51)このような国際機構に関する法的構造についての対外関係と内部関係の区分はしばしば見受けられるが、必ずしも明確な区分がなされてきたとはいい難い。しかしその中で、わが国では、先に挙げた酒井が、ドミニセ(C. Dominicé)の言葉を引きながら、「機構の内部事項とその対外関係を区別するメルクマールは、それぞれの領域を規律する法制度の違いである」と明快に説明している。(52) ここでの立場も、基本的にはこの区分に従うものである。

このように、従来の議論をもとにして、内部関係と対外関係をひとまず区分することができる。しかし、内部関係とはいえ、ここに妥当する法も実は一様ではない。たとえば、ＥＣ理事会が加盟国に対してある産品の輸入に関して課徴金を課すことを定めるような規則や、国連安保理が国連憲章第七章に基づいて行う制裁措置の決定のように、国際機構が個別の加盟国に直接権利を付与し義務を課すようなものもあれば、国際機構の機関の議事手続規則や職員規則のように国際機構を構成する機関や職員の行動を規律するものもある。これらは、やはり性質上異なるであろう。そこで、これらの法が持つ機能に応じて整理すれば、前者については、加盟国に規制的に作用を及ぼすことに着目して「作用法」とし、後者のように、組織構造または組織運営に関し、機関や職員に対して規律が及ぶものは、(53)「組織法」と、さらに二つに区分できるように思われる。(54)

こうして国際機構の法的構造を区分した後に、今一度、国際機構内部法の議論に立ち返ってみよう。先に述べたように、国際機構内部法の範囲の広狭は、国家や私人を名宛人とするような規則、すなわち、ここでいう作用法を内部に含めるか否かで見解が分かれていたといえる。つまり、先に見たスクビシェフスキのように内部法を狭く捉えれば、作用法は含まれず、組織法のみに限定され、また、カイエのように内部法を広く設定すれば、内部法は、組織法と作用法から成るということになる。私見では、内部関係に妥当する法を内部法というのであれば、すでに論じてきたように、組織構造または組織運営に関するいわゆる組織法のみならず、直接加盟国（あるいは、場合によってはその構成員たる私人も含む）に規律が及ぶような作用法も、すべて国際機構の設立文書を頂点とする法秩序を構成する以上は、内部法を上でいう広い概念として捉えて差し支えないと思われる。また、むしろこの方が、これまで今ひとつ統一的に議論されてこなかった、国際機構内部法の議論と、内部関係・対外関係の区分に関する議論とが、整合性を持つようになるともいえる。(55) このように考えれば、本書で検討してきた国際公務員法は、国際機構の内部関係を律する内部法のうち、組織構造や組織運営に関する組織法に分類され得るといえる。

もう一つの論点である内部法の法的性質の問題は、従来から、大まかに、①国際法の一部と見る説、②国内法の一部と見る説、③国際法または国内法とは別個の第三の法と見る説の三通りが存在するが、今日では、内部法が設立文書に根拠を持つものであることを理由に①の説を支持する者が多いとされる。(56) 確かに、国際機構が制定する規則の法的拘束力は、国家間の合意によって成立した設立文書の規定にその淵源を有することを考えれば、この①の説をとるのがよいと思われる。ただし、わが国においては、横田洋三が、国際機構が内部の機関の決議または決定によって一方的に制定する法を「固有法」とし、国際法や国内法とは異なるものと説明しているのが有名である。(57) この説は、右の③の説に該当すると思われるが、この立場は必ずしも一般的ではない。(58) また、法的性質との関連で、内部法には、設立文書を含むか否かについても意見が分かれる。この点について、国際機構が定める組織法や作用法は、設立文書を頂点とする秩序だった規範群を形成していると考えられるため、これを切り離して考えるのは困難なように思われる。特に、本書で検討してきた国際公務員に関する諸規則を見ても分かるように、それらの法規則を解釈・適用する行政裁判所は、設立文書の規定とそれに基づく職員諸規則を何ら区別なく用いてきた。職員諸規則は、設立文書の関連規定に基づいており、まさにそれらは有機的に連関しかつ秩序だった規範群を具現しているのである。

ともあれ、国際機構内部法の法的性質については、以上のような議論がある。しかし、注意すべきは、内部法の法的性質の議論において、内部法を国際法の一部と見る論者であっても、内部法自体が国際機構に特有に見られる独自の法であることを否定してはいないということである。つまり、ここには、内部法を国際法の一部と見たとしても、依然、国家間を規律してきた伝統的国際法とは異なる特徴があるという考えが根底にあることがわかる。従って、内部法と呼ばれ得るこの機構独自の法秩序が、国際法とは異なって、いかなる特徴を有しているかをここでしっかりと押さえておくことが肝要であると思われる。内部法のうちでも、本書の主題である国際公務員法に限っていえば、第一に、この法は、国際機構の設立文書を頂点とした法秩序を形成している。本書でも職員に関する諸規則を検討して明らかになったように、設立文書があたかも一国の憲法規範のような基本法となり、それに基づいて、機構の定める種々の諸規則が制定されているのである。今日、国際法上も強行規範の存在が一般に認められてきてはいるものの、法規則相互間に国内法に見られるような序列はない。その意味で、伝統的国際法とは異なる。第二に、この法には、職員が、自ら参加も同意もしないままに採択された一団の設立文書や立法規定に服すという特徴を有する。これも、伝統的国際法との顕著な相違点である。(59)

以上のように、国際公務員法は、従来、国際機構内部法を構成するものとして議論されてきた。しかし、この内部法の議論は、かつて多く議論されたようではあるが、議論が出尽くした感があり、今日ではほとんど議論されることはない。では、今日、国際機構法のいかなる文脈において、国際公務員法は議論され得るか。特に、重要と思われるのは、国際機構の国際責任との関連での議論であると思われる。以下に見てみよう。

三　国際機構の内部的責任と国際公務員法

国際機構が国際法主体として登場した今日においては、国際機構も国際法上の違法行為を行うことにより責任を負うことが、わが国においてもつとに指摘されてきた[60]。とはいえ、ひとことに国際機構の国際責任といっても、国際機構の責任発生の要件とされる国際法上の違法行為の態様はさまざまである。たとえば、国際機構が国家と締結した条約に違反した場合には、国際機構は相手方当事国に対して責任を負うことになろう。他方、国際機構のある機関が、設立文書の規定に違反して、与えられた権限をこえて決定を下し、加盟国の権利侵害を行った場合、国際機構は加盟国に対して責任を負うことになるかもしれない。これらは、国際機構が国家に対して責任を負うという点では同じであるものの、前者は、国家間関係において国家によっても行われ得る違法行為によって発生した責任であるのに対し、後者は、国家によっては行われ得ないような国際機構特有の組織構造または組織運営上の違法行為による責任といえる。

このように、違法行為の態様[61]と、それに応じて責任の態様が大きく二つに分けられ得るのは、国際機構をとりまく規範の構造が異なることに起因するように思われる。すでに見たように、国際機構に関する法関係について、国際機構が他の国際法主体と対等の立場で行動する場合に見られるように、条約や国際慣習法のような通常の国家間関係を規律する法が妥当する関係――通常の国家間関係を律する法秩序が妥当する関係――を対外関係とし、他方、国際機構の構成要素たる機関（またはそれを構成する加盟国）や職員に関して、機構の組織構造または組織運営上必要とされる法が妥当する関係――設立文書を頂点とし階層性を有する法秩序が妥当する関係――を内部関係とすることができる。これに対応して、国際機構が負う責任の態様も、前者の関係において発生する責任を対外的責任とし、他方、後者において発生する責任を内部的責任と区分することができる。

このように考えると、対外的責任には、違法行為の主体が国際機構か国家かという相違があるとはいえ、国家責任法に類する規則がおおよそ当てはまると推定されるのに対して、内部的責任には、おそらく国際機構特有の規則が存在するように思われる。さらに、国際機構の内部関係に妥当する法としては、すでに行った分類に従えば、加盟国に規制的に作用を及ぼす作用法と、組織構造または組織運営に関し、機関や職員に対して規律が及ぶ組織法とに分類され得る。従って、国際機構の内部的責任はそれぞれ、作用法上の責任[62]と、組織法上の責任とに区分され得る。本書で対象とする国際公務員法に関わる責任の問題があるとすれば、それは後者の組織法上の責任に該当するものと考えられるため、ここでは、特に、国際機構内部の組織法上の責任について少し考察してみることにする。

国際機構の組織法上の違法行為から責任が生じることは、実は従来から若干の論者によって指摘されてきたということもまた事実である。かつて、国連国際法委員会において国家責任に関する法典化作業の特別報告者を務めたガルシア・アマドール（F. V. Garcia Amador）が、国際機構がその職員らに対して負う責任を、国際機構の内部的なものと位置づけたことは有名である[63]。その後も、たとえば、バウエットは、『国際組織法（第四版）』の中で、国連ある種の経費事件や政府間海事協議機関（ＩＭＣＯ）海上安全委員会事件を引きながら、国際機構が違法行為の責任を負うことがあると述べていた[64]。また、わが国においても、国際機構の国際責任に関する研究を大いに発展させた植木が、やはり国際機構が機構の構成員たる加盟国または職員に対して負う「組織内的責任」が存在し得ることを指摘している[65]。以上に加え、『国際機構の責任』という大著[66]を著したクラン（P. Klein）は、国際機構の責任を次の三つ、すなわち、国際機構固有の法秩序における責任、国内法秩序における責任および国際法秩序における責任という分類をし、それぞれの責任に細かな検討を加えている。クランがいう第一の国際機構固有の法秩序における責任とは、本書にいう内部関係における責任一般を扱ったもので、そこでは、組織法的側面における合法性紛争を手がかりとして、国際機構の機関が行う違法行為によって、加盟国、職員または私人に対して機構側に責任の生じることが詳細に述べられている。

さて、国際機構内部関係のとりわけ組織法上の違法行為として従来議論されてきたのは、主に、国際機構の行為のいわゆる権限踰越（*ultra vires*）が問題となる場合であった(67)。この問題に代表されるように、国際機構の行為の違法性が問題となる場合、その行為の有効性が問題とされ、その無効が求められる場合が多い。国際機構の職員に関する紛争もまた然りである。行政裁判所においては、職員が国際機構側の処分をめぐって、機構または その行政の長を相手取り訴訟が提起される。ここでは、任用契約の不更新や解任のように、行政側が職員に対して行った決定の違法性や処分の取消しが争われることになる。行政裁判所において、国際機構の行為の違法性が認定された場合、行政裁判所は、申立てが十分根拠あるものと認めるとき、争われている決定の取消しまたは義務の特定履行を命じる。これと同時に、申立人の被った損害に対して金銭賠償額を裁定することとなる（たとえば、国連行政裁判所規程一〇条、ＩＬＯ行政裁判所規程八条、世銀行政裁判所規程一二条およびＩＭＦ行政裁判所規程一四条）。このような違法性認定の効果は、それぞれの組合わせにより、処分が無効とされて金銭賠償のみがなされたり、処分が無効とされかつ職員の復職が命じられたり、処分が有効とされるが金銭賠償がなされるなどさまざまなパターンで現れている(68)。ここには、機構の行う違法行為とそれによって生じる責任の認定が行われ、また、生じた責任の解除の制度も存在しているのである。

このように、国際機構の内部的責任を論ずるうえで(69)、国際公務員法は重要な意味を持つ。行政裁判所の訴訟において、職員は、国際機構の側からの処分の取消しを求める以外にも、有形的損害や精神的損害に対して賠償を請求することが実に多くなされてきている。このような訴訟により、複数の行政裁判所が類似した形で多くの判例を蓄積していることは、看過することのできない事実であり、ここでは、国際機構の損害賠償責任を追及する制度が発展してきていると考えられるのである。

第三節　国際機構の発展と国際公務員法

本書において、国際機構に生起するいわゆる国際公務員法の体系を検討してきた。今日、国際機構の任務に従事する国際公務員の法的地位に関しては、各国際機構が類似した職員諸規則によってそれを規律し、さらに、それらの法を解釈・適用することにより身分保障を行う行政裁判所の実行を中心として、そこには国際公務員法と呼ぶべき法体系が存在する。第二次大戦後、さまざまな任務を担った国際機構がその数を増し任務を拡大するに伴い、国際公務員の数も増大してきた。また、彼らの身分保障に関して重要な役割を果たす行政裁判所の数も増加し、また、その管轄権も拡大してきた。今後も国際機構の活動が多岐にわたり、職員の数が増加し、それだけ機構と職員との間の紛争も増えるならば、この傾向は一層強まってくるであろう。国際公務員法は日々発展を遂げているのである。

このように国際公務員法が発展している現象を国際機構の発展の中でどう捉えるべきか。国際公務員の法的地位の特徴は、その独立した地位とその任務の国際的性質にある。彼らは、いかなる国家権力にも服すことはなく、機構から与えられた任務を遂行するのである。この国際公務員の法的地位をより堅固なものにするために、彼らは機構独自の法によって守られているのである。この機構独自の法は、従来から、国際機構内部法として議論されてきた。国際公務員法は、国際機構の法関係についていえば、紛れもなく内部関係に生起する法であるといえる。また、国際機構の内部関係に生起する法現象である以上、そこで権利侵害がなされた場合には、責任の問題が発生する。国際公務員の権利侵害が生じ、その紛争解決の積み重ねによって発展してきた国際公務員法は、国際機構の責任の問題とも大いに関わってくる重要な問題であるといえよう。
国際公務員法がより発展を遂げているということは、国際公務員がより加盟国の影響を離れ、国際機構独自の制度によって規律される傾向が強まっていることを意味する。このことを、国際機構と加盟国との関係の中で捉えるならば、国際機構が、事務局において、自律性を強めていると捉えることができよう。このように考えるならば、国際公務員法の発展は、国際機構の発展状況を知る上で、一つの重要な指標であるといえるのである。

以上のように、国際機構法の研究において、国際公務員法の研究は不可欠であるように思われる。今後も発展を遂げていく国際公務員法を、国際機構法の発展の中でしっかりと捉えていく必要がある。

（1）Basdevant, S., *Les fonctionnaires internationaux*（Recueil sirey, 1931）.
（2）Bedjaoui, M., *Fonction publique internationale et influences nationales*（Stevens & Sons, 1958）.
（3）Jenks, C. W., *Common Law of Mankind*（Stevens & Sons, 1958）.
（4）Jenks, C. W., *International Immunities*（Stevens & Sons, 1961）.
（5）Jenks, C. W., *The Proper Law of International Organisations*（Stevens & Sons, 1962）.
（6）*Ibid.*, p. 41.
（7）*Ibid.*, p. xxxviii–xxxix.
（8）ジェンクスは、別の論文において、将来的には、国際機構やその職員のあらゆる行為に管轄権を有する「世界行政法廷（World Administrative Tribunal）」の設立を構想している。Jenks, C. W., "Some Problems of an International Civil Service," *Public Administration Review*, Vol. 3（1943）, pp. 103–104.

（9） Akehurst, M. B., *The Law Governing Employment in International Organizations*（Cambridge U. P., 1967）.

（10） *Ibid.*, p. 252.

（11） Amerasinghe C. F., *The Law of the International Civil Service: As Applied by International Administrative Tribunals*, 2nd ed., Vol. I and II（Oxford U. P., 1994）. 初版は一九八八年に出版された。

（12） *Ibid.*, Vol. I, pp. 3–99.

（13） *Ibid.*, pp. 103–198.

（14） *Ibid.*, pp. 201–253.

（15） *Ibid.*, pp. 257–440.

（16） *Ibid.*, pp. 443–586.

（17） *Ibid.*, pp. 590–625.

（18） *Ibid.*, Vol. II, pp. 3–16.

（19） *Ibid.*, pp. 17–187.

（20） *Ibid.*, pp. 188–327.

（21） *Ibid.*, pp. 328–365.

（22） *Ibid.*, pp. 366–407.

（23） たとえば、以下参照。Amerasinghe, *ibid.* and Jordan, R. S., “Law of the International Civil Service” in Schachter, O. and Joyner, C. C.（eds.）, *United Nations Legal Order*, Vol. 2（Cambridge U. P., 1995）, pp. 1059–1090. もっとも、アメラシンゲは、必ずしも統一的にこの語を用いているわけではない。右の書物においては、「国際行政法」の語も互換的に用いられている（たとえば、Vol. I, p. 103以下）し、彼は、同分野の研究として、

「国際行政法」の名を冠した以下の論文も公表している。Amerasinghe, C. F., "The Future of International Administrative Law," *I. C. L. Q.*, Vol. 45（1996）, pp. 773-795 and "International Administrative Law in the Twenty-First Century: A Critical Appraisal and a Look into the Crystal Ball," in Anghie, A. and Sturgess, G.（eds.）, *Legal Visions of the 21st Century: Essays in Honour of Judge Christopher Weeramantry*（Kluwer, 1998）, pp. 477-495.

（24）たとえば、以下参照。Jenks, *supra* note 5, p. 25 and Carlston, K. S., "International Administrative Law: A Venture in Legal Theory," *Journal of Public Law*, Vol. 8（1959）, pp. 329-377.

（25）Akehurst, *supra* note 9, p. 268.

（26）Jennings, R. Y., "The Proper Work and Purposes of the International Court of Justice" in Mullar, A. S., Raič, D. and Thuránszky, J. M.（eds.）, *The International Court of Justice: Its Future Role after Fifty Years*（Martinus Nijhoff, 1997）, p. 41.

（27）山本草二「国際行政法の存立基盤」『国際法外交雑誌』六七巻五号（一九六九年）一―六六頁。

（28）山本草二「国際行政法」雄川一郎・塩野宏・園部逸夫編『現代行政法大系第一巻』（有斐閣、一九八三年）三二九―三六四頁。なお、わが国における先駆的業績として、横田喜三郎「国際行政法の理念」刑部荘編『公法政治論集（野村教授還暦祝賀）』（有斐閣、一九三八年）七六七―八一二頁および田中二郎「国際行政法」『岩波法律学辞典第二巻』（岩波書店、一九三五年）七八七―七九二頁も参照のこと。

（29）植木俊哉「『国際組織法』の体系に関する一考察――『国際組織法総論』構築への予備的考察――（一）（二）（三）（四）（五・完）」『法学』五六巻一号（一九九二年）一―一二五頁、五六巻二号（一九九二年）三九―七二頁、六一巻四号（一九九七年）一―三二頁、六二巻三号（一九九八年）一―二九頁および六三巻二号（一九九九年）一―四一頁。

(30) Kelsen, H., *The Law of the United Nations: A Critical Analysis of Its Fundamental Problems* (Stevens & Sons, 1950).

(31) Goodrich, L. M., Hambro, E. and Simons, A. P., *Charter of the United Nations: Commentary and Documents*, 3rd and revised ed. (Columbia U. P., 1969).

(32) Simma, B. (ed.), *The Charter of the United Nations: A Commentary*, 2nd ed., Vol. I and II (Oxford U. P., 2002).

(33) その他にも、以下のものが挙げられる。Virally, M., *L'Organisations mondiale* (Colin, 1972) and Cot, J., Pellet, A. et Forteau, M., *La Charte des Nations Unies: Commentaire article par article*, 3e éd., I et II (Economica, 2005) and Conforti, B., *The Law and Practice of the United Nations*, 2nd revised ed. (Kluwer, 2002). また、わが国において著書にまとめられた研究だけでも、代表的なものとして、横田喜三郎『国際連合の研究』（銀座出版社、一九四七年）、田岡良一『国際連合憲章の研究』（有斐閣、一九四九年）、田畑茂二郎編『国際連合の研究（田岡良一先生還暦記念論文集）』第一巻（有斐閣、一九六二年）、第二巻（有斐閣、一九六三年）および第三巻（有斐閣、一九六六年）、藤田久一『国連法』（東京大学出版会、一九九八年）などが挙げられる。

(34) Bowett, D. W., *The Law of International Institutions*, 4th ed. (Sweet & Maxwell, 1982).

(35) 高野雄一『国際組織法（新版）』（有斐閣、一九七五年）。

(36) もっとも、植木の指摘にもあるように（植木「前掲論文」（四）注（29）一二頁）、バウエットは、「司法的組織」を「世界的組織」「地域的組織」と並ぶ国際機構の第三のカテゴリーと位置づけており、これがバウエット体系書の大きな特徴の一つであるが、高野は、国際的な司法機関を国際組織法の主要な研究対象から除外している点で大きな相違もある。高野『前掲書』注（35）五頁。

（37）　Sands, P and Klein, P., *Bowett's Law of International Institutions*, 5th ed.（Sweet & Maxwell, 2001）.

（38）　Schermers, H. G. and Blokker, N. M., *International Institutional Law*, 4th revised ed.（Martinus Nijhoff, 2003）.

（39）　Amerasinghe, C. F., *Principles of the Institutional Law of International Organizations*（Cambridge U. P., 1996）.

（40）　White, N. D., *The Law of International Organisations*（Manchester U. P., 1996）.

（41）　Klabbers, J., *An Introduction to International Institutional Law*（Cambridge U. P., 2002）.

（42）　植木「前掲論文」（五）注（29）三―四頁。

（43）　植木「前掲論文」（五）注（29）一五―一七頁。

（44）　Balladore Pallieri, G., "Le droit interne des organisations internationales," *R. C. A. D. I.*, Vol. 127（1969–II）, pp. 7–37.

（45）　主なものとしては以下を参照。Skubiszewski, K., "Enactment of Law by International Organizations," *B. Y. B. I. L.*, Vol. 41（1965）, pp. 226–232, Focsaneanu, L., "Le droit interne de l'Organisation des Nations Unies," *A. F. D. I.*, Vol. 3（1957）, pp. 315–349, Kolasa, J., "La notion de droit interne des organisations internationales," *P. Y. I. L.*, Vol. 3（1970）, pp. 95–110, Cahier, P., "L'ordre juridique interne des organisations internationales" in Dupuy, R–J（ed.）, *Manuel sur les organisations internationales*, 2e éd.（Martinus Nijhoff, 1998）, pp. 377–397.

（46）　田中穂積「新たな法現象としての『国際機構内部法』――その法的性質について」住吉良人・大畑篤四郎編『二十一世紀の国際法』（成文堂、一九八六年）二九八―三〇一頁。

（47）　酒井啓亘「国際連合を当事者とする紛争の法的構造――国連本部協定をめぐる国連と合衆国の対立――（一）」『法学論叢』一三一巻一号（一九九二年）三四―三五頁。

(48) ここに挙げたもの以外に、国際機構内部法(または内部規則)に関しては以下もある。桑原輝路「国際機構内部法の観念」『政経論叢』二六巻五号 九一―一一一頁、篠原梓「国際連合及び専門機関における内部規則の制定」『社会科学ジャーナル』二一号(一)六五―八五頁。

(49) Schermers and Blokker, *supra* note 38, p. 1072. なお、旧版で、スヘルメルスは、設立文書または機構の行為から生じる義務は、通常すべての加盟国に等しく課されるものであるため、内部的義務であり、機構と加盟国との間の特別な合意によって課される義務は、対外的なものであるとも述べている。Schermers, H. G., *International Institutional Law*, Vol. II (A.W. Sijthoff, 1972), p. 671.

(50) ここでは、国際法上の議論に絞って説明を行っているので、国内法と関連する議論については、混乱を避けるため省いた。もちろん、国際機構が国内法上の法主体となることもあるので、国際機構の対外関係においては、国際法主体としての側面以外に、国内法主体としての側面も考えられることはいうまでもない。なお、この対外関係について注意すべきは、国際機構と国家との関係において、非加盟国との間の関係のみを対外関係と捉えることもできないわけではないが、ここで行う外と内との区分を前提にすれば、機構と加盟国との関係も対外関係に含まれ得るということである。というのも、国際機構と国家との関係は、当該国家が加盟国であれ非加盟国であれ、条約や国際慣習法で規律されることがあり得るからである。その場合、機構と非加盟国との間の条約関係を対外関係とし、機構と加盟国との条約関係を内部関係と分類する理由が見つからない。当該条約関係が国際機構、加盟国および非加盟国すべてを含む同一の多辺的条約であればなおさらである。また、機構と非加盟国との関係のみを対外関係としてしまうと、他方の内部関係に、条約や国際慣習法によって規律される関係と設立文書に基づく規則によって規律される関係とが混在することになってしまい、実質的に外と内の二分が無意味となるように思われる。ところで、国際機構の責任を論じる際に、しばしば「第三者(third parties)」という語が用いられることがあるが(たとえば、Amerasinghe, C. F., "Liability to Third Parties

of Member States of International Organizations: Practice, Principle and Judicial Precedent," *A. J. I. L.* Vol. 85（1991）, pp. 259–280, Higgins, R., "The Legal Consequences for Member States of the Non-Fulfillment by International Organizations of their Obligations Towards Third Parties," *Ann. I. D. I.*, Vol. 66, Tome I（1995）, pp. 249–289, Hirsch, M., *The Responsibility of International Organizations Toward Third Parties: Some Basic Principles*（Martinus Nijhoff, 1995）など）、この語も、責任主体たる国際機構以外の他の法主体を広く含んで用いられることが多く、国家との関係でいえば、非加盟国のみならず加盟国も含んで用いられる。

（51）ここで、「対外」に対応して何故「対内」を用いないのか、違和感を抱かれることがあるかもしれない。通常、「対内」とは、「内部または国内に対すること」（『広辞苑（第五版）』（岩波書店、一九九八年）一六一一頁）のように、内への方向性を持った語である。従って、「国際機構の対内関係」といってしまうと、ともすれば、「国際機構がその内側に対して持つ関係」という意味でとられかねない。しかし、ここでは、「国際機構の内部関係」という場合、必ずしも、そのような国際機構を一方の起（終）点とする関係のみを意味するのではない。国際機構の内部に生起する法的諸問題のうち、とりわけ重要と思われるその責任の問題については、国際機構が構成員たる加盟国などに対して負う責任と加盟国などが国際機構に対して負う責任——換言すれば、国際機構の受動的または能動的責任——という双方向からの責任以外に、国際機構の機関間や国際機構（またはその機関）と職員間のように、国際機構の構成要素たるもの相互間で責任が発生することもあるかもしれない。ゆえに、国際機構の内部関係において生起する責任の問題は、「国際機構が内に対して負ったり負わされたりする責任」ではなく、いくつかの異なる方向性を持った複雑なベクトルの束から成るものであるように思える。従って、ここでは、今日までこれらの用語が区区に用いられてきた状況に一石を投じる意味も込めて、「対内」を用いず、あえて「内部」を用いることにした。なお、では、それに連動させて「対外」ではなく、「外部」の方が適当ではないか、という別の指摘も予想される。しかし、国際機構が他の法主体との関わりの中で行う営みは、国際機構が他に対して働きかけたり働きかけられたりする、いわば「対外的」な――外に対する――関係においてなされるわけであり、他方、国際機構と何ら関わりのない、他の法主体間の関係については、国際機構のまさに「外部」で生じている関係と思えるため、ここでは、「対外」の方を選んで用いることにした。

（52） 酒井「前掲論文」注（47）三五頁。

（53） とはいえ、これは一種の擬制であって、機関に対して規律が及ぶといっても、実際には加盟国に規律が及ぶことがあることはいうまでもない。しかし、組織法と作用法とを区分する基準の説明としては有用と思われる。この基準については、内部法とそれ以外の法を分けるスクビシェフスキの基準を参考にした。Skubiszewski, *supra* note 45, p. 226. なお、それでも組織法と作用法を明確に分けるのは困難であるが、次のような具体例による説明で理解が多少とも容易になるように思われる。たとえば、ＥＣ理事会が、ある加盟国に対してある産品の輸入に関して課徴金を課すことを定めるような規則を制定し、それに基づいて当該加盟国が課徴金を課したことにより、当該加盟国内の輸入業者が損害を被った場合を想定しよう。当該規則の制定が、理事会によるＥＣ条約二三〇条に定めるような無権限、重大な手続要件違反、設立文書もしくは適用法規違反または権力濫用に基づくものであるならば、理事会が設立文書上与えられた権限行使を誤ったわけであり、ここに組織法上の違反が存在し得る。他方、当該加盟国が違法な理事会規則に従って課徴金を徴収したことによる私人の損害賠償の問題は、理事会が加盟国に対して課した義務に基づいて生じた問題であるので、作用法上の問題と考える。つまり、国際機構のある機関が権限を行使する際に、その権限行使に関わる問題までは組織法上の問題なのであり、ひとたび権限を行使したことにより、その効果として生じる問題は、作用法上の問題と一応分けて考えることができよう。

（54） ここで用いる「作用法」と「組織法」の概念は、わが国の行政法のアナロジーによる。なお、わが国では、横田洋三が主張する「国際機構の法構造」の中の「国際作用法」と「国際組織法」という分類も、同様の概念を用いていることで知られる。横田洋三『国際機構の法構造』（国際書院、二〇〇一年）五八―七〇頁。横田の分類は、「国際機構の法構造を、伝統的国際法秩序に属するものと国際機構の内部法秩序に属するものに分けて二元的にとらえることをやめ」（同書、五七頁）ることを前提とし、国際機構に関する法現象すべてを併せた上での二分である。この分類は、機能的統合説の限界を探るために、いわば、法の有する機能に応じて行った分類であり、国際機構に関する法の働きを知る上で参考に値する分類である。ただし、この分類は、いうまでもなく、ここで述べてきた内部関係という狭い範囲の中での「組織法」と「作用法」の二分とは異なることに注意されたい。思うに、国際機構に関するさまざまな法現象を説明するために、ここで行う分類や上に引いた分類も含め、多様な分類が考えられる。その意味では、国際機構の代表例である国連に関してしばしば唱えられる「国連法」なる概念も、国際機構に関する法現象を説明する一つの分類であると思われる。たとえば、藤田久一の用いる「国連法」は、国連憲章のみならず国連諸機関の決議、内部規則などを含む、「国連システムの法」と定義され、国連主催の外交会議や国連総会で採択され署名に開放される多数国間条約は除かれる。藤田久一『前掲書』注（33）。奥脇直哉のいう「国連法体系」は、国際立法の存在基盤に関する議論であり、諸国に認められた「権威的手続」を経た文書はこの範疇に含まれる。従って、国連がイニシアティブをとって採択した文書以外に、国連の枠外で会議体が採択した法も国連法の中にとりこまれる。奥脇（河西）直也「国連法体系における国際立法の存在基盤――歴史的背景と問題の所在――」大沼保昭編『国際法、国際連合と日本（高野雄一先生古稀記念論文集）』（弘文堂、一九八七年）七七―一二一頁。また、最上敏樹の「国連法体系」には、国連憲章、憲章運用や補充のための決議、運営のための機構内的諸規則、加盟国（または非加盟国）の行動を律するためあるいは国際社会の基本原則を宣明するために採択される決議、国連での討議あるいは起草を経て国連内外で採択される条約、国連が加盟国や他の国際機構と結ぶ条約、国際司法裁判所判決とその勧告的意見が含まれる。最上敏樹「国連法体系の展望」岩村正彦他編（第二巻は最上敏樹編）『国際社会と法（岩波講座現代の法二）』（岩波書店、一九九七年）二六三―二九一頁。このように、「国連法」概念も、論者によって指す意味内容や範囲が異なることはいうまでもない。

以上のように、国際機構に関する法現象に関わる分類は絶対的・固定的なものではなく、どれが正しいという類のものでもない。それらは、あくまでも便宜的な手段なのであって、それを用いて何を説明するかが重要であることはいうまでもない。もっとも、用語については多様に用いると、ともすると誤解を生じることもあるので注意が必要である。たとえば、ここで用いた組織法という語は、内部的な組織構造や権限関係を規律する法で、設立文書を基本法とする法秩序を指して用いられたり（植木俊哉「国際組織の国際違法行為と国際責任―国際責任法への一視座」『国際法外交雑誌』九〇巻四号（一九九一年）六九―七〇頁）、国際機構の構造と活動に関する規定を対象とする"Constitution"概念の訳語として用いられることもある（佐藤哲夫「国際社会における"Constitution"の概念―国際連合憲章は国際社会の憲法か？―」『変動期における法と国際関係（一橋大学法学部創立五〇周年記念論文集）』（有斐閣、二〇〇一年）五〇六頁）。

(55) 従来の内部法の議論と対外・内部の分類に関する議論との混乱を避けるため、内部法とは別に「組織法」なる別の概念―指す内容は類似するものの、本書でいう組織法・作用法の分類の中での組織法とは別の概念―を用いれば（植木「前掲論文」注（54）六九頁）、国際機構の法的構造を説明するうえでスッキリした議論になり得るが、同じ国際機構の「内部」の議論をする以上、従来の内部法の議論と対外・内部関係の議論との整合性あるいは加盟国を直接名宛人とする作用法の位置づけを見い出だせない点でやや物足りなさもある。

(56) 植木「前掲論文」注（54）五九―六〇頁および植木「前掲論文」（二）注（29）一一―一四頁。

(57) 横田『前掲書』注（54）三四頁。最近は、この「固有法」に、国際機構と企業や団体との間の合意文書を含めた「独自法」の議論もある。横田洋三「国際機構法の可能性」横田洋三・山村恒雄編『現代国際法と国

連・人権・裁判（波多野里望先生古稀記念論文集）』（国際書院、二〇〇三年）九―二七頁。

(58) 中村道「日本における国際機構法研究」『国際法外交雑誌』九六巻四・五号（一九九七年）一四五―一四六頁。

(59) Akehurst, *supra* note 9, p. 253.

(60) 山本草二「政府間国際組織の国際責任」寺沢一他編『国際法学の再構築（下）』（一九七八年、東京大学出版会）一六一―一六三頁、大森正仁「国際機構の国際責任―宇宙損害責任条約における意義―」『法学研究』六四巻五号（一九九一年）二〇頁、植木俊哉「前掲論文」注（54）五三―五六頁など参照。

(61) 国際機構が行い得る違法行為のこのような区分については、以下から示唆を得た。Lauterpacht, E., "The Legal Effect of Illegal Acts of International Organizations," in *Cambridge Essays in International Organizations: Essays in honour of Lord Mcnair* (Stevens & Sons, 1965), p. 89.

(62) 代表的なEC法上の責任に関しては、わが国において、すでに植木俊哉の手による緻密かつ実証的な研究がある。植木俊哉「国際組織の国際責任に関する一考察―欧州共同体の損害賠償責任を手がかりとして―（一）（二）（三）（四）（五）（六）（七・完）」『法学協会雑誌』一〇五巻九号（一九八八年）一―六六頁、一〇八巻一〇号（一九九一年）一〇三―一五八頁、一一〇巻二号（一九九三年）三四―九六頁、一一〇巻五号（一九九三年）一〇八―一七一頁、一一〇巻六号（一九九三年）七八―一五四頁、一一〇巻七号（一九九三年）一二―八四頁、一一〇巻一一号（一九九三年）一一八―二〇六頁。

(63) *Yearbook of the International Law Commission*, 1956, Vol. II, p. 190, para. 87, Garcia Amador, P (*sic.*). V., "La responsabilité internationale de l'État, La responsabilité des Organisations internationales," *R. D. I. D. P.*, Vol. 34 (1956), pp. 150–152 and Garcia Amador, F. V., "State Responsibility Some New Problems," *R. C. A. D. I.* Vol. 94 (1958–II), pp. 411–412.

（64） Bowett, *supra* note 34, pp. 362-365.

（65） 植木「前掲論文」注（54）七〇頁。

（66） Klein, P., *La responsabilité des organisations internationales: dans les ordres juridiques internes et en droit des gens* (Bruylant, 1998).

（67） 国際機構の権限踰越に関しては、さしあたり以下参照。古川照美「国際組織に対する国際司法裁判所のコントロール――国際組織の権限踰越（ultra vires）――」『国際法外交雑誌』七八巻三号（一九七九年）七二―一一九頁、Osieke, E., "*Ultra Vires* Acts in International Organizations–The Experience of the International Labour Organization," *B. Y. B. I. L.*, Vol. 48 (1976–1977), pp. 259–280.

（68） 各行政裁判所判例を見るのが一番よいが、さしあたりこのことがわかるものとして以下参照。Amerasinghe, *supra* note 11, Vol. I, pp. 455–510.

（69） この議論の詳細については、以下を参照のこと。拙稿「国際機構の内部的責任について」『国際法外交雑誌』一〇一巻二号（二〇〇二年）七七―一〇〇頁。

参考文献

外国文献

Akehurst, M. B., *The Law Governing Employment in International Organizations* (Cambridge U. P., 1967).

Alcock, A., *History of the International Labour Organization* (Macmillan, 1971).

Amerasinghe, "The Implication of the de Merode Case for International Administrative Law," *Z. a. ö. R. V.*, Vol. 43 (1983), pp. 1-48.

______, C. F., *Documents on International Administrative Tribunals* (Oxford U. P., 1989).

______, "Liability to Third Parties of Member States of International Organizations: Practice, Principle and Judicial Precedent," *A. J. I. L.* Vol. 85 (1991), pp. 259-280.

______, *The Law of the International Civil Service: As Applied by International Administrative Tribunals*, 2nd ed., Vol. I and II (Oxford U. P., 1994).

______, "The Future of International Administrative Law," *I. C. L. Q.*, Vol. 45 (1996), pp. 773-795.

______, *Principles of the Institutional Law of International Organizations* (Cambridge U. P., 1996).

______, "International Administrative Law in the Twenty-First Century: A Critical Appraisal and a Look into the Crystal Ball," in Anghie, A. and Sturgess, G. (eds.), *Legal Visions of the 21st Century: Essays in Honour of Judge Christopher Weeramantry* (Kluwer, 1998), pp. 477-495.

Aufricht, H., *Guide to League of Nations Publications: A Bibliographical Survey of the Work of the League, 1920-1947* (Columbia U. P., 1951).

Baade, H. W., "The Acquired Rights of International Public Servants," *A. J. Comp. L.*, Vol. 15 (1966-1967), pp. 251-300.

Balladore Pallieri, G., "Le droit interne des organisations internationales," *R. C. A. D. I.*, Vol. 127 (1969-II), pp. 7-37.

Bastid, S., (Basdevant, S.), *Les fonctionnaire internationaux* (Recueil sirey, 1931).

______, "Les tribunaux administratifs internationaux et leur jurisprudence" *R. C. A. D. I.*, Vol. 92 (1957-II), pp. 341-517.

Bedjaoui, M., *Fonction publique internationale et influences nationales* (Stevens & Sons, 1958).

Beigbeder, Y., *Threats to the International Civil Service* (Pinter, 1988).

Boudreau, F. G., "The International Civil Service," in Davis, H. E. (ed.), *Pioneers in World Order: An American Appraisal of the League of Nations* (Columbia U. P., 1944), pp. 76–86.

Bowett, D. W., *The Law of International Institutions*, 4th ed. (Sweet & Maxwell, 1982).

Cahier, P., "L'ordre juridique interne des organisations internationales" in Dupuy, R–J (ed.), *Manuel sur les organisations internationales*, 2e éd. (Martinus Nijhoff, 1998), pp. 377–397.

Carlston, K. S., "International Administrative Law: A Venture in Legal Theory," *Journal of Public Law*, Vol. 8 (1959), pp. 329–377.

Chamberlain, J. P., *The Regime of the International Rivers: Danube and Rhine* (Columbia University, 1923).

Choi, W., "Judicial Review of International Administrative Tribunal Judgments" in Buergenthal, T. (ed.), *Contemporary Issues in International Law* (Essays in Honor of Louis B. Sohn) (N. P. Engel, 1984), pp. 347–370.

Claude Jr., I. L., *Swords into Plowshares: The Problems and Progress of International Organization*, 4th ed. (McGraw-Hill, 1984).

Codding Jr., G. A., *The International Telecommunication Union: An Experiment in International Cooperation* (E. J. Brill, 1952), reprint ed. (Arno Press, 1972).

Conforti, B., *The Law and Practice of the United Nations*, 2nd revised ed. (Kluwer, 2002).

Costa, P., "Les effets de la guerre sur les traités relatifs au Danube, dans le cadre d'une étude globale du droit conventionnel du Danube," in Zacklin, R. and Caflisch, L. (eds.), *The Legal Regime of International Rivers and Lakes* (Martinus Nijhoff, 1981), pp. 203–245.

Cot, J., Pellet, A. et Forteau, M., *La Charte des Nations Unies: Commentaire article par article*, 3e éd. (Economica, 2005).

Dehaussy, J., "La procédure de réformation des jugements du tribunal administratif des Nations Unies," *A. F. D. I.*, Vol. 2 (1956), pp. 460–481.

Drummond, E., "The Secretariat of the League of Nations," *Public Administration*, Vol. 9 (1931), pp. 228–235.

Eagleton, C., *International Government*, 3rd ed. (Ronald Press, 1957).

Elias, T. O., "The International Court of Justice in Relation to the Administrative Tribunals of the United Nations and the International Labour Organisation" in de Cooker, C. (ed.), *International Administration:* Law and Management Practices in International Organisations (Martinus Nijhoff, 1990), V. 4/ 1-33.

Focsaneanu, L., "Le droit interne de l'Organisation des Nations Unies," *A. F. D. I.*, Vol. 3 (1957), pp. 315-349.

Friedman, W. and Fatouros, A., A., "The United Nations Administrative Tribunal," *International Organization*, Vol. 11 (1957), pp. 13-29.

Garcia Amador, F. V., "La responsabilité internationale de l'État, La responsabilité des Organisations internationales," *R. D. I. D. P.*, Vol. 34 (1956), pp. 146-152.

______, "State Responsibility Some New Problems," *R. C. A. D. I.* Vol. 94 (1958-II), pp. 365-491.

Gascon y Marin, J., "Les transformations du droit administratif international," *R. C. A. D. I.*, Vol. 34 (1930-IV), pp. 1-75.

Gerbet, P., "Rise and Development of International Organization: A Synthesis," in Abi-Saab, G., *The Concept of International Organization* (Unesco, 1981), pp. 27-49.

Gomula, J., "The International Court of Justice and Administrative Tribunals of International Organizations," *Mich. J. I. L.*, Vol. 13 (1991), pp. 83-121.

Goodman, N. M., *International Health Organizations and Their Work*, 2nd ed. (Churchill Livingstone, 1971).

Goodrich, L. M., Hambro, E. and Simons, A. P., *Charter of the United Nations: Commentary and Documents*, third and revised ed. (Columbia U.P., 1969).

Goossen, D. J., "The International Civil Service Commission," in de Cooker, C. (ed.), *International Administration: Law and Management Practices in International Organisations* (Martinus Nijhoff, 1990), pp. II. 16-20.

Gross, L., "Participation of Individuals in Advisory Proceedings before the International Court of Justice: Question of Equality between the Parties," *A. J. I. L.*, Vol. 52 (1958), pp. 16-40.

Hammarskjöld, D., "The International Civil Servant in Law in Fact" in Jordan, R. S. (ed.), *International Administration: Its Evolution and Contemporary Applications* (Oxford U. P., 1971), pp. 245-271.

Higgins, R., "The Legal Consequences for Member States of the Non-Fulfillment by International Organizations of their Obligations Towards Third Parties," *Ann. I. D. I.*, Vol. 66, Tome I (1995), pp. 249–289.

Hirsch, M., *The Responsibility of International Organizations Toward Third Parties: Some Basic Principles* (Martinus Nijhoff, 1995).

Hostie, J., "Le statut international du Rhin," *R. C. A. D. I.*, Vol. 28 (1929–III), pp. 105–229.

Howard–Ellis, C., *The Origin Structure & Working of the League of Nations* (Houghton Mifflin, 1929), reprinted ed. (Lawbook Exchange, 2003).

Hudson, M. O., *International Tribunals: Past and Future* (Carnegie Endowment for International Peace, 1944), reprinted ed. (The Lawbook Exchange, 2003).

Jenks, C. W., "Some Problems of an International Civil Service," *Public Administration Review*, Vol. 3 (1943), pp. 93–105.

______, *The Common Law of Mankind* (Stevens & Sons, 1958).

______, *International Immunities* (Stevens & Sons, 1961).

______, *The Proper Law of International Organisations* (Stevens & Sons, 1962).

Jennings, R. Y., "The Proper Work and Purposes of the International Court of Justice" in Mullar, A. S., Raič, D. and Thuránszky, J. M. (eds.), *The International Court of Justice: Its Future Role after Fifty Years* (Martinus Nijhoff, 1997), pp. 33–45.

Jiménez de Aréchaga, E., "The World Bank Administrative Tribunal," *N. Y. U. J. Int'l L. & Pol.*, Vol. 14 (1982), pp. 895–909.

Jordan, R. S., "Law of the International Civil Service" in Schachter, O. and Joyner, C. C. (eds.), *United Nations Legal Order*, Vol. 2 (Cambridge U. P., 1995), pp. 1059–1090.

Kelsen, H., *The Law of the United Nations: A Critical Analysis of Its Fundamental Problems* (Stevens & Sons, 1950).

Klabbers, J., *An Introduction to International Institutional Law* (Cambridge U. P., 2002).

Klein, P., *La responsabilité des organisations internationales: dans les ordres juridiques internes et en droit des gens* (Bruylant, 1998).

Knipping, F. (ed.), *The United Nations System and Its Predecessors*, Vol. II (Oxford U. P., 1997).

Kolasa, J., "La notion de droit interne des organisations internationales," *P. Y. I. L.*, Vol. 3 (1970), pp. 95–110.

Lachs, M., "Some Reflections on the Contribution of the International Court of Justice to the Development of International

Law," *Syr. J. I. L. & Com.*, Vol. 10 (1983), pp. 239-278.

Langrod, G., "La réforme 1955 du Tribunal administratif des Nations Unies," *Z. a. ö. R. u. V.*, Vol. 2 (1956), pp. 249-310.

______, *The International Civil Service: Its Origins, Its Nature, Its Evolution* (A. W. Sythoff, 1963).

Lauterpacht, E., "The Legal Effect of Illegal Acts of International Organizations," in *Cambridge Essays in International Organizations: Essays in honour of Lord Mcnair* (Stevens & Sons, 1965), pp. 88-121.

Lemoine, J., "Tribunal administratif de l'O.I.T," *A. F. D. I.*, Vol. 8 (1962), pp. 407-426.

Mangone, G. J., *A Short History of International Organization* (McGraw-Hill, 1954).

Meißner, F., "Rhine River," in Bernhardt, R. (ed.), *Encyclopedia of Public International Law*, Vol. IV (Elsevier, 2000), pp. 237-244.

Meron, T., "Status and Independence of the International Civil Servant," *R. C. A. D. I.*, Vol. 167 (1980), pp. 285-384.

______, "'Exclusive Preserves' and the New Soviet Policy toward the UN Secretariat," *A. J. I. L.*, Vol. 85 (1991), pp. 322-329.

______, "International Secretariat," in Bernhardt, R. (ed.), *Encyclopedia of Public International Law*, Vol. II (Elsevier, 1995), pp. 1376-1379.

Miller, D. H., *The Drafting of the Covenant* Vol. 1 and 2 (G. P. Putnam's Sons, 1928).

Osieke, E., "*Ultra Vires* Acts in International Organizations—The Experience of the International Labour Organization," *B. Y. B. I. L.*, Vol. 48 (1976-1977), pp. 259-280.

Ostrihansky, R., "Advisory Opinions of the International Court of Justice as Reviews of Judgments of International Administrative Tribunals," *Pol. Y. I. L.*, Vol. 17 (1988), pp. 101-121.

Pellet, A. et Ruzié, D., Les fonctionnaires internationaux (Que sais-je?) (Presses Universitaires de France, 1993).

Phelan, E. J., *Yes and Albert Thomas* (Cresset Press, 1936).

Ranshofen-Wertheimer, E. F., *The International Secretariat: A Great Experiment in International Administration* (Carnegie Endowment for International Peace, 1945), reprinted ed. (Kraus Reprint, 1972).

Reinsch, P. S., *Public International Unions: Their Work and Organization*, 2nd ed. (World Peace Foundation, 1916).

Ruzié, D., "L'avis consultatif de la Cour internationale de justice de 27 mai 1987 dans l'affaire de la demande de réformation du jugement no. 333 du Tribunal administratif des Nations Unies," *J. D. I. (Clunet)*, Vol. 115 (1988), pp. 65-89.

______, “La C. I. J. et la fonction publique internationale,” in Dinstein, Y. (ed.), *International Law at a Time of Perplexity* (Essays in Honour of Shabtai Rosenne) (Nijhoff, 1989), pp. 679–698.

______, “Le double degré de juridiction dans le contentieux de la fonction public internationale” in *L’evolution du droit international* (*Mélanges offerts à Hubert Thierry*) (1998), pp. 370–381.

Sands, P. and Klein, P., *Bowett’s Law of International Institutions*, 5th ed. (Sweet & Maxwell, 2001).

Schermers, H. G., *International Institutional Law*, Vol. II (A. W. Sijthoff, 1972).

Schermers, H. G. and Blokker, N. M., *International Institutional Law: Unity within Diversity*, 4th revised ed. (Martinus Nijhoff, 2003).

Schreuer, C., “Secondment of United Nations Officials from National Civil Service,” *G. Y. I. L.* (1991), Vol. 34, pp. 307–353.

Shotwell, J. T., *The Origins of the International Labor Organization*, Vol. I (Columbia U. P., 1934).

Simma, B. (ed.), *The Charter of the United Nations: A Commentary*, 2nd ed., Vol. I and II (Oxford U. P., 2002).

Skubiszewski, K., “Enactment of Law by International Organizations,” *B. Y. B. I. L.*, Vol. 41 (1965), pp. 198–274.

Tavernier, P., “La fusion des tribunaux administratifs des Nations Unies et de l’O. I. T.: nécessité ou utopie?,” *A. F. D. I.*, Vol. 25 (1979), pp. 442–459.

______, “L’avis consultatif de la Cour internationale de justice du 27 mai 1987 dans l’affaire de la demande de réformation du jugement no. 333 du Tribunal administratif des Nations Unies (Affaire Yakimetz),” *A. F. D. I.*, Vol. 33 (1987), pp. 211–238.

Thierry, H., “Note sur l’abrogation de l’article 11 du statut du Tribunal administratif des Nations Unies,” *A. F. D. I.*, Vol. 41 (1995), pp. 442–446.

______, “Les voies de recours contre les jugements du tribunal administratif des Nations Unies et du tribunal administratif de l’O. I. T.” in Société Française pour le Droit International, *Le contentieux de la fonction publique internationale* (A. Pedone, 1996), pp. 121–126.

______, “Aspects de la justice administrative internationale” in *Le droit des organisations internationales* (Recueil d’études à la mémoire de Jacques Schwob, textes réunis par J.-F. Flauss et P. Wachsmann) (Bruylant, 1997), pp. 115–122.

Thomas, A., "L'organisation internationale du travail," in Munch, P., *Les origines et l'œuvre de la Société des Nations*, Tome II (Rask-ørstedfonden, 1923-1924).

Virally, M. *L' Organisations mondiale* (Colin, 1972).

______, "Definition and Classification of International Organizations: a Legal Approach" in G. Abi-Saab (ed.), *The Concept of International Organization* (Unesco, 1981), pp. 50-66.

Vitányi, B., "The Regime of Navigation on International Waterways, Part I: The Beneficiaries of the Right of Navigation, Part II: The Territorial Scope of the Regime of Free Navigation and Part III: Substantive Rights and Duties," *Netherlands Yearbook of International Law*, Vol. 5 (1974), pp. 111-166, Vol. 6 (1975), pp. 3-58 and Vol. 7 (1976), pp. 3-90.

Walters, F. P., *A History of the League of Nations*, Vol. I and II (Oxford U. P., 1952).

White, N. D., *The Law of International Organisations* (Manchester U. P., 1996).

Wilson, F., *The Origins of the League Covenant: Documentary History of Its Drafting* (Hogarth Press, 1928).

Winiarski, B., "Principes généraux du droit fluvial international," *R. C. A. D. I.*, Vol. 45 (1933-III), pp. 205-211.

Woolf, L. S., *International Goverment* (George Allen & Unwin, 1916).

Zimmern, A., *The League of Nations and the Rule of Law 1918-1935* (Macmillan, 1936), reprinted ed. (Gaunt, 1998).

邦文献

阿部泰隆『フランス行政訴訟論』(有斐閣、一九七一年)。

――『行政裁量と行政救済』(三省堂、一九八七年)。

位田隆一「国際連合と国家主権――国際機構の実効性と国家主権によるコントロールの対峙――」『国際法外交雑誌』九〇巻四号(一九九一年)一―四七頁。

植木俊哉「国際組織の国際責任に関する一考察――欧州共同体の損害賠償責任を手がかりとして――(一)(二)(三)(四)(五)(六)(七・完)」『法学協会雑誌』一〇五巻九号(一九八八年)一―六六頁、一〇八巻一〇号(一九九一年)一〇三一―一五八頁、一一〇巻二号(一九九三年)三四―九六頁、一一〇巻五号(一九九三年)一〇八一―一七一頁、一一〇巻六号(一九九三年)七八一―一五四頁、一一〇巻七号(一九九三年)一一二一―八四頁および一一〇巻一一号(一九九三年)一一八一―二〇六頁。

——「国際組織の国際違法行為と国際責任—国際責任法への一視座」『国際法外交雑誌』九〇巻四号（一九九二年）四八—八二頁。

——「『国際組織法』の体系に関する一考察—『国際組織法総論』構築への予備的考察—（一）（二）（三）（四）（五・完）」『法学』五六巻一号（一九九二年）一—二五頁、五六巻二号（一九九二年）三九—七二頁、六一巻四号（一九九七年）一—三三頁、六二巻三号（一九九八年）一—二九頁および六三巻二号（一九九九年）一—四一頁。

——「国際組織の概念と『国際法人格』」柳原正治編『国際社会の組織化と法（内田久司先生古稀記念論文集）』（信山社、一九九六年）二五—五八頁。

鵜飼信成『公務員法（新版）』（有斐閣、一九八〇年）。

大森正仁「国際機構の国際責任—宇宙損害責任条約における意義—」『法学研究』六四巻五号（一九九一年）一九—四七頁。

奥脇（河西）直也「国連法体系における国際立法の存在基盤—歴史的背景と問題の所在—」大沼保昭編『国際法、国際連合と日本（高野雄一先生古稀記念論文集）』（弘文堂、一九八七年）七七—一二二頁。

川崎一郎「国際公務員制度の形成（一）（二）」『愛知大学法経論集』一二集（一九五五年）二一九—二五八頁および一三・一四合併集（一九五五年）一五一—一八九頁。

黒神直純「国際機構の内部的責任について」『国際法外交雑誌』一〇一巻二号（二〇〇二年）七七—一〇〇頁。

桑原輝路「国際機構内部法の観念」『政経論叢』二六巻五号（一九七七年）九一—一一一頁。

小寺彰「『国際組織』の誕生—諸国家体系との相剋」柳原正治編『国際社会の組織化と法（内田久司先生古稀記念論文集）』（信山社、一九九六年）一—二四頁。

酒井啓亘「国際連合を当事者とする紛争の法的構造—国連本部協定をめぐる国連と合衆国の対立—（一）」『法学論叢』一三一巻一号（一九九二年）二八—四八頁。

佐藤哲夫「国際社会における“Constitution”の概念—国際連合憲章は国際社会の憲法か？—」『変動期における法と国際関係（一橋大学法学部創立五〇周年記念論文集）』（有斐閣、二〇〇一年）五〇一—五二二頁。

塩野宏『行政法Ⅰ（第三版）』（有斐閣、二〇〇三年）。

篠原梓「国際連合及び専門機関における内部規則の制定」『社会科学ジャーナル』二一号（一）（一九八二年）六五—八五頁。

城山英明「第七章国際行政学」西尾勝・村松岐夫編『講座行政学第一巻—行政の発展』二二五—二五九頁。

杉原高嶺「国連行政裁判所判決第三三三号の審査請求（勧告的意見・一九八七年）」（『国際法外交雑誌』八九巻二号（一九九〇年）三一―五〇頁。

――『国際司法裁判制度』（有斐閣、一九九六年）。

菅野和夫『労働法（第六版）』（弘文堂、二〇〇三年）。

太寿堂鼎「国際公務員の身分保障と行政裁判所」『法学論叢』七一巻四号（一九六二年）一―二八頁。

――「国際連合行政裁判所」田畑茂二郎編『国際連合の研究第二巻（田岡良一先生還暦記念論文集）』（有斐閣、一九六三年）一九〇―二一一頁。

田岡良一『国際連合憲章の研究』（有斐閣、一九四九年）。

高野雄一『国際組織法（新版）』（有斐閣、一九七五年）。

――『国際法概論上（全訂新版）』（弘文堂、一九八五年）。

田中二郎「国際行政法」『岩波法律学辞典第二巻』（岩波書店、一九三五年）七八七―七九二頁。

田中穂積「新たな法現象としての『国際機構内部法』―その法的性質について」住吉良人、大畑篤四郎編『二十一世紀の国際法』（成文堂、一九八六年）二九五―三三二頁。

田畑茂二郎『国際法新講上』（東信堂、一九九〇年）。

――編『国際連合の研究（田岡良一先生還暦記念論文集）』第一巻（有斐閣、一九六二年）、第二巻（有斐閣、一九六三年）および第三巻（有斐閣、一九六六年）。

田村悦一「行政裁量の司法審査」杉原敏正編『行政救済』（有斐閣、一九九〇年）一五九―一八九頁。

辻清明『公務員制の研究』（東京大学出版会、一九九一年）。

中村道「日本における国際機構法研究」『国際法外交雑誌』九六巻四・五号（一九九七年）一二〇―一四九頁。

原田尚彦『行政法要論（全訂第四版）』（学陽書房、一九九八年）。

福田耕治『国際行政学―国際公益と国際公共政策―』（有斐閣、二〇〇三年）。

藤田宙靖『行政組織法（新版）』（良書普及会、二〇〇一年）。

藤田久一『国連法』（東京大学出版会、一九九八年）。

古川照美「国際組織に対する国際司法裁判所のコントロール―国際組織の権限踰越（ultra vires）―」『国際法外交雑誌』七八巻三号（一九七九年）七二―一一九頁。

宮田三郎「行政裁量」雄川一郎・塩野宏・園部逸夫編『現代行政法大系第二巻』（有斐閣、一九八四年）三三—六一頁。

最上敏樹『国際機構論』（東京大学出版会、一九九六年）。

——「国連法体系の展望」岩村正彦他編『国際社会と法（岩波講座現代の法二）』（岩波書店、一九九七年）二六三—二九一頁。

山本草二「国際行政法の存立基盤」『国際法外交雑誌』六七巻五号（一九六九年）一—六六頁。

——「政府間国際組織の国際責任」寺沢一他編『国際法学の再構築(下)』（一九七八年、東京大学出版会）一六一—一九七頁。

——「国際行政法」雄川一郎・塩野宏・園部逸夫編『現代行政法大系第一巻』（有斐閣、一九八三年）三一九—三六四頁。

横田喜三郎「国際行政法の理念」刑部荘編『公法政治論集（野村教授還暦祝賀）』（有斐閣、一九三八年）七六七—八一二頁。

——『国際連合の研究』（銀座出版社、一九四七年）。

横田洋三「国際連合行政裁判所判決三三三号の再審請求——ヤキメッツ事件」（波多野里望・尾崎重義編著『国際司法裁判所判決と意見・第二巻（一九六四—九三年）』（国際書院、一九九六年）四九六—五〇六頁。

——『国際機構の法構造』（国際書院、二〇〇一年）。

——「国際機構法の可能性」横田洋三・山村恒雄編『現代国際法と国連・人権・裁判（波多野里望先生古稀記念論文集）』（国際書院、二〇〇三年）九—二七頁。

J・リヴェロ（兼子仁＝磯部力＝小早川光郎編訳）『フランス行政法』（東京大学出版会、一九八二年）。

判決・勧告的意見等

〈国際司法裁判所勧告的意見〉

Reparation for Injuries suffered in the Service of the United Nations（Advisory Opinion of April 11, 1949）, *ICJ Reports* 1949, pp. 174-219.
Effect of Awards of Compensation made by the United Nations Administrative Tribunal（Advisory Opinion of 13 July 1954）, *ICJ Reports* 1954, pp. 47-97.

Jugements du Tribunal administratif de l'Organisation internationale du Travail sur requêtes contre l'Organisation des Nations Unies pour l'éducation, la science et la culture (Avis consultatif du 23 octobre 1956), *C. I. J. Recueil* 1956, pp. 77–168.
Application for Review of Judgement No. 158 of the United Nations Administrative Tribunal (Advisory Opinion of 12 July 1973), *ICJ Reports* 1973, pp. 166–300.
Application for Review of Judgement No. 273 of the United Nations Administrative Tribunal (Advisory Opinion of 20 July 1982), *ICJ Reports* 1982, pp. 325–552.
Application for Review of Judgement No. 333 of the United Nations Administrative Tribunal (Advisory Opinion of 27 May 1987), *ICJ Reports* 1987, pp. 18–174.

〈国際行政裁判所判決〉

①国連行政裁判所

No. 2 (Aubert and 14 others v. Secretary General of the UN, 30/ Jun./ 1950).
No. 4 (Howrani and 4 others v. Secretary General of the UN, 25/ Aug./ 1951).
No. 5 (Howrani v. Secretary General of the UN, 4/ Sep./ 1951).
No. 6 (Keeney v. Secretary General of the UN, 4/ Sep./ 1951).
No. 14 (Vanhove v. Secretary General of the UN, 26/ Jan./ 1952).
No. 15 (Robinson v. Secretary General of the UN, 11/ Aug./ 1952).
No. 17 (De Pojidaeff v. Secretary General of the UN, 16/ Dec./ 1952).
No. 18 (Crawford v. Secretary General of the UN, 21/ Aug./ 1953).
No. 19 (Kaplan v. Secretary General of the UN, 21/ Aug./ 1953).
No. 20 (Middleton v. Secretary General of the UN, 21/ Aug./ 1953).
No. 21 (Rubin v. Secretary General of the UN, 21/ Aug./ 1953).
No. 22 (Kagen–Pozner v. Secretary General of the UN, 21/ Aug./ 1953).
No. 23 (Sokolow v. Secretary General of the UN, 21/ Aug./ 1953).

No. 24（Saperstein v. Secretary General of the UN, 21/ Aug./ 1953）.
No. 25（Van Tassel v. Secretary General of the UN, 21/ Aug./ 1953）.
No. 26（Zap, Marjorie v. Secretary General of the UN, 21/ Aug./ 1953）.
No. 27（Zap, Herman v. Secretary General of the UN, 21/ Aug./ 1953）.
No. 28（Wallach v. Secretary General of the UN, 21/ Aug./ 1953）.
No. 29（Gordon v. Secretary General of the UN, 21/ Aug./ 1953）.
No. 30（Svenchansky v. Secretary General of the UN, 21/ Aug./ 1953）.
No. 31（Harris v. Secretary General of the UN, 21/ Aug./ 1953）.
No. 32（Eldridge v. Secretary General of the UN, 21/ Aug./ 1953）.
No. 33（Glassman v. Secretary General of the UN, 21/ Aug./ 1953）.
No. 34（Older v. Secretary General of the UN, 21/ Aug./ 1953）.
No. 35（Bancroft v. Secretary General of the UN, 21/ Aug./ 1953）.
No. 36（Elveson v. Secretary General of the UN, 21/ Aug./ 1953）.
No. 37（Reed v. Secretary General of the UN, 21/ Aug./ 1953）.
No. 38（Glaser v. Secretary General of the UN, 21/ Aug./ 1953）.
No. 43（Levinson v. Secretary General of the UN, 11/ Dec./ 1953）.
No. 44（Bergh v. Secretary General of the UN, 11/ Dec./ 1953）.
No. 45（Mohan v. Secretary General of the UN, 11/ Dec./ 1953）.
No. 46（White v. Secretary General of the UN, 11/ Dec./ 1953）.
No. 47（Carter v. Secretary General of the UN, 11/ Dec./ 1953）.
No. 49（Carruthers v. Secretary General of the UN, 11/ Dec./ 1953）.
No. 52（Zimmet v. Secretary General of the UN, 29/ May/ 1954）.
No. 53（Wallach v. Secretary General of the UN, 29/ May/ 1954）.
No. 54（Mauch v. Secretary General of the UN, 2/ Jun./ 1954）.
No. 56（Aglion v. Secretary General of the UN, 14/ Dec./ 1954）.

No. 60 (Ball v. Secretary General of the UN, 9/ Sep./ 1955).
No. 62 (Julhiard v. Secretary General of the UN, 3/ Dec./ 1955).
No. 64 (Stepczynski v. Secretary General of the UN, 1/ Sep./ 1956).
No. 69 (Coutisis v. Secretary General of the UN, 22/ Aug./ 1957).
No. 70 (Radicopoulos v. United Nations Relief and Works Agency for Palestine Refugees in the Near East, 23/ Aug./ 1957).
No. 72 (Radspieler v. Secretary General of the UN, 3/ Dec./ 1958).
No. 74 (Bang-Jensen v. Secretary General of the UN, 5/ Dec./ 1958).
No. 76 (Champoury v. Secretary General of the UN, 17/ Aug./ 1959).
No. 77 (Coffinet v. Secretary General of the UN, 17/ Aug./ 1959).
No. 78 (Ducret v. Secretary General of the UN, 17/ Aug./ 1959).
No. 79 (Fath v. Secretary General of the UN, 17/ Aug./ 1959).
No. 80 (Snape v. Secretary General of the UN, 17/ Aug./ 1959).
No. 82 (Puvrez v. Secretary General of the ICAO, 4/ Dec./ 1961).
No. 85 (Carson v. Secretary General of the UN, 14/ Sep./ 1962).
No. 88 (Davidson v. Secretary General of the UN, 3/ Oct./ 1963).
No. 92 (Higgins v. Secretary General of the IMCO, 16/ Nov./ 1964).
No. 95 (Sikand v. Secretary General of the UN, 29/ Sep./ 1965).
No. 97 (Leak v. Secretary General of the UN, 4/ Oct./ 1965).
No. 98 (Gillman v. Secretary General of the UN, 11/ Mar./ 1966).
No. 107 (Miss B v. Secretary General of the UN, 21/ Apr./ 1967).
No. 117 (van der Valk v. Secretary General of the UN, 26/ Apr./ 1968).
No. 122 (Ho v. Secretary General of the UN, 30/ Oct./ 1968).
No. 123 (Roy v. Secretary General of the ICAO, 31/ Oct./ 1968).
No. 130 (Zang-Atangana v. Secretary General of the UN, 23/ May/ 1969).
No. 131 (Restrepo v. Secretary General of the UN, 10/ Oct./ 1969).

No. 132（Dale v. Secretary General of the ICAO, 10/ Oct./ 1969）.
No. 134（Fürst v. Secretary General of the UN, 15/ Oct./ 1969）.
No. 138（Peynado v. Secretary General of the UN, 30/ Oct./ 1970）.
No. 139（Rajappan v. Secretary General of the UN, 6/ Apr./ 1971）.
No. 142（Bhattacharyya v. Secretary General of the UN, 14/ Apr./ 1971）.
No. 151（Iyengar v. Secretary General of the ICAO, 14/ Oct./ 1971）.
No. 157（Nelson v. Secretary General of the UN, 26/ Apr./ 1972）.
No. 158（Fasla v. Secretary General of the UN, 28/ Apr./ 1972）.
No. 162（Mullan v. Secretary General of the UN, 10/ Oct./ 1972）.
No. 168（Mariaffy v. Secretary General of the UN, 26/ Mar./ 1973）.
No. 169（Senghor v. Secretary General of the UN, 26/ Mar./ 1973）.
No. 182（Harpignies v. Secretary General of the UN, 19/ Apr./ 1974）.
No. 183（Lidblad v. Secretary General of the UN, 23/ Apr./ 1974）.
No. 184（Mila v. Secretary General of the UN, 24/ Apr./ 1974）.
No. 192（Levcik v. Secretary General of the UN, 11/ Oct./ 1974）.
No. 199（Fracyon v. Secretary General of the UN, 24/ Apr./ 1975）.
No. 205（El-Naggar v. Secretary General of the UN, 9/ Oct./ 1975）.
No. 210（Reid v. Secretary General of the UN, 26/ Apr./ 1976）.
No. 222（Archibald v. Secretary General of the UN, 25/ Apr./ 1977）.
No. 223（Ibañez v. Secretary General of the UN, 26/ Apr./ 1977）.
No. 233（Teixeira v. Secretary General of the UN, 13/ Oct./ 1978）.
No. 237（Powell v. Secretary General of the UN, 8/ Feb./ 1979）.
No. 247（Dhawan v. Secretary General of the UN, 4/ Oct./ 1979）.
No. 249（Smith v. Secretary General of the UN, 8/ Oct./ 1979）.
No. 268（Mendez v. Secretary General of the UN, 8/ May/ 1981）.

No. 273（Mortished v. Secretary General of the UN, 15/ May/ 1981）.
No. 279（Mahmoud v. Secretary General of the UN, 8/ Oct./ 1981）.
No. 295（Sue-Ting-Len v. Secretary General of the UN, 6/ Oct./ 1982）.
No. 298（Délano de Stuven v. Secretary General of the UN, 12/ Oct./ 1982）.
No. 300（Sheye v. Secretary General of the UN, 15/ Oct./ 1982）.
No. 310（Estabial v. Secretary General of the UN, 10/ Jun./ 1983）.
No. 333（Yakimetz v. Secretary General of the UN, 8/ Jun./ 1984）.
No. 353（El-Bolkany v. Secretary General of the UN, 1/ Nov./ 1985）.
No. 370（Molinier v. Secretary General of the UN, 6/ Jun./ 1986）.
No. 481（El Shami v. Secretary General of the UN, 23/ May/ 1990）.
No. 482（Qiu, Zhou and Yao v. Secretary General of the UN, 25/ May/ 1990）.
No. 535（Shatilova v. Secretary General of the ICAO, 29/ Oct./ 1991）.
No. 536（Kravchenko v. Secretary General of the ICAO, 29/ Oct./ 1991）.
No. 559（Vitkovski and Rylkov v. Secretary General of the UN, 30/ Jun./ 1992）.
No. 647（Pereyra v. Secretary General of the UN, 15/ Jul./ 1994）.
No. 666（Vorobiev v. Secretary General of the UN, 4/ Nov./ 1994）.
No. 686（Revizov v. Secretary General of the UN, 11/ Nov./ 1994）.
No. 707（Belas-Gianou v. Secretary General of the UN, 28/ Jul./ 1995）.
No. 718（Gavshin v. Secretary General of the UN, 21/ Nov./ 1995）.
No. 720（Krasnov v. Secretary General of the UN, 21/ Nov./ 1995）.
No. 763（Stepanenko v. Secretary General of the IMO, 26/ Jul./ 1996）.
No. 782（Zoubrev v. Secretary General of the UN, 21/ Nov./ 1996）.
No. 787（Abramov v. Secretary General of the UN, 12（*sic.*）/ Nov./ 1996）.
No. 826（Beliayeva v. Secretary General of the UN, 1/ Aug./ 1997）.

②ＩＬＯ行政裁判所

No. 5 (Hickel v. International Institute of Intellectual Co-operation, 27/ Feb./ 1947).
No. 13 (McIntire v. FAO, 3/ Sep./ 1953).
No. 17 (Duberg v. UNESCO, 26/ Apr./ 1955).
No. 18 (Leff v. UNESCO, 26/ Apr./ 1955).
No. 19 (Wilcox v. UNESCO, 26/ Oct./ 1955).
No. 21 (Bernstein v. UNESCO, 29/ Oct./ 1955).
No. 22 (Froma v. UNESCO, 29/ Oct./ 1955).
No. 23 (Pankey v. UNESCO, 29/ Oct./ 1955).
No. 24 (van Gerder v. UNESCO, 29/ Oct./ 1955).
No. 32 (Garcin v. UNESCO, 23/ Sep./ 1958).
No. 37 (Tranter v. FAO, 29/ Sep./ 1958).
No. 39 (Cardena v. ITU, 29/ Sep./ 1958).
No. 56 (Robert v. WHO, 6/ Oct./ 1961).
No. 61 (Lindsey v. ITU, 4/ Sep./ 1962).
No. 68 (Pellestier v. UNESCO, 11/ Sep./ 1964).
No. 172 (Flad v. WHO, 3/ May/ 1971).
No. 179 (Varnet v. UNESCO, 8/ Nov./ 1971).
No. 191 (Ballo v. UNESCO, 15/ May/ 1972).
No. 203 (Ferrecchia v. International Centre for Advanced Technical and Vocational Training, 14/ May/ 1973).
No. 323 (Connolly-Battisti v. FAO, 21/ Nov./ 1977).
No. 333 (Cuvillier v. ILO, 8/ May/ 1978).
No. 342 (Price v. Pan-American Health Organization, 8/ May/ 1978).
No. 391 (de Los Cobos and Wenger v. ILO, 24/ Apr./ 1980).
No. 397 (Arnold v. ITU, 24/ Apr./ 1980).

No. 410（Schofield v. WHO, 24/ Apr./ 1980）.
No. 448（Troncoso v. Pan-American Health Organization, 14/ May/ 1981）.
No. 470（Perrone v. Pan American Health Organization, 28/ Jan./ 1982）.
No. 477（Shaffter v. Central Office for International Railway Transport, 28/ Jan./ 1982）.
No. 493（Volz v. European Organisation for the Safety of Air Navigation, 3/ Jun./ 1982）.
No. 541（Florio v. FAO, 18/ Nov./ 1982）.
No. 790（Repond v. WIPO, 12/ Dec./ 1986）.
No. 906（Parkinson v. Intergovernmental Council of Copper Exporting Countries, 30/ Jun./ 1988）.
No. 946（Fernandez-Caballero v. UNESCO, 8/ Dec./ 1988）.
No. 1182（Mirmand v. European Organisation for Nuclear Research, 15/ Jul./ 1992）.
No. 1272（Diotallevi and Tedjini v. World Tourism Organization, 14/ Jul./ 1993）.
No. 1584（Souilah v. WMO, 30/ Jan./ 1997）.
No. 1600（Blimetsrieder, Denk and Hofmann v. European Patent Organisation, 30/ Jan./ 1997）.
No. 2232（J. M. B v. Organisation for the Prohibition of Chemical Weapons, 16/ Jul./ 2003）.

③世銀行政裁判所

No. 1（de Merode et al. v. World Bank, 5/ Jun./1981）.
No. 2（Skandera v. World Bank, 5/ Jun./ 1981）.
No. 6（Suntharalingam v. IBRD, 27/ Nov./ 1981）.
No. 14（Gregorio v. IBRD, 6/ Sep./ 1983）.
No. 15（Justin v. World Bank, 5/ Jun./ 1984）.
No. 26（Mendaro v. IBRD, 4/ Sep./ 1985）.
No. 27（Broemser v. IBRD, 25/ Oct./ 1985）.
No. 28（Gyamfi v. IBRD, 22/ Apr./ 1986）.
No. 31（Rossini v. IBRD, 21/ May/ 1987）.

No. 35 (Gamble v. IBRD, 21/ May/ 1987).
No. 38 (von Stauffenberg et al. v. World Bank, 27/ Oct./ 1987).
No. 56 (Pinto v. IBRD, 26/ May/ 1988).
No. 57 (Sebastian v. IBRD, 26/ May/ 1988).
No. 66 (Gavidia v. IFC, 26/ May/ 1988).
No. 70 (Chakra v. IBRD, 7/ Nov./ 1988).
No. 71 (Cardenas v. IBRD, 7/ Nov./ 1988).
No. 72 (Buyten v. IBRD, 7/ Nov./ 1988).
No. 73 (Berg v. IBRD, 7/ Nov./ 1988).
No. 81 (Bertrand v. IBRD, 22/ Sep./ 1989).
No. 84 (Sukkar v. IBRD, 22/ Sep./ 1989).
No. 92 (Lindsay v. IBRD, 25/ May/ 1990).
No. 96 (Georgiev v. IBRD, 28/ Sep./ 1990).
No. 97 (Kassab v. IBRD, 28/ Sep./ 1990).
No. 100 (Jassal v. IBRD, 20/ Jun./ 1991).
No. 131 (King v. IBRD, 10/ Dec./ 1993).
No. 142 (Carew v. IBRD, 19/ May/ 1995).
No. 143 (Planthara v. IBRD, 19/ May/ 1995).
No. 158 (Smith v. IBRD, 11/ Apr./ 1997).
No. 200 (Chhabra v. IBRD, 19/ Oct./ 1998).
No. 210 (Mould v. IBRD, 14/ May/ 1999).
No. 212 (Brebion v. IBRD, 1/ Oct./ 1999).

④ＩＭＦ行政裁判所
No. 1996-1 (D'Aoust v. IMF, 2/ Apr./ 1996).

No. 1997–1（Ms. “C” v. IMF, 22/ Aug./ 1997）.
No. 2002–1（Mr. “R” v. IMF, 5/ Mar./ 2001）.

⑤アジア開発銀行行政裁判所

No. 1（Lindsey v. Asian Development Bank, 18/ Dec./ 1992）.
No. 39（De Armas et al. v. Asian Development Bank, 5/ Aug./ 1998）.

あとがき

大学院に進学した当初、薄暗く雑然とした神戸大学の国連寄託図書館の書庫の片隅に、埃を被った国連行政裁判所の判決集を見つけて以来、一五年ほどの間、国際公務員法の研究を行ってきたことになる。その過程において、果たしてこの問題が伝統的に国家間関係を規律してきた国際法上の問題か否かを常に自問してきた。国際社会に国家以外の法主体としての国際機構が現れて久しい。そのことにより、新たな法現象が現れてきたこともまた事実である。国際公務員法は、まさにその新しい法現象の一つといえる。欧米では、比較的早くからこの研究分野の取組みがあったものの、日本においてはほとんど手つかずのまま残されてきた。国際社会に発現しかつ集積しているこの新しい法を、国際法とりわけ国際機構法の研究を志す者として見過ごすわけにはいかないと思い、研究を続けてきた。

国際公務員法は、日進月歩発展している。国際行政裁判所の数が増えその管轄も広がることにより、多くの裁判所実行が積み重ねられてきている。これらを網羅的に分析・研究できればよかったが、資料の入手が困難でありそれは叶わなかった。そのため、本書では、主として、国際公務員法の形成において中心的役割を果たしている普遍的国際機構に設けられた行政裁判所――国連行政裁判所、ILO行政裁判所、世銀行政裁判所およびIMF行政裁判所――の判例を研究の対象とした。もっとも、今日、これらの裁判所判例だけでも四〇〇件以上に上るため、研究には多大な時間を要した。

行政裁判所判例を一心に読み整理する中で、最初は、国際公務員法たる法の体系を明らかにしたいと思っていたが、次第にそれだけでは不十分であることもわかってきた。すなわち、これが国際機構法の体系においてどのように位置づけられるのか、さらにいえば、国際機構法の体系とはいかなるものかを明らかにしなければならないという気持ちが強くなってきた。本書の研究は、国際機構法の体系を研究する過程で、そのほんの一端を明らかにしたものに過ぎない。本研究を契機として、国際機構法体系の全容を明らかにしていくことこそが、残された大きな課題であると認識している。

本書は、二〇〇四年三月に神戸大学に提出した博士論文を基礎としている。その多くの部分は、これまでに発表してきた論稿から成っている。書物としての体裁をとる都合上、ほとんどそのまま利用したものもあれば、部分的に利用したものもあるので、以下にそれらを年代順に記しておく。

一 「国連行政裁判所による行政裁量の統制」『神戸法学雑誌』四三巻二号（一九九三年）。

二 「C. F. Amerasinghe, *The Law of the International Civil Service (as Applied by International Administrative Tribunals)*, 2nd ed., Oxford, Clarendon Press, 1994, Vol. I, II, lxvii+659, xxxix+543 pp.」『国際法外交雑誌』九三巻五号（一九九四年）。

三 「国際公務員の身分保障に関する一考察――国連行政裁判所判例と世銀行政裁判所判例の比較を通じて――」『岡山大学法学会雑誌』四七巻四号（一九九八年）。

四 「国連における派遣制度の今日的意義と問題点」『岡山大学法学会雑誌』四九巻三・四号（二〇〇〇年）。

五 「国連行政裁判所判決審査手続の廃止について」岡山大学法学会編『世紀転換期の法と政治（岡山大学創立五十周年記念論文集）』（有斐閣、二〇〇一年）。

六 「国連事務局の発展と行政裁判所」日本国際連合学会編『グローバル・アクターとしての国連事務局（国連研究第三号）』（国際書院、二〇〇二年）。

七　「国際機構の内部的責任について」『国際法外交雑誌』一〇一巻二号（二〇〇二年）。
八　「国際事務局の成立とその発展」『岡山大学法学会雑誌』五二巻四号（二〇〇三年）。
九　「国際行政裁判所の法的地位とその役割――ＩＬＯ行政裁判所ブスターニ事件判決を契機として――」『岡山大学法学会雑誌』五三巻三・四号（二〇〇四年）。
一〇　「国際公務員法の体系について」『岡山大学法学会雑誌』五四巻三号（二〇〇五年）。

これまで多くの先生方にお世話になってきた。このたび本書を世に出すことができたのも、ひとえにその先生方のおかげである。ここに心から感謝の気持ちを表したい。

大学院に進学後、国際公務員の仕事に関心を持っていた私に、「国際公務員の法的地位について研究してみたら」とのアドバイスをして下さったのは、指導教授の芹田健太郎先生であった。先生のひとことがなければ、この研究は生まれなかったであろうし、そもそもここまで研究者として歩んでくることもできなかったであろう。研究の開始から（より正確には学部のゼミから）このたびの出版に至るまで、先生から受けた学恩の大きさは計り知れない。感謝の念を表す最上級の言葉を見出せない自分がもどかしいが、誰よりもまず、謝意を伝えたい。国際機構法に関しては、中村道先生に多くのことをご教示頂いた。先生の授業では、予習をすればするほど次々に現れる文献・資料の山に毎回の準備は自転車操業であり、授業が終われば自分の不勉強さに自己嫌悪に陥ることがしばしばであったが、その過程で研究の奥深さや喜び、研究に対する厳しさなど多くを学ばせて頂いた。博士論文の審査の折りには、上記のお二人の先生方に加えて、坂元茂樹先生にもたいへんお世話になった。お忙しい中、拙稿に目を通して頂き、有益なご指摘を賜った。また、私が博士後期課程に進学したときに神戸大学に着任された酒井啓亘先生の存在も大きかった。先生には、無理を聞いて頂き、課外であるにもかかわらず、実に多くの欧米の文献を毎週マン・ツー・マンで読んで頂いた。

岡山大学に奉職してからも、多くの先生方にお世話になってきた。浅田正彦先生は、私にとって研究生活を送る上で模範であり、支えであった。研究に行き詰まったときにも、親身になって拙い議論に耳を傾けて下さった。先生と岡山で過ごさせて頂いたのはほんの一年ほどであったが、私にとっては一〇年以上にも感じられるほどの貴重で充実した時間であった。柴田明穂先生とは、研究室も向かい合っていることから、たいへん親しく接して頂いた。多くの時間を共有する中で、研究や教育に対する厳しい姿勢を学ばせて頂いた。廊下であれ、互いの研究室であれ、時間を忘れ、ときに帰宅するのも忘れて議論に付き合って頂いた。同じ講座の佐野寛先生は、国際法の上司が不在となり支えを失った私にとって、公私ともにかけがえのない存在である。厳しい大学事情の中、われわれの研究環境が維持されているのも先生のおかげである。早朝から夜遅くまで研究室から灯りの消えることのない国際関係法講座の先生方の姿を励みに、自分を奮い立たせてここまできた。自分にとって、この職場はもったいないほど素晴らしい環境である。

ところで、研究を始めた頃は、今のようにインターネットなど普及しておらず、資料の収集がたいへんであった。在京の国際機構の事務所にも夜行バスで頻繁に出かけた。資料の収集に際して、「行政裁判所」といってもなかなかわかってもらえず、たとえわかってもらえたとしても、内部資料だということでとりあってもらえないこともしばしばであった。幸いなことに、世銀では、当時、行政裁判所の書記局長であったC・F・アメラシンゲ教授にコンタクトをとって頂き、快く世銀行政裁判所の判例集を貸し出して頂いたことが懐かしく思い出される。この数年間で、いくつかの主な行政裁判所の判決は、ウェブ上で収集できるようになっており、隔世の感がある。日本の学界から、京都大学名誉教授の安藤仁介先生（一九九四年～）がＩＭＦ行政裁判所の裁判官としてご活躍されており、また、上智大学名誉教授の澤田壽夫先生（一九九五～九八年）、上智大学の村瀬信也先生（一九九八年～二〇〇四年）および東京大学の岩沢雄司先生（二〇〇四年～）がアジア開発銀行（ＡＤＢ）行政裁判所の裁判官を務めてこられており、われわれにとっても国際行政裁判所がより身近に感じられるようになってきた。安藤先生には、私が学部生のときからお世話になっており、留学や専門調査員として海外に出るときにもご推薦頂いてきた。資料収集の難しさを痛感していただけに、ＩＭＦ行政裁判所の判決集をお送り頂いたときには天にも昇る気持ちであった。村瀬先生には、拙稿を読んで頂いていることを知っただけでも嬉しかったが、それに加えて暖かいお言葉とともに、ＡＤＢ行政裁判所の判決集をご恵送頂いた。また、いつも拙稿に有難いコメントを頂いていた岩沢先生からも、実務上の貴重なお話を賜った。諸先生方にはこの場を借りて感謝申し上げたい。

大学院生の頃から参加させて頂いている京都の国際法研究会では、今まで実に多くの先生方にご指導頂いた。お一人ずつ名前を挙げることは紙幅の都合上できないが、ここに深く感謝申し上げる次第である。また、関西国際機構研究会の場においても多くの先生方にお世話になった。とりわけ、京都大学の位田隆一先生から頂いた多くのご好意は忘れることができない。また、猪又忠徳大使からは有難いことに実務を踏まえた貴重なご意見を賜った。同世代の研究仲間も心強かった。神戸大学の濵本正太郎さん、東京大学の寺谷広司さん、首都大学東京の森肇志さん、上智大学の西村弓さんたちと学会ごとに顔を合わせては議論に花を咲かせた。特に院生時代から旧知の濵本さんはよき相談役であり、本書の研究をまとめる過程で多くの励ましとご尽力を頂いた。改めてここに感謝したい。

最後に、厳しい出版事情の中で、このたびの出版を快くお引き受け頂いた信山社の袖山貴、今井守両氏には、特記して深謝申し上げる次第である。

本書の公刊に当たっては、独立行政法人日本学術振興会より平成一八年度科学研究費補助金（研究成果公開促進費）の助成を受けた。ここに感謝申し上げる。

なお、私事にわたるが、父晴則と母幸子に感謝したい。本書の初校原稿が届いた頃に緊急入院した母親は、喜寿を前に、楽しみにしていたこの出版を待たずに急逝した。本書を霊前に捧げたい。また、これまで元気に研究を続けてくることができたのは、妻由起子の支えがあったからである。感謝したい。

二〇〇六年三月二五日

白木蓮がまぶしい津島キャンパスにて

黒神直純

索　引

あ　行

か　行

〈著者紹介〉

黒 神 直 純（くろかみ　なおずみ）

1965年　大阪府に生まれる
1990年　神戸大学卒業
1992年　英国シェフィールド大学大学院（Centre for Socio-Legal Studies）修了(M. A.)
1993年　神戸大学大学院法学研究科修了(法学修士)
1995年　外務省専門調査員として在フィンランド日本国大使館勤務（～1997年）
1997年　岡山大学法学部助手
1998年　同助教授
2005年　同教授
現　在　岡山大学大学院社会文化科学研究科教授
　　　　博士（法学）（2004年、神戸大学）

〈主要論文〉

「国連行政裁判所判決審査手続の廃止について」岡山大学法学会編『世紀転換期の法と政治（岡山大学創立50周年記念論文集)』（有斐閣、2001年）

「国際機構の内部的責任について」国際法学会編『国際法外交雑誌』101巻2号（2002年）

国際公務員法の研究

2006年（平成18年）5月30日　第1版第1刷発行

著　者　黒　神　直　純
発行者　今　井　貴
発行所　信山社出版株式会社
〒113-0033　東京都文京区本郷6-2-9-102
電　話　03（3818）1019
FAX　03（3818）0344

Printed in Japan

 印刷・松澤印刷／製本・大三製本
ISBN4-7972-3346-X　C3332
3346-012-057-03　分類329.400　P352　Y6800